创新柔道

战胜创新之路上的重重阻碍与人为阻挠

〔美〕尼尔·桑伯里（Neal Thornberry）◎著
吴 翀◎译

北京大学出版社
PEKING UNIVERSITY PRESS

著作权合同登记号 图字：01-2018-4474
图书在版编目（CIP）数据

创新柔道：战胜创新之路上的重重阻碍与人为阻挠 /（美）尼尔·桑伯里（Neal Thornberry）著；吴翀译. —北京：北京大学出版社，2020.5
（百森商学院教授创业学经典丛书）
ISBN 978-7-301-30925-4

Ⅰ. ①创… Ⅱ. ①尼… ②吴… Ⅲ. ①企业创新—研究 Ⅳ. ① F273.1

中国版本图书馆 CIP 数据核字（2019）第 262507 号

Innovation Judo: Disarming Roadblocks and Blockheads on the Path to Creativity
Neal Thornberry
ISBN 978-0-98932-229-4
Copyright © 2014 by Neal Thornberry
All Rights Reserved. This translation published under license. Authorized translation from the English language edition, Published by Evolve Publishing. No part of this book may be reproduced in any form without the written permission of the original copyrights holder.
北京大学出版社经 Evolve Publishing 的授权和 Delaware 公司的安排出版本书。未经许可，不得以任何手段和形式复制或抄袭本书内容。

书　　名	创新柔道：战胜创新之路上的重重阻碍与人为阻挠 CHUANGXINROUDAO: ZHANSHENG CHUANGXINZHILU SHANG DE CHONGCHONGZUAI YU RENWEIZUNAO
著作责任者	〔美〕尼尔·桑伯里（Neal Thornberry）著　吴　翀译
策划编辑	贾米娜
责任编辑	兰　慧
标准书号	ISBN 978-7-301-30925-4
出版发行	北京大学出版社
地　　址	北京市海淀区成府路 205 号　100871
网　　址	http://www.pup.cn
微信公众号	北京大学经管书苑（pupembook）
电子信箱	em@pup.cn　QQ：552063295
新浪微博	@ 北京大学出版社 @ 北京大学出版社经管图书
电　　话	邮购部 010-62752015　发行部 010-62750672　编辑部 010-62752926
印刷者	涿州市星河印刷有限公司
经销者	新华书店
	880 毫米 ×1230 毫米　32 开本　11 印张　265 千字 2020 年 5 月第 1 版　2020 年 5 月第 1 次印刷
定　　价	45.00 元

未经许可，不得以任何方式复制或抄袭本书之部分或全部内容。
版权所有，侵权必究
举报电话：010-62752024　电子信箱：fd@pup.pku.edu.cn
图书如有印装质量问题，请与出版部联系，电话：010-62756370

本丛书系列由美国百森商学院、厦门大学 MBA 教育中心和
北京大学出版社联合推出
支持中国的创业创新实践和创业教育实践

These series are brought to you by the collaboration of Babson College, MBA Education Center of Xiamen University and Peking University Press, in support of the Practice of Chinese Entrepreneurship and Chinese Entrepreneurship Education.

百森商学院教授创业学经典丛书
编委会

Candida Brush	百森商学院
John Chen	百森商学院
沈艺峰	厦门大学
吴文华	厦门大学
郭　霖	厦门大学
王明舟	北京大学出版社
林君秀	北京大学出版社

Preface

At Babson College, we educate entrepreneurial leaders who create great social and economic value everywhere.

Babson founded the academic discipline of entrepreneurship; we invented the methodology of Entrepreneurial Thought & Action; and we redefined entrepreneurship to embrace Entrepreneurs of All Kinds. We believe that entrepreneurship is a mindset, a way of looking at the world, and that it can be applied in any context, from corporations to startups to NGOs.

Through this book series, we are excited to share key lessons from renowned Babson faculty members with readers around the world. Our Babson faculty members are global leaders in entrepreneurship education. Their unmatched insights into business and entrepreneurship ensure that Babson remains a pioneer in entrepreneurship education and on the leading edge of research and pedagogy.

As we approach our Centennial in 2019, we are focused on preparing entrepreneurs to lead in a new way, creating social and economic value simultaneously, and, in doing so, transforming lives, businesses, and communities for the better. By offering a transformative experience, fostering intentional diversity and preparing graduates to apply Entrepreneurial Thought & Action in all settings, our graduates are ready to lead and make a difference in our rapidly changing world.

At 40,000 and growing, Babson's global network of alumni and friends is poised to tackle big challenges—climate change, youth unemployment, global poverty—with entrepreneurial energy and Babson spirit; creating jobs, strengthening communities and generating social and economic value that goes beyond personal gain and extends to families, employers and society as a whole.

At Babson, we understand that entrepreneurship is the most powerful force for creating positive change in the world. Now, building on nearly 100 years of leadership in entrepreneurship education, we are striving to bring Entrepreneurial Thought & Action to everyone on the planet.

This is an exciting time for Babson as we build on our successes and continue into a second century of innovation and leadership. Thank you for being part of this journey.

Sincerely,
Kerry Healey
President
Babson College
July, 2017

丛书序

在百森商学院,我们为创业领袖们提供创业教育。他们在世界各地创造了巨大的社会和经济价值。

百森商学院创立了创业学科;创造了"创业思维与行动"的方法;重新将创业学定义为包含"一切创业行为"的学科。我们确信创业学是一种思维的方式、一种观察世界的方法,无论是对于大企业、新创企业还是非政府组织,创业学在任何场景下均适用。

通过这套丛书,我们非常欣喜能够将百森商学院著名教授团队的重要心得与世界各地的读者分享。百森商学院教授团队的成员均为全球创业教育领域的翘楚。他们对商业和创业无与伦比的洞察力使百森商学院在创业教育上一直保持先行者的位置,同时在研究和教学方法上也具有领先优势。

2019年百森商学院将迎来百年校庆,我们一直专注于帮助创业者做好准备,使他们能够以一种新的方式引领世界,并创造社会和经济价值;在这个过程中,也让自己的生活、事业和社区变得更加美好。通过提供具有变革性的经验,有意识地培养多样性,让毕业生们能够将"创业思维与行动"应用到所有场合,从而在这个快速多变的世界独领风骚,不同凡响。

百森商学院在全球的校友和朋友已经超过 40 000 名，而且人数还在不断增长，他们具备充分的能力，秉持创业的正能量和百森商学院精神去迎接巨大的挑战，如气候变化、青年失业、世界贫困等；他们将创造新的就业机会，强化社区的功能，并将创造的社会价值和经济价值从个人利益延伸到家庭、雇主及整个社会。

在百森商学院，我们知道创业学是促使这个世界产生积极变化的最强劲的力量。现在，以近一百年的创业教育领导地位为基础，我们正努力将"创业思维与行动"带给这个世界上的每一个人。

百森商学院将立足已有的辉煌，迈入充满创新和领导力精神的另一个世纪！这是一个多么令人激动的时代！感谢你们成为这一伟大进程中的一员！

克里·希利（Kerry Healey）

百森商学院校长

2017 年 7 月

译者序

2019年百森商学院迎来了百年校庆，2021年厦门大学也即将迎来百年华诞。百森商学院因其在创业教育领域的独特洞察力，始终保持着在该领域的先驱者地位与领先优势。厦门大学校主陈嘉庚先生是著名的实业家和教育家。东西方的两个一百年因创业创新教育交织在了一起。我非常荣幸能够参与到由厦门大学管理学院MBA中心、百森商学院和北京大学出版社联合发起的"百森商学院教授创业学经典丛书"的翻译出版工作中来。

拿起这本书，也许你会问："创业毕竟是少数人的事，如果我并不打算创业，读这本书又有什么意义呢？"没错，走出创业这一步的人毕竟是少数，但创新活动却是绝大多数组织和个人都需要认真思考与努力实践的。很难想象一个企业、一个组织或是一名员工，总是循规蹈矩、按部就班，就能轻松适应不断变化的竞争环境。大多数人难以迈出创业这一步，是因为他们知道创业之路困难重重，需要掌握必要的方法论。但是我们也要问，难道创新之路就会一帆风顺、风平浪静？答案显然是否定的。创新过程同样困难重重。更重要的是，创新之路上阻挠我们获得成功的大部分力量，往往不是来自竞争对手，而恰恰来自企业或组织内部。

本书的作者尼尔·桑伯里教授拥有丰富的创新创业教育领域的工作经验。书中包含了大量典型而又生动活泼的现实案例，充分展现了在不同类型的企业或组织内，创新过程中可能会遭遇的重重阻碍与人为阻挠。这些现实案例大都来自我们耳熟能详的甚至是我们身边的企业或组织，比如宝洁、IBM、金佰利、ABB、克莱斯勒、美国海军陆战队等。更为重要的是，桑伯里教授通过这些真实的案例，详尽阐释了如何才能战胜重重阻碍与人为阻挠。更难能可贵的是，桑伯里教授将这些有效的方式方法形象地比作各类柔道技巧，这让我们阅读的过程充满乐趣，更让我们在将来应用这些创新方法和技巧的过程中，能够更加娴熟。

最后，再次感谢百森商学院、厦门大学管理学院 MBA 中心和北京大学出版社共同创造了这样的宝贵机会和平台。特别感谢厦门大学管理学院沈艺峰教授的关心和支持，他是整套"百森商学院教授创业学经典丛书"的发起者和推动者之一。同时，感谢北京大学出版社编辑兰慧老师的宝贵意见。感谢厦门大学外文学院邹祎晨、刘璐、冯柯榛、林燕飞、饶佳楠同学在翻译过程中的大力协助。本书的翻译难免存在瑕疵和错误，欢迎各位读者朋友不吝赐教（chong.wu@xmu.edu.cn）。

2020 年 1 月 8 日

目录

前言   I

第一篇
创新之路上的重重阻碍与人为阻挠

第一章   创新者的秘密武器   003
    是去挽救生命，还是明哲保身？   003
    迎难而上   005
    并不需要的一本书   006
    领导力的秘诀   008
    CEO 们，听好了   009
    人力资源经理请支持创新柔道大师们吧，你的企业需要他们   010
    放弃不切实际的期望   011
    用实例说话   012

第二章   揭开创新柔道的神秘面纱   014
    神秘的领导技能   014
    英雄还是魔鬼？   017
    重重阻碍与人为阻挠   024
    困难之处   024
    缺失的步骤   026

I

	正确的时间 / 正确的地点	032
	非理性因素	034
第三章	非理性因素	035
	定义"非理性"	036
	直言敢谏的人身在何处？	039
	非理性问题的产生	040
	创新之路上的拦路虎	041
	非理性问题的破坏力并不相同	058
	这不是我们的创意	060
第四章	创新的荒原	062
	非理性与复杂性	063
	复杂性	064
	危险的交集	067
	奥兹国	067
	迷宫	070
	庇佑所	072
	丛林	074
	创新环境调查	076

第五章　保持正确的心态	077
别把利用他人当成聪明绝顶	077
绝不是为了欺凌弱小	078
是利用他人还是合作共赢？	079
树立正确的心态	080

第二篇
创新柔道的七大基本技巧

第六章　以智取胜	091
动态的运动	091
创新者的行为方式	092
创新柔道技巧之一：自律	093
创新柔道技巧之二：杠杆借力	107
创新柔道技巧之三：周旋	128
创新柔道技巧之四：寻找突破口	133
创新柔道技巧之五：快速出击	150
创新柔道技巧之六：推拉制衡	159
创新柔道技巧之七：转向	167

第三篇
在创新之路的重重阻碍中成长为黑带大师

第七章　穿越奥兹国　　　　　　　　　　　183
　　在黄沙中前行　　　　　　　　　　　　183
　　漫漫长路　　　　　　　　　　　　　　184
　　"奥兹国"一览　　　　　　　　　　　　185
　　创新柔道技巧应用总结　　　　　　　　194

第八章　走出迷宫　　　　　　　　　　　　198
　　虽不合常理却并不会适得其反　　　　　200
　　"迷宫"一览　　　　　　　　　　　　　201
　　创新柔道技巧应用总结　　　　　　　　216

第九章　攻克庇佑所　　　　　　　　　　　220
　　"庇佑所"一览　　　　　　　　　　　　222
　　创新柔道技巧应用总结　　　　　　　　232

第十章　制胜丛林　　　　　　　　　　　　239
　　"丛林"一览　　　　　　　　　　　　　241
　　创新柔道技巧应用总结　　　　　　　　254

第四篇 制　衡

第十一章　寻"龙"——制衡策略	261
寻"龙"	261
寻找创新土壤	263
注入创新精神	266
构建创新文化	267
开拓创新渠道	274
制衡策略的实施	277
第十二章　成为一位创新柔道大师	305
向别人展示如何创新	306
公司创新行为准则	307
参考文献	314
附录A　创新环境调查问卷	316
附录B　商机分析模板	327
附录C　创新柔道技巧应用计划七大工具	329
附录D　最重要的忠告	332

前　言

本书的撰写大约已经持续了四年时间。为什么会想到写它呢？这是因为我在工作、旅行、主题演讲和商业研讨会中碰到了许多让人感到不可思议的创新者。尽管遭遇了重重阻碍，这些特别的创新者们却仍然能够通过创新，为他们的组织创造巨大的价值。

同时，我写这本书也是因为很多的学生和课程参与者常常抱怨，因为其公司或组织内部的条条框框、冗长流程和风险规避倾向等因素，他们不可能成功地在自己的公司或组织中开展创新活动。所以每当我说可以在这样的组织环境中进行创新活动时，不得不寻找现实生活中的例子来反驳对以上观点的种种质疑。这一挑战过程让我开始了对创新柔道大师们的分析和研究。这些创新柔道大师们通过运用一套鲜为人知的、独特的创新技巧，在创新之路的逆境中取得了成功。你们将在本书中学到他们的独特技能——创新柔道。我特别要感谢那些允许我在本书中介绍他们的故事的人，他们是应用创新柔道的成功典范：沃尔特·普拉（Walt Pullar）、吉姆·雷普（Jim Repp）、拉斯·萨博（Russ Sabo）、史蒂芬·帕吉格（Steven Paljieg）和克里斯·克拉克洪（Chris Kluckhuhn）。他们每个人都为此接受了好几个小时的访谈，之后还阅读并纠正了我理解和记录上的错误。你会发现他们的故事和他们本人一样，生动有趣、引人入胜、鼓舞人心。

我亲爱的妻子梅格（Meg）也一直鼓励着我。在我完成上一本书《像企业家一样领导：保持企业内的创业精神》（*Lead Like* an Entrepreneur: Keeping the Entrepreneurial Spirit Alive in the Corporation）后，梅格再次鼓励我完成这一艰巨的写作项目。她在我需要时鼓励我，也在必要时指出我的不足。她从未怀疑过我对创新者和创新领袖有独特而实用的见解。

我还要感谢我在海军部队的朋友和同事们，过去五年我们一直在一起工作。虽然我是一介平民，也从未在军队中服役，但我还是受到了海军研究生院同事们的热烈欢迎。我们的军队是一个不可思议的群体，他们做出的牺牲比我们大多数人（当然也包括我）所知道的还要多。我很自豪能成为他们继续教育的一个组成部分，并希望我能在某种程度上丰富他们的生活。

我还要感谢我在百森商学院的同事们，他们给予了我这样一个难得的机会，让我能够参与百森商学院和海军研究生院的合作项目。我在加利福尼亚州蒙特利原本为期一年的学术假期因此也延长到了五年。

此外，我还想感谢出版商凯伦·克里格（Karen Krieger）。她对我的作品有信心，并鼓励我将它们付诸出版。当其他人用我谈到的"柔道"的概念来比喻一系列特殊的技能时，她迅速理解了这一概念并马上和我签约了。她在正确的时间给了我正确的建议，是一个真正的合作伙伴。她总是和我一起检查以确保我对整个出版过程感到满意。在凯伦、詹妮弗·韦尔施（Jennifer Welsch）以及伯克马斯特公司好朋友们的共同努力下，我的观点和见解终于在纸面上呈现了出来。

Part One

第一篇

创新之路上的重重阻碍与人为阻挠

Roadblocks and Blockheads

本篇的章节将明确阐释：初创企业为何难以实现创新？创新柔道等制衡机制为何至关重要？在逻辑世界里，逻辑应该是行得通的。然而遗憾的是，在努力追求合乎逻辑的道路上，很多企业往往因为公司政治、人为阻挠、稀缺资源竞争、企业结构和管理方式落后等而遭遇失败。除此以外，当创新者试图另辟蹊径、寻求改变时，他们却时常畏手畏尾。诸多组织在创新领域败下阵来也就不足为奇了。

　　不过，一些创新者并未因此而灰心丧气、踟蹰不前。他们对高效、快捷、创新、低成本的工作方式有着执着的追求，因为他们掌握着一系列极其有效的领导秘诀。本书旨在揭开这些技能神秘的面纱。第一篇将介绍这些技能，并解释它将如何助力扫清企业创新过程中可能遇到的重重阻碍与人为阻挠。同时，你也可以评估自己组织的创新能力。创新通常会遇到四种不同情境，每种情境下，你所面临的重重阻碍与人为阻挠都将不尽相同。就像柔道运动一样，你需要找出阻碍自己走向创新的对手，并制定正确的战略，才能不落下风进而出奇制胜。通过第一篇的内容，我们将明确一点：只有保持正确的心态，创新柔道才能奏效。如若不然，你只会成为组织的运作者，而非组织的创新者。

第一章
创新者的秘密武器

是去挽救生命,还是明哲保身?

当沃尔特·普拉还是海豹突击队的一名现役队员时,他总是开门见山、雷厉风行。枪林弹雨中,旷日持久的讨论绝非上策,危急情况促成了强大的团队合作,获得了巨大的内外部支持。但现在,沃尔特已不再是一名特种部

忍者图书馆:全世界最安静的地方

队队员,他进入了海军采购部门,为特种部队中的同事提供服务和支持。如今,他所面对的敌人也截然不同——官僚体制。除官僚体制外,庞大而复杂的组织,尤其是向级别更高的官僚机构上报时的效率低下,使得决策更加费时费力。

"我现在该怎么办?"沃尔特思忖着,此时的他正面临一个性命攸关的重要决定。"我是否应该冒这个险?是自己决定,还是得到大家同意后再行动呢?"要知道,任何打破、背离或是叫板现有规则的行为都会给职业生涯带来不利影响,甚至会让你丢掉饭碗,这

是每个身处官僚体制中的人都再清楚不过的道理了。"不过有时，"沃尔特心想，"人们需要有更高的追求。"但如何确保在为此深陷险境时能够全身而退呢？这是许多寻求创新的人所面临的重大挑战，也正是本书期望解决的主题。

以下便是沃尔特所面临的窘境。当时沃尔特正致力于特种装备的创新研究，为海豹突击队及其他部队改良作战头盔。沃尔特根据研究和个人经验发现，在当前队员们执行的任务越发危险的情况下，他们所使用的头盔不足以保护其生命安全。头盔本应配有无线通信设备、夜视设备甚至高强度防弹设备。然而现实是，一枚强力子弹便可轻松穿破头盔，对士兵的生命造成威胁。在此情况下，沃尔特和他的团队研发出了极具突破性的新型头盔标准。虽然其参数只达到原计划80%的要求，防弹能力却已大大增强，能够极大程度地保障特种部队队员的生命安全。然而，质量管理部门的负责人却执意要求只有达到99.9%之后才能将此种类型的头盔投入生产。沃尔特认为，80%的参数就足以拯救许多士兵的生命，但官僚体制和技术标准成为横亘于他面前的大山。

沃尔特应该如何是好？他又可以做什么呢？后文将向你展示沃尔特是如何巧妙地处理这个难题，挽救许多生命，并通过一系列独特的领导技能保住自己的饭碗。这些技能正是创新者用于克服困难、出奇制胜的法宝。沃尔特本可置身事外，但他并没有这么做。从他后来的故事中，你会发现他多次运用这些法宝保住了自己的工作。

在我们旁观者看来，做出这个决定并不难。有时，尤其是在危及生命的关头，80%就足够了。但这只是一个逻辑上的结论，现实中企业却往往不按逻辑出牌。这就是致力于创新的人需要学习创新柔道的原因，也是我写这本书的原因——帮助那些为了更高利益而在组织内进行创新活动，却被内部条条框框约束和限制的人。

迎难而上

回首我在私企工作的 15 年，作为 IMSTRAT 有限责任公司的负责人，许多组织在我的帮助下，通过创新活动保持了竞争力和活力。目前，我还兼任加利福尼亚州蒙特利海军研究生院管理教育中心创新计划主任一职，做着和在美国海军时相同的工作。尽管海军部队与营利性企业存在不少本质上的差异，但就如何发展、培育和维持创新思想与创新活动而言，它们面临的挑战却是相同的。

与大多数等级森严的组织一样，军队在促进和保持创新上困难重重。特别是在过去，军队领导人难以认识到军官统领军队和商业领袖管理企业之间的相似之处。但话说回来，他们也并不需要认识到这一点，因为他们已是受大多数人钦佩和尊重的声名显赫的"战士"。不过，与此同时，他们像企业领导者一样，管理着价值数十亿美元的巨额资产，也在军费开销上面对来自国会和美国民众越来越大的压力。

过去五年能与美国海军共事，令我感到万分荣幸。他们是我合作过的人里最为敬业和值得尊敬的。他们不顾自身安危，为了人民的利益甘于奉献。我曾在航空母舰上度过数日，体会到了战争的危险。每天，我都目睹 18 岁的海军战士冒着生命危险，在甲板上指挥飞机起降。一旦有人站错位置，拖拽飞机尾钩的拦阻索随时都有可能夺走他的生命。

如今，海军正如大多数组织一样，面临巨大的压力，要少花钱、多办事，"以最低成本做好万全准备"。过去，海军一旦预算不足便会向国会申请拨款，奉行"不惜一切代价做好万全准备"的原则。然而，这样的日子已经一去不复返了。现在，所有军队不得不自食其力，致力于削减成本、提高效率，改进资产管理，打造训练有素的队伍，推动持续创新并树立创新思维。棘手的是，如何能在削减成本的同时又不削弱军事力量呢？毕竟，没有哪位公民愿意看到自己国家的军事实力因节约成本而遭到削弱。

若想在军队或任何大型组织里实现创新，都需要长久的坚持、足够的耐心，或许还要有一点"受虐"倾向。我在美国自动数据处理公司（Automatic Data Processing，ADP）采访过一位创新者。他告诉我自己成功的秘诀：每次吃闭门羹时，他都重新换一张笑脸迎上去。当然，你要是能承受这种痛苦，那就当我没说。不过，在组织内部进行创新并不该如此痛苦。创新往往令人感到痛苦是因为建立组织的目的之一是保持一致性和稳定性，而不是为了创新和变革，这就十分矛盾了。因此，很少有人能同时做到稳定和创新两手抓的同时还没有患上精神分裂症。本书末尾将为你展现完美解决这一难题的实例，我把这种技巧称为"推拉制衡"。

并不需要的一本书

我是一名商科教授，同时还是一名管理顾问，按理说我该以写书为己任。这不仅是为了满足学术需要，也是一个能赚钱的美差。其实我很喜欢写书，享受写作过程中挑战智力的感觉，也很喜欢研究撰写过程中碰到的采访对象。但这本书原本并没有必要写。然而，不看这本书，人们可能会以为大多数组织都善于创新，广泛吸纳员工意见，力求以更聪明、更快捷、更经济、更高效的新办法行事。

令人遗憾的是，事实并非如此。有关数据显示，大多数组织的创新能力，特别是长远创新能力都比较差。举例来说，84%的商业领袖认为创新对其未来的商业成就至关重要，但这些企业近95%

的创新成果都在市场中遭遇了滑铁卢。每年都有约 2 000 项新专利产生，其中只有不到 1% 的创新产品能够成功面世并获利（Webb & Theun，2011）。1920—1998 年间，标准普尔 500 指数上的企业平均寿命为 65 年。到了 1998 年，标准普尔 500 指数上涨后，企业平均寿命却骤减至 10 年（Arie de Geus，2002）。

我的上一本书是《像企业家一样领导：保持企业内的创业精神》（McGraw-Hill，2007）。撰写该书的过程中我发现，许多富有创新精神的企业领袖所处的环境都有着浓厚的官僚气息，循规蹈矩、因循守旧。不过，他们却没有像之前 ADP 那位接受采访的朋友一样，被撞得鼻青脸肿。他们想出了办法，战胜了创新之路上的拦路虎，使得创新顺利进行，同时也没有给自己招来什么祸端。显然，他们既坚守住了自己的想法，又得以全身而退。这一过程困难重重，他们却似乎乐在其中，一往无前，最终大获全胜。有的读者可能觉得此事轻而易举，然而这只对善用创新柔道的人来说才会如此。

令我感到震惊的是，尽管这些领导者就职的企业十分古怪又因循守旧，但他们却勇于创新、锐意进取，对企业影响深远，因而扬名立万。他们在顺利完成工作的同时，又能保护组织利益不受损害。他们能够避开创新过程中的重重阻碍，使自己的创新目标得以实现。

他们没有因为试图去改变企业文化，使其接受他们的创意，而白白浪费三年五载。他们运用一项或多项创新柔道技巧，暂时避开了创新的拦路虎，为实现自己的创新计划留出机会。对于想要在企业内进行创新的人来说，他们很可能需要运用创新柔道的某些内容。"柔道"这个词用在这里是一个很好的比喻，因为领导者想要成功，就需要运用柔道技巧，在不发生根本损害的前提下取得胜利。柔道是一种温和的艺术，它可以令对方失去行动能力，却又不至于使人伤残,而空手道等却会造成永久性的伤害。创新者绝对不想对自己的组织造成永久性的伤害,因而使用创新柔道便是上策。

领导力的秘诀

许多组织的领导者认为掌握创新柔道没有必要,这是因为他们没有意识到,好创意来到他们的组织统统有去无回。不过创新柔道大师之所以能取得成功,并非因为他们工作能力很强,或是拥有像忠诚、勤恳之类的传统的优良品质,而是因为他们懂得巧妙应用创新柔道技巧。他们让组织为之运转,而不仅是自己单方面成为组织的螺丝钉。他们运用创新柔道技巧并非为了自我擢升,而是为了顾全组织的大局。在本书中,我将探讨他们是如何以简单易懂而又普遍适用的方式应用这些技巧的,而你将学会如何迎难而上,实现创新。

马基雅维利于1513年写道:

> 对于革新者而言,旧制度的受惠者全部是敌人,而新制度的受惠者也只能给予三心二意的支持。
> ——尼克罗·马基雅维利,《君主论》(1513,p.51)

立志创新者:忘掉公平吧。

在讲公平、讲逻辑的世界里,创新柔道也许不是必需的。不过,我们生活的世界却不太讲究公平和逻辑。我们可以就《世界是平的》(*The World is Flat*; Friedman,2005)或《世界是弯的》(*The World is Curved*; Smick,2008)争论一番,但没人会就"这个世界到底公平与否"而展开争辩,因为世界并不公平!正义之士未必成为当权者,一颗子弹却可以了结好人的一生。最忠诚的员工也会在没有任何预兆的情况下突然被公司炒鱿鱼。创新或许可以提升组织效益，有时却不那么受欢迎。因此，我要在此声明，本书不适用于坚信"思考便能致富"的读者。

创新柔道需要你积极主动、有计划地去运用各种技巧，不过你首先得掌握创新周期，并且了解创新对你和你的职业发展的重要性。如果你想在企业中脱颖而出、身居要职并屹立不倒，创新才是最佳选择。在IBM最近的一次调查中（IBM, 2012），世界500强的首席执行官（CEO）们表示，创新是他们最为看重的品质之一。美国海军作战部长也表达了相同的看法。不过，理想和现实往往背道而驰，现有大型组织在创新方面的表现却十分糟糕。

在创新之路上难免会遇到重重阻碍与人为阻挠，此时你不该止步不前、消极无为。相反，当别人说"不行"时，你要敏于思而勇于行（通过一种特殊的方式），积极争取机会。柔道可以在不伤害别人的情况下取胜。因此，当你使用这些技巧时，你也不会失去分寸、伤害他人。你并非要时时利用创新柔道技巧来解决问题，但考虑到今天复杂而多变的商业环境，这些技巧将在你的职业生涯中助你一臂之力。

CEO 们，听好了

我建议人们学习战胜困难的方法，鼓励他们积极改变规则。如果有CEO因此想派人来抓我，请三思而行。事实上，你需要这些人。你也许曾是创新柔道技巧的受益者，在其帮助下更好地完成了工作，战胜了竞争对手，从而脱颖而出进入企业领导层。但现在，你却备受组织内部重重阻碍与人为阻挠的困扰。或许你并不想承认你的企业需要创新柔道大师，但从本书后文的故事中你将了解到他们的高明之处。

多位 CEO 告诉我，许多人认为 CEO 在企业事务上大权在握，其实并不然。在这方面，美国前总统杰拉尔德·福特（Gerald Ford）就是一个很好的例子。在他担任总统期间，白宫曾闹了一场鼠患。他立即派人解决此事。你可能认为元首下达的命令应该会立刻得到执行。事实上，由于官僚体制内部各方推诿扯皮，经过整整一年，鼠患才得以解决。这是因为白宫内部有两个独立部门合作解决此事。对于老鼠，一个部门只负责处理白宫外面来的"不速之客"，另一个部门则只负责铲除白宫内部的"永久居民"。这两个部门为谁来负责此事争执不下，结果用了一年多才将此事搞定。

你看，区区鼠患都会因内部争执而一再拖延。在企业推广一个新点子的难度可想而知，更别说执行了。即使是企业"老大"提出创意想让员工贯彻执行，都会因复杂而多变的企业制度而备受困扰。

CEO 们往往对股价涨跌和成本控制十分上心，如果他们对破除企业官僚体制、研究复杂多变的企业环境也同样关注的话，他们的企业将会更加健康、充满活力、富有创新性。遗憾的是，CEO 往往会拖创新的后腿。他们会加强对企业的控制，使之程序化、复杂化、仪式化，从而阻挡创新的脚步。本书后文将以实例说明这一点，你将明白创新柔道技巧为何是创新者手中至关重要的工具。

人力资源经理请支持创新柔道大师们吧，你的企业需要他们

本书将介绍创新柔道的七大技巧，助你成为创新高手，或是富有创造力的企业领袖。同时，你也将会学到如何根据企业变化莫测的情况来正确运用这些基本技能。人力资源（HR）经理们要在企业招聘、分配岗位、提拔人才时充分考虑这些技能。区区几位

创新柔道大师就足以令企业焕然一新,这一点将在后文吉普牧马人卢比肯系列车型的故事中体现出来。

这神秘的七大技巧是:

1. 自律
2. 杠杆借力
3. 周旋
4. 寻找突破口
5. 快速出击
6. 推拉制衡
7. 转向

只有保持正确的心态,上述原则才能奏效,如若不然,你只会是一个组织的运作者,而非创新者。保持正确的心态十分重要,所以,我在后文中将用一章的篇幅对此加以讨论。

放弃不切实际的期望

请充满希望地阅读本书。人生而富有创造力,这是我们固有的特质,我们每天都在展示它们。当我们想打开啤酒瓶,手头却没有开瓶器时,我们会想办法,我们还会将口香糖挪作他用,这些都显示出我们天生的创造力。然而,当组织高呼它们需要创新者和冒险家时,我们也常常感到幻灭。因为这实际上是对这一天性的否定。当你精力充沛、头脑清醒时,你会冲破官僚主义的繁文缛节,不被其拖累。我会指导你运用这七大技巧,并给出建议——何时以及如何使用它们。同时,我也会告诉你有些时候不需要这些技巧,你也可以取得成功。

请记住,如果一般的逻辑行得通,我也就不会提出运用创新柔道技巧了。在理想世界中，当你有了新点子，并将其告知领导和同事时，他们不仅会认真倾听，还会尽力帮助你实现它。如果能够在企业内部建立起创新文化，这将很有可能发生。然而这样的企业寥寥无几。对于那些本不具有创新能力，或者渐渐失去这一能力的企业来说，创新柔道十分重要，即使对于那些创新文化初现雏形的企业，创新柔道也同样适用。而在本书的最后一部分，我将谈到企业高层管理者是如何将创新融入企业的日常运转之中的。到了那一步，创新柔道也就没有那么重要了。不过，即使像宝洁、威睿、苹果、谷歌、金佰利、Zappos 等最具创新力的企业的员工，也会不时地用到创新柔道技巧。

用实例说话

我将在本书中展示创新柔道大师的真实案例，你将看到他们是如何通过这些技巧来增加企业效益、促进个人职业发展的。在组织内推广创新时，需万分小心，稍有不慎，就会身陷风险。即便如此，创新者依旧是抢手的香饽饽，企业需要大量真正的创新人才，而非只晓得用六西格玛理论催眠自己的"伪创新者"。这些人才是富有激情的创新者，尽管前路困难重重，他们仍会勇于实践自己的想法。初出茅庐者会通过创新者的亲自指导，或是自己认真观察来学习创新技巧。而创新者正是通过这些方式将自己的创新技能传递下去。日语中"sensei"一词是"老师"或"教练"的意思。如果你的确想要成为一名创新者，你就要找到你的 sensei，并成为一名 sensei。在本书的最后一章中，我将告诉你如何能够做到这两点。

这些技巧能百分之百地确保你达成所愿吗？除了死亡，生命中没有什么是百分之百确定的。但从长远来看，创新柔道技巧不仅会助你身居要职，脱颖而出，还会保住你在组织中的一席之地。你将不仅为组织带来新的灵感，还会知道如何在组织中将灵感转化为实际行动。

一些建议似乎有违直觉，但请相信我，它们绝不会适得其反。举例来说，为了更大利益去冒险固然存在风险，但却往往值得一试。如果方法得当，比起做一只缩头乌龟，勇于冒险会让你在企业中的生存概率大大增加。在当下暗流涌动的商业环境中，这是最明智的建议。而当下也是最需要创新的时代。

第二章
揭开创新柔道的神秘面纱

神秘的领导技能

自青年时代起,我就成了一名武术爱好者。这么说可能会暴露我的年龄,自从在《青蜂侠》(The Green Hornet)系列中欣赏到李小龙矫健的身手,我就一发不可收拾地爱上了武术。后来上了大学,学校要求必修一门体育类课程,一周上一次。我可以选择柔道、游泳、跑步或做俯卧撑。在我看来,游泳不过就是"想办法浮在水面上",跑步和俯卧撑没有多少技术含量,而我素来渴望学习新技能。因此,我毫不犹豫选择了柔道。我的柔道老师是个美国人,他早年在日本冲绳服役时便取得了黑带资格。他不仅柔道技巧高超,教学水平也十分出色。两个小时的课上下来,我乐在其中,获益良多。因此,整个大学期间,每周五下午我都坚持去上柔道课。

柔道的基本法则莫过于借力使力,在保护自己的同时又不至于让对手受伤,这也是这项运动最吸引我的地方。柔道老师认为,不经过真枪实战的演练,不可能真正习得柔道。于是,在其安排下我们不仅在课上练习柔道,还参加了美国柔道协会赞助举办的锦标

第二章　揭开创新柔道的神秘面纱

赛，在柔道赛场上一较高下。

羞于启齿，我曾多次在锦标赛上被对手打得落花流水，不过我从未受过伤。柔道不仅是一种防身之术，更是一项颇为艰苦的体育运动。只旁观过几场比赛、不熟悉这项运动的初学者往往需要苦练数年才能成为大师。学习柔道技巧固然重要，但更关键的是只有通过几年的实战练习，你才可以揣摩出柔道大师才具备的第六感——在对手还未出招前便洞悉先机。通过把握住难以觉察的线索，如对手眼神的变化、肌肉紧绷的程度等，柔道大师或静待良机，以静制动，或主动创造机会，果断出手一击制胜。

不同于空手道所强调的正面攻击和直接对抗，柔道大师往往以静制动，等对手先发起攻击，再借力使力一招制敌。在我看来，柔道运动的另一大妙处在于以弱胜强，反应敏捷的小个子往往能战胜移动缓慢的大块头。这就好比聪颖机敏的创新者在庞大落后的组织中成功创新。以下是柔道运动的简单定义：

> 柔道是一种搏斗技巧，强调依靠敏捷移动和杠杆原理来战胜对手。柔道的技术要领在于以柔克刚、借力使力，利用对方之力来克敌制胜（http://www.merriam-webster.com）。从传统定义来看，"柔道"二字源于日语，"柔"意为柔和，"道"有方法之意，顾名思义，"柔道" 即为柔和的技法。不过，这二字还有更为深远的意蕴。"柔"可以指代给予和灵活。柳枝虽柔软，却不屈于风。同样，柔道学习者从不以硬碰硬，而是借力使力，从而达到取胜的目的。"道"不仅意为道路和方法，更是一种体系或哲学。"柔道之父"嘉纳治五郎对日本传统柔术进行改良，并将其更名为"柔道"，赋予了这项运动更深层次的意义。

第一学期的柔道课结束不久，我前往联谊会会堂拜访几个朋友。其中一个兄弟开玩笑说我未曾宣誓入会，因而不得进入会堂，并伸手推我出去。我不甘示弱，也还手推了他一把。这一推一搡让这场恶作剧升了温。他决定要给我点颜色看看，于是像橄榄球运动员一般冲向了我，来势汹汹。我没有急于还手，而是任凭其抓着我，同时向后一退，化解了来力。打斗越发激烈，他猛地上前抓住了我的衣领，我急退一步，转身用臀部抵住了他，同时反手抱住他的腰，使出一招柔道"过臀摔"。如同在柔道课上练习的那样，这一招十分奏效。他被我掀翻在地，四仰八叉倒在了联谊会会堂大厅，不过他毫发未伤，只是头晕目眩，动弹不得。至此，这场推搡大战的胜负已十分了然。

通往创新的路上充满了重重阻碍和人为阻挠，若与这些敌人正面交锋，不仅将使你无功而返，甚至会影响你的职业前景。摆平这些阻碍的秘诀就在于借力使力，利用组织内部的负面力量来克服困难。同时，你要善于找寻对手的弱点，并将其转化为自己的优势。刚刚提及的联谊会大战就是绝佳的例子，其实我早知还手会激怒他，使他不顾一切地发起进攻，我刻意为之正是为了借他之力为我所用。

除了刚刚提到的过臀摔，柔道中还有无数克敌制胜的妙招。比如当对方来势汹汹时，你找准时机躲避来力，收不住力的对手只能眼睁睁与你擦肩而过，摔得鼻青脸肿。再比如，当对手收脚时，你瞄准对方脚部，向下使出一记扫堂腿，让他失去平衡跌倒在地。还有一招是，让对手倒地，像摔跤一样同他扭打在一起。不同的是，你要利用好关键压力点来使对方屈服。想象这些柔道招数，将助你记忆相关创新技巧，从而推动企业创新。

英雄还是魔鬼？

以下两个例子展示了创新柔道技巧的重要性，并引出对七大神秘技巧的介绍。首先是比利·米切尔（Billy Mitchell）将军（1879—1936）的例子，他极富创造力，却因个人原因而败北。

存在缺陷的天才：比利·米切尔将军

在比利·米切尔将军生活的年代，他是一位具有远见卓识的创新者。不少人视其为"美国空军之父"，在1955年的好莱坞影片《对比利·米切尔的军事审判》（*The Court Martial of Billy Mitchell*）中，著名演员加里·库珀（Gary Cooper）还扮演了他。不过从片名便可知，米切尔将军后来遭遇了不小的麻烦。

在那个年代，他毁誉参半，其顶头上司更是视他为眼中钉。米切尔将军不满于现状，打破常规，提出"空军制胜论"。此外，米切尔将军刚愎自用，甚至公开叫板上司，批评他们冥顽不灵、动机不纯，令上司们头疼不已。第一次世界大战结束后，米切尔将军笃定海军舰队无力招架空袭，空军有实力击溃整个海军。他对此深信不疑，甚至公开宣称，水面舰队即将遭到淘汰。显然，此举不利于他的个人发展。政府高官对海军寄予巨大希望，只想保持现状拒绝改变，因此对他愈发不满。

最终，米切尔将军因对上司发表过激言论，称其是"国防事业中的叛国者"而被送上了审判席。这番言论如今十分出名，常常被用以斥责美国陆军和海军军官的不作为。后来，他被冠以违抗命令的罪名，遭到停职停薪五年的处罚。1926年1月，米切尔将军辞去了职务。此后十年，他一直致力于写书，四处宣传空军制胜论。1936年，被病魔缠身的他郁郁而终。在他去世后，他的大多数理论得到了证实,他也获得了许多赞誉,美国总统甚至追认他为海军少将。美国军用飞机 B-25 米切尔型轰炸机正是以他的名字命名的,他也是唯一一个受此殊荣的美国人。[1]

一些重要的教训

米切尔将军的故事,令人不禁肃然起敬而又不免扼腕叹息,他的亲身经历也留给创新者以及致力于领导创新的人不少经验和教训。

1. 每个组织都需要创新者,他们不满于现状,求新求变,让企业与时俱进,永葆活力。其中一些创新者,比如比利·米切尔,甚至成功改变了游戏规则。

2. 创新者的创意并非总能获得青睐,若其在组织中处事不够圆滑,甚至还会招来非议。

3. 所谓创新,自然免不了承担风险。我们需要"打破花瓶的人",不过创新者必须注意方式方法,否则就会引火烧身。

4. 比利·米切尔最大的敌人正是他自己。纵使想法再好,不注意方式方法,只会惹怒他人,尤其是顶头上司。试想,又有谁会去帮助常常奚落自己的人呢?

5. 比利·米切尔绝非创新柔道大师。从本书简介中可知,运用好柔道技巧会让你职业之路顺风顺水,而绝不会让你遭到降职处分,甚至像米切尔将军那样沦为阶下囚。创新柔道大师会借助创新柔道技巧帮助自己化解危机。他们不会想方设法去击垮、消灭对手,更不会轻敌。在组织内创新绝非易事,时常遭遇重重阻碍,创新柔道大师深谙此理,他们通过巧施计谋,运筹帷幄,使自己取得成功。

---

[1] www.airpower.maxwell.af.mil/airchronicles/cc/mitch.html

米切尔将军的故事很精彩，却也令我唏嘘不已。他英勇无畏又富有创造力，无惧保守势力，敢于向陈规旧俗发起挑战。不过在推广新思想时，他的方式方法存在严重缺陷，以致在创新之路上的重重阻碍与人为阻挠面前败下阵来。他虽头脑聪明，却不明事理，不懂人情世故，因而铩羽而归，留下终生遗憾，这多么令人惋惜啊！有人难免会将他的失败归咎于美国陆军、海军或是政府，但要明白——他的个人性格也要负很大责任，这使他注定无法成为创新柔道大师。

比利·米切尔虽才智过人，但作为组织中的一员，行事作风不够成熟和灵活。诚然，组织有时需要关键人物引领创新之路，但如果想要以身犯险还能全身而退，就要讲究方式方法了。比利·米切尔不明此理，或者说根本不在乎，这导致了他的惨败。希望读者能通过学习本书的内容，善用创新柔道技巧，成为创新领袖，而非断送自己的大好前程。比利·米切尔之例充分表明，你的观点越是别出心裁，你遇到的阻力可能就会越大。

并非傻瓜：约翰·基尔卡伦

让我们再来看看另一个创新者的例子，在他的创新之路上，也和比利·米切尔一样，遇到了来自顶头上司的阻挠。不过，借助于创新柔道技巧，他取得了成功，平步青云。他就是约翰·基尔卡伦（John Kilcullen）——"傻瓜"系列畅销书的作者，也是我心目中的创新柔道大师，他的经历将完美展现如何既冒险尝试又能全身而退。

在我写上一本书《像企业家一样领导：保持企业内的创业精神》时，我认识了约翰。早在拜读"傻瓜"系列开山之作《傻瓜学DOS》时，我便很仰慕他。我和大多数人一样，觉得这本书对学习 DOS 操作系统帮助很大。不知你们还能否回忆起初学 DOS 时的经历，当时的教材是由专业技术人员所撰写的，内容深奥，令人费解，读罢叫人一头雾水，甚至开始怀疑自己的理解能力。约翰的"傻瓜"系列则深入浅出，语言通俗易懂，广受好评。约翰并非亲自创作此书，而是打造了这个品牌，并且该品牌至今仍长盛不衰。"傻瓜"系列标题一直沿用了 20 年，人们耳熟能详的作品包括《傻瓜学高尔夫》《傻瓜学品酒》和《傻瓜学性知识》等。

在课堂上，我常常以"傻瓜"系列的成功作为例子，探讨如何克服困难、实现创新。每次我都会问学生们，在座诸位谁有"傻瓜"系列的书。大多数情况下，有 20%—30% 的学生有这个系列的书，其他人也表示听说过这一品牌。《傻瓜学性知识》是这一系列中最畅销的一本。不过当我问到谁有这本书时，只有一个学生说了实话。

毫无疑问，"傻瓜"系列取得了巨大的成功，成为国际畅销品牌。然而在此之前，约翰作为销售员和销售经理在图书出版行业打拼了多年。转机发生在一次晚宴上，他的朋友感叹市面上的书太晦涩，令他这样的傻瓜难以理解。当然，约翰的朋友并不是真正意义上的傻瓜，只是晦涩难懂的书实在叫外行人一头雾水。说者无心，听者有意，约翰从中嗅出了商机，对此念念不忘。后来，当他进入美国国际数据集团（International Data Group，IDG）后，终于找到了机会投身实践，并一举成功。

一如许多创新者，约翰面向"傻瓜"出书的创意并未在集团内获得太大反响。首席财务官（CFO）比尔·墨菲（Bill Murphy）甚至认定这是一个傻主意，会影响集团的品牌形象。比尔反对的原因还有一点，他认为这将改变集团一直以来的财务模式。长期以来，媒体和广告公司都遵循先确保畅销再出版的模式。然而，约翰的提

第二章 揭开创新柔道的神秘面纱

议却因无法预知成书是否畅销而需要公司承担风险。比尔曾公开表明自己的反对立场,称公司不会拿出一分钱去投资约翰的创意。其他高层也不看好这个提议。此外,公司的同事也觉得约翰是异想天开,担心实行起来会引发公司股价下跌,从而使自己蒙受损失。公司同事时常成为创新的拦路虎,因为他们生怕你一旦成功,就会大出风头。他们更为担心的是,你一旦失败,他们也将遭受牵连。

在公司高层纷纷反对的不利情况下,约翰不仅达成了自己的目标,还一手打造并管理着这个价值近2.5亿美元的品牌。约翰的创意给国际数据集团带来了巨额利润,他在公司的地位扶摇直上,这也为他日后在其他企业(如《公告牌》杂志)的风生水起奠定了基础。同时,成功的滋味也让约翰乐在其中。但其实在创新的过程中,约翰走的每一步都是冒险之举。首先,这是一个全新领域、新兴市场。其次,公司领导百般阻挠,与此同时,约翰还是一个创新方面的新手。

面对重重阻碍,比利·米切尔遭遇了失败,而约翰·基尔卡伦不仅毫无损失,还一举成功,尽享创新给予他的丰富馈赠。他是如何做到的呢?首先,他需要一个伟大的创意。接下来,他得想尽办法拖住集团内部反对者,使自己有充裕的时间证明创意的可行性。不同于比利·米切尔的冒失顶撞,约翰·基尔卡伦通过创新柔道技巧中的幽默和智慧取得了成功。在创新之路上,约翰遇到了强劲的对手——首席财务官比尔。但他并没有气急败坏,也没有怨天尤人,相反,他试图去获得"空中掩护"。

对创新者来说,空中掩护是一个至关重要的柔道技巧。这是创新领导者最厉害的武器之一,我将在第六章中详细谈及这一点。"空中掩护"是一个军事术语,指的是战斗机飞行员负责保护编队飞机。具体地说,飞行员需要驾驶战斗机飞于编队上方,监视敌军战斗机动向。高居上方，可以使飞行员视野开阔，而且俯冲比爬升的速度更快，大大提高了战斗机的掩护能力。从前文创新柔道的简介中你便可以知晓，许多创新高手正是通过空中掩护技巧来为自己的创意保驾护航的。

和约翰一样，在推行创新时你也想得到掩护，使自己的创意有机会生根发芽、展现生机。约翰的"空中掩护员"是帕特·麦戈文（Pat McGovern）——集团的创始人和CEO。在比尔强烈反对的情况下，约翰只好找来了职位更高的帕特，并说服他给自己一次机会。显然，这一招奏效了，在帕特的"掩护"下，比尔只好勉为其难，同意拿出150万美元让约翰证明自己的想法，但他内心却希望约翰失败以证实自己判断正确。

150万美元数目虽不大，但足以使约翰证明这个创意的潜力。当资金只剩最后20万美元时他有了新主意，他事后告诉我："我当时灵机一动，想到'傻瓜'可以作为一个品牌，而不只是一本书的名字。"约翰最初的想法是，出两本系列的图书如《傻瓜学DOS》或《傻瓜学MAC》，然而在资金短缺的情况下，约翰意识到品牌知名度才是真正的关键。传统的出版模式下，图书销量倚仗的是作者的名气，而非书籍品牌。约翰此举无疑对这一模式发起了挑战。我班上的学生几乎人手几本"傻瓜"系列书，却鲜有人记得这些书籍作者的名字——除了露丝·维斯特海默（Ruth Westheimer）博士，她撰写了《傻瓜学性知识》。

约翰同时用到了另一个柔道策略：干扰对手。在早期的"傻瓜"系列中，约翰无一例外都会在书中提及比尔的名字，对他表示感谢："我们十分感激比尔先生为本书出版面世所做出的贡献。"后来，当"傻瓜"品牌开始盈利时，约翰团队便不再提及比尔的名字，转而表达对帕特·麦戈文的感激，称正是他的远见卓识和高瞻远瞩，才让约翰和团队有机会在"高空掩护"下尝试这个概念，最终使"傻瓜"品牌得以成功。"傻瓜"系列刚开始赚钱时，比尔曾联系约翰，建议他推出其他"傻瓜"系列书，如《傻瓜学高尔夫》《傻瓜学理财》。就这样，约翰通过展示其健康的现金流，使比尔的态度发生了180度大转弯。

接下来发生的事想必大家都知道了。这个策略虽然有些咄咄逼人，却让约翰团队有动力埋头苦干，以证明比尔是错的。当发现约翰竟然在书中感谢自己时，比尔不免感到有些意外和动摇，要知道他可是一直试图将这个创意扼杀在摇篮中的人。有趣的是，在"傻瓜"系列第一本《傻瓜学 DOS》大获成功后，比尔成了约翰的最佳合作伙伴之一。事实上，正是比尔建议约翰："你为什么不试一试出版《傻瓜学高尔夫》或《傻瓜学理财》呢？"

约翰·基尔卡伦的故事给了我们以下几点启发。他的成功首先是基于一个富有创造性的点子。他在尝试创新前，就做好了可能无法获得资金帮助和精神支持的心理准备。要想真正获得成功，他还需想办法借助创新柔道技巧来战胜强大的敌人，让自己的创意从逆境走向胜利。

从以上的故事中，我们可以总结出约翰·基尔卡伦所运用的几条柔道原则：周旋、快速出击、杠杆借力和转向。约翰巧妙运用了这些技巧，加上他为人幽默，取得了惊人效果，战胜了创新之路上的重重阻碍。顺便提一句，以上我用了"对手"一词，并非意指约翰和比尔私人关系不好。相反，他们都十分风趣幽默，常常聚在一起小酌。"对手"意指比尔是约翰创新之路上的拦路虎，正是因为拦路虎的存在，才让创新柔道技巧有了用武之地。现在你能理解创新柔道对于创新者的技能和正确心态的重要性了吧！接下来，我将对创新之路上的重重阻碍与人为阻挠进行深入讨论,毕竟,知己知彼方能百战不殆。

重重阻碍与人为阻挠

创新之路上会遇到各种各样的困难和人为阻挠,只有充分了解它们、制定合适策略,才能取得成功。下一章我将对此展开详细讨论。

困难之处

企业难以实现创新,原因之一是它们对创新周期不甚了解。对于创新者或创新带头人而言,想出一个新点子其实并不是最难的,难在如何确保企业顺利完成以下环节:明确企业目标,解决基本架构问题,进行市场调研,传递创新理念,实施创新业务方案/整合,等等。然而人们往往意识不到真正的挑战——拦路虎就潜伏在这些环节之中,创新者稍有不慎,就会功亏一篑。

创新柔道与创新周期

图 2.1 展示的是学术界普遍认同的标准创新周期,其揭示了创新的过程。这一特殊模型摘自《创新者手册》(*The Innovator's Playbook*; Deloitte, 2009)一书。图中展示了创新的四个基本步骤:产生创意、筛选创意、实施创意与推广创意。这的确合乎逻辑。首先,组织中要有一个机制负责提供创意,从而敲开创新的大门。其次,公司决策机制要对这些创意进行筛选,排除不可行的想法。最后,选择完毕,公司开始实施计划,并将创新理念扩散到其他部门。

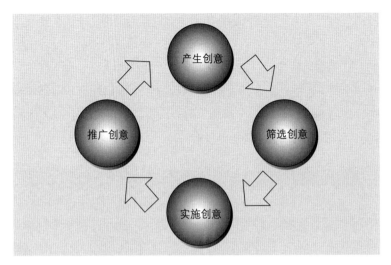

图 2.1 标准创新周期

IBM 公司便是一个绝佳的例子。IBM 举办了名为"创新嘉年华"的在线创新交流活动,在全球范围内邀请了数千人,共同探讨一些有助于应对特殊挑战如全球变暖的创新解决方案。美国海军也有一个类似的网站,鼓励广大网友就海盗猖獗问题建言献策。IBM 设有专门机构,对搜集来的数千条建议进行分类处理,决定哪些建议可以立即采纳;哪些建议暂时搁置,以供日后参考;哪些建议不予考虑。经过筛选,有价值的建议会被送至相关部门,进行完善和实施。最后,IBM 会在公司内公开创意成果,以便在其他部门也派上用场。

图 2.1 所示的创新圆清楚易懂,但它却很容易误导企业创新者。原因在于,它缺少创新周期中最容易遇到的重重阻碍与人为阻挠的环节,也因此无法体现创新柔道之所长。我在上文提到的创新之路上的"重重阻碍"指的是企业内部的各种阻碍,它们阻碍了企业在政策、组织架构、价值观与规章制度等方面的创新;而"人为

阻挠"指的是企业内阻碍创新的人，而他们的逻辑往往站不住脚。比如，市场部提出一个创意，技术经理却因为这个创意不是自己想的而对其加以阻挠；又比如，CEO嘴上说着希望员工敢于冒险，却把出现失误的创新者扫地出门。我在图2.2中增加了一些创新步骤，仔细观察它们你就会明白，因为这些阶段更容易出现各种问题，所以创新柔道技巧会愈发重要。

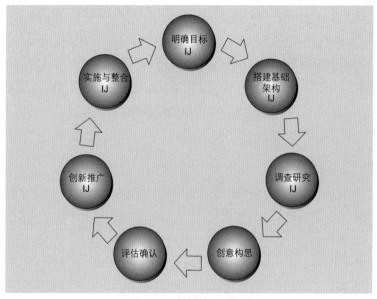

图 2.2　创新的 7I 模型

缺失的步骤

让我们逐个看看这些步骤吧。

明确目标

明确目标是第一步，也是最重要的一步。创新只是手段，而不是终极目标，因此组织需要明确目标：创新是为了什么。知道"为什么"要创新，你才能有好的创意。对这一步绝对不能掉以轻心。企业需要深刻反思创新是为了什么，才不会使创新流于空想。有位公司高管曾请我协助他们企业"创新"。当我问执行委员会的成员"创新是什么"时，我听到了六种不同的答案。有人想要新产品，有人想要节约成本的方法，总经理则想要一种更有创造性的企业文化。从这个例子你便可以看出，在进行下一步之前，企业必须先明确自身追求的创新究竟是什么。

搭建基础架构

明确了创新意图后，企业需要思考有关基础架构的问题：如何开始创新项目？谁来负责？如何激发员工建言献策？等等。我参加过众多创新会议，参会人员常常会提出很多奇思妙想。但每当老板询问谁来负责此事时，人们却往往低头不语。在本书第十一章，我将对此基础性问题进行详细探讨。为了解决这个问题，不同企业各显神通。一些企业设有"臭鼬工厂"或"创新小组"等部门；一些企业力图在企业内部建立创新文化，使得创新成为企业内部共有的价值观；还有一些企业，当内部成员意图创新却难以得到领导层的支持时，会采用迂回战术，如我将在后文提到的吉姆·雷普便成立了秘密创新小组，为创新提供避风港。总之，企业在正式开始"构思"创意之前，要解决好上述基础架构问题。

调查研究

假设我们已经明确了目标，也找到了合适的负责人，那么接下来，我们就要以创新为工具，进行全面调查研究，以期发现并解决当前的问题或挑战。艾迪欧公司（IDEO）可以说是最具创新力的企业之一,相信很多人都在YouTube上看过IDEO的创新挑战视频。视频中,美国广播公司向IDEO发出挑战,让员工在短短五天内重新设计一款购物车。这个视频非常有趣,对人们了解IDEO的设计思维也很有启发。视频中,IDEO的优异表现会令你印象深刻。当人们首次观看视频时,往往会被IDEO特别的头脑风暴模式牢牢抓住眼球,而忽略了项目调查环节的重要作用。举个例子,IDEO的员工会纷纷走上街头,与超市老板、购物车制造商、购物车维修人员、超市店员和顾客进行沟通,获得第一手情报。IDEO的员工就像人类学家一样,头脑灵活、视野开阔,带着摄像器材进行实地考察。

IDEO的员工十分善于调查。这一独特的方法,为他们带来了有关购物车的许多具有启发性的情报和信息,有助于他们构思创意,从而令他们领先于对手。宝洁公司等许多企业都认为大多数头脑风暴"一文不值"(这个词是我说的,并不是他们的原话),因为所谓"头脑风暴"其实不过是同一批人,在熟悉的企业氛围和一成不变的大环境里,分享一些耳熟能详的观点和经验。这样的"头脑风暴"如何能激发真知灼见呢?!

我认为,大多数头脑风暴之所以没有实际效果,是因为成员没有参与调查研究。IDEO的头脑风暴之所以卓有成效,是因为成员们都清楚地了解项目背景。具体来说,IDEO项目调查组成员发现,购物车每年都会导致超过22 000人受伤住院。如果你不相信这个数字,不妨去当地超市逛逛,你会看到小孩子们推着购物车在置物架间横冲直撞,有些顾客会在低头找商品时不小心将购物车撞上你的腿。这样的话,超市里就很容易发生各种意外。

可以看看IDEO重新设计的购物车。车上没有固定的置物筐,取而代之的是可拆卸的置物格(以防购物车失窃)。车的四个轮子都可以360度旋转（方便在狭窄的拐角处移动）。扶手处有一个儿童安全座椅，为儿童留出一个玩耍的空间。购物车侧面附有手持结账条码扫描器，方便顾客自助结账，以减少排队结算的时间。顾客将置物格取下结账，结账后，商品被装在塑料袋里，挂在手推车的侧面。没有固定置物筐，也就降低了购物车失窃的可能性，试想，谁会费力偷一个没有筐的购物车呢？

如果IDEO的员工只是坐在屋里空谈各种想法，不了解实际情况，他们绝对想不出如此巧妙的设计。这就是调查研究要先于创意构思的原因，这一点至关重要，却常常在创新过程中被忽略。图2.1中并没有"调查研究"这一步骤，我认为，正是因为那些闭门造车的创新者们经常忽视这一点，所以他们的讨论往往没有实际成果。通过调查研究，你会在了解实际情况之后再讨论如何构思，这样得出来的结论才具有实际意义。纸上谈兵的讨论会并非真正的创新会。那么如何才能避免这种情况呢，IDEO的创新挑战视频已经给了我们启示。

创意构思

创意构思是创新进程中最有趣的一环。然而遗憾的是，大多数企业常常省略了这一步。最近，某知名政府机构邀请我就其新成立的创新部门发表看法。我与其他发言人一起，同两位负责人进行探讨。我没有用笔记，也没有展示幻灯片，而是直奔主题，谈到了众多企业在创新之路上常常会犯的错误。我首先讲到了常规的标准创新周期模型（见图2.1），然后提到在实际操作中人们时常忽略"明确目标"和"调查研究"这两点。我还提出警示，如果你不清楚自己的目标究竟是什么，那你就会像梦游仙境的爱丽丝一般，找不到正确的出路。在《爱丽丝梦游仙境》中，爱丽丝面对多条岔路，不知如何选择，便向柴郡猫问路，柴郡猫反问她想要去哪里。爱丽丝承认，自己也并不清楚要去往何处，柴郡猫便告诉她，若是如此，走哪条路都行。

当我讲到我的7I模型时，团队中的一位成员表示："我现在明白为什么我们停滞不前没有进展了。我们一直没搞清楚团队的目标是什么，只是一心想要创新而已。"正如我所说的，创新不是目的，而是手段。如果你不清楚到底想要达成何种目标，那么你一定会陷入困境，进退两难。

当 IDEO 的成员进入创意构思阶段时，他们早已确立了创新目标，明确了创新过程中可能会遇到的各种困难，收获了新点子，从而产生了重新设计购物车的新颖想法。构思阶段，人们通常首先会产生各式各样天马行空的想法，之后再对它们进行整合，最终制订出切实可行的方案。在购物车的案例中，最终的购物车成品没有置物筐，四个轮子都可以滚动，推车还配有结账条码扫描器，以满足顾客自助结账的需求。

评估确认

到了这一步，我们才真正开始进入创新工作。构思阶段充满乐趣，人人都想参与其中。不过接下来，我们却将要面临创新过程中的最大挑战之一。此时，你需要选出最优方案，弄清需要花费多少成本。在进行评估时，我们需要整合提议、精简想法，确定真正想要实现的目标。这里有一步，叫作"机会过程"。我会在创新柔道技巧的"自律"与"杠杆借力"部分对其进行详细解释。只有当一个想法具有持久性、可持续性、防御性，以及创造价值的潜力时，才能令人刮目相看。这一过程费时耗力，常常遭遇失败。正如我告诉学生们的一样："就像蜜蜂为了蜂蜜耗尽一切，人们往往会为了抓住真正的机会而耗费大量的人力和财力。"

创新者能够从众多想法中把握真正的机会,这种能力更有利于他们实现创新。能抓住这一点,创新者就能走上企业家的道路,届时,关键不在于是否拥有创造力,而在于如何将创造力转化为吸金能力。

创新推广

创新周期的下一步是通过某种试点项目验证想法,以观察大家对此的反应,我称之为"创新推广"阶段。这一阶段通常与机会过程相互交融。因为在这一阶段,创新者需要通过测试、实验,以及与潜在客户沟通,来判断创意的可行性。金佰利、麦当劳等公司通常会先对创新产品进行试点销售,根据试点效果再决定是否进行大规模推广。我用"创新推广"这个词来形容这个阶段,因为在这一过程中,创新者会努力传播其创意,而无论他人接受与否。如果别人无法接受我们的提议,那么我们可能需要重新调整,甚至舍弃这个创意。这一阶段,创新者必须小心行事,因为随着越来越多的人开始了解这个想法,各种阻挠也会由此而生。你会在下文史蒂夫·帕吉格的案例中体会到这一点——史蒂夫对待这一步十分谨慎。有些人早早便让利益相关者参与到讨论中来。史蒂夫却觉得,创新者应该"谨慎建立团队,仔细挑选成员",而不能急于求成。

实施与整合

创新周期的最后一步包括业务的实施与整合。索迪斯公司是一家全球知名的餐饮服务企业。它认为自己正逐渐失去创新优势,于是邀请我为其开发一个创新项目。管理层希望借助开拓新业务出售新产品,从而实现创新。他们希望通过实现产品差异化、提供增值服务来增加企业收入。我和百森商学院的同事提供了许多富有潜力的创意和配套商业计划，我们踌躇满志，希望看见创意落地实行。然而索迪斯公司认为，现有的企业机构无法支撑这些想法顺利落实。不到一年，这项计划便搁浅了。

大多数作者都会提到创新周期的实施部分，但他们常常忽略意见整合在其中所发挥的作用。实施指的是通过有技巧的策略来实现某种想法。如你所见，创意在这个环节面临重重危机。此时，创新者不仅要把创意变成现实，还要使其与其他商业活动融为一体，且符合企业战略。一场创新活动即使得到企业最高领导的支持，也很有可能因为部门间的明争暗斗而夭折。许多创新活动即使受到支持也往往以失败而告终，这是因为其与企业现有发展战略相悖，或是将迫使企业改变现有战略。

正确的时间 / 正确的地点

那么，上述步骤与创新柔道有怎样的关联呢？在 7I 模型中（见图 2.2），某些步骤附有字母标记"IJ"，意为创新柔道将在这一步发挥重要作用。如你所见，在明确目标、搭建基础架构、创新推广以及实施与整合这几个阶段，创新柔道更为关键。不过有时，创新柔道在调查研究阶段也有用武之地。创新柔道之所以对于明确目标及搭建基础架构十分重要，是因为职场内部斗争时常会阻碍创新。几年前，我受邀为美国海军部队组建一个创新小组，小组中一位成员负责精益六西格玛管理。这位成员想要成为创新小组的负责人，而这并非因为他更能胜任这项工作或是其他合理原因，仅仅是因为他想要赢得内部竞争。最后我们没有让他得逞，因为精益六西格玛往往会阻碍创新的发展——它过于强调对当下产品进行完善，这就会导致其忽略产品创新。精益六西格玛与创新一样，应该被视为一种手段，而不是一个目标。否则，企业会将工作进展误认为创新成果。

在调查研究阶段，如果所有企业都能像IDEO一样调查到位，那么就无须特别应用创新柔道。我把它放在这一步是为了有备无患。众所周知，人们常常会根据自己的利益对数据进行篡改，当前关于气候变暖问题的争论便是一个例子，各方都会拿出对己有利的数据进行辩论。一般来说，我并不推荐在本阶段使用创新柔道，但我亲眼目睹了一件事，让我意识到创新柔道在本阶段的重要性。我最近加入了学校委员会，研究百森商学院"为世界带来了哪些价值"。按理来说我们本应从教育影响力和成果方面，做一些中立的调查研究。然而，在委员会的首次会议上我震惊地发现，竟然没有一个客户到场，委员会也没有制订任何有客户参与的调查计划。委员会成员均为学校教职员工及行政管理人员。可以想象，最终得到的不过是一份经过粉饰美化的报告。这可真是个大"惊喜"！

创新柔道在创新推广与实施阶段最为关键。在这两个阶段，困难丛生、阻挠遍地。当创新仅仅停留在概念阶段时，人们还不以为意，一旦实施，人们就会开始恐惧。即便某个创意看起来或许顺理成章、势在必行，但实施起来仍需要付出很大努力。重大创新需要改变，而人们往往抗拒改变。有时这种抗拒仅仅是因为杞人忧天，有时则是因为创新会触动他们的利益。在实施与整合阶段，创新思维将会推广到整个组织系统中去。大多数创新者会告诉你，这是最难的一环。直到这一步，创意才逐渐开始走向现实，给企业内外带来巨变。

人们无法在真空中实现创新。创新与企业文化密不可分，又深受企业文化影响。如果企业文化毫无章法（甚至古灵精怪、非理性、非逻辑），那么创新者势必备受煎熬、苦不堪言。若想在古怪反常的组织内进行创新，创新柔道将至关重要。企业或多或少都有一些非理性问题，而创新者将不得不面对这些问题。许多企业都有这样的非理性，它们会对创新形成特有的重重阻碍与人为阻挠。

非理性因素

下一章，我将解释组织运作过程中产生的不同程度的非理性因素。有些组织的问题尤其突出，因此创新者需要一种自我保护机制。组织规模越大、复杂程度越高，出现的非理性问题就会越发棘手。作为一名创新者，你会遇到一些难以用讲道理或正面对抗的方式解决的阻挠。很多人本可成功完成创新，却在遇到阻碍或阻挠时选择了放弃，认为企业配不上自己的好点子。我在本书中提到的一些人不仅预测到了可能遇到的困难，还巧妙运用创新柔道化解了这些困难。

多年以来，我与很多企业都有合作，经常有CEO认为企业内部缺少勇于创新、敢于实践的人才。当然，这样的CEO也往往会把投身创新却不小心犯错的员工立刻扫地出门。一位曾与我共事的CEO对他的副手讲过类似的话，他鼓励冒险和创新，但又不容许失误。这就是一个企业非理性的典型例子。当然，这位CEO的话毫无道理可言，因为你不可能既想创新又不犯错。不过，这番话也凸显了创新柔道的重要性。如果没有创新柔道作为后备，你勇于创新是错，一成不变也是错。如果你不站出来敢于冒险和创新，你便将沦为平庸之辈。如果你挺身而出，勇敢冒险，却最终失败，又不幸遇到上文这样的CEO，那么你就会丢掉饭碗。不过，如果你掌握了创新柔道，一切就不一样了。

第三章
非理性因素

纵观历史,在培养创造力的道路上,创新者难免遭遇重重阻碍与人为阻挠。你也不会例外。意大利著名天文学家伽利略曾首先提出"日心说"。但由于"地球并非宇宙中心"这一观点与

《圣经》相悖,他被判处了无期徒刑。虽然伽利略能够提供相关科学证据来证明自己的观点,却仍被判有罪。所幸他后来得以免于牢狱之灾,改为被软禁在家。种种证据表明,伽利略在推陈出新之路上面临非同小可的重重阻碍与人为阻挠。在组织中推广创意,你也会遇到各种各样的阻碍,稍有不慎,你的创意就会被扼杀在摇篮之中,即使身处锐意求新的组织中亦是如此。所谓人为阻挠,是指那些以荒谬的理由故意阻挠你实现创新的人。

在伽利略生活的时代,社会观点往往由天主教会主宰,而教会认定地球是宇宙的中心。这是当时被普遍接受的观点,也就是大众主流文化。加之当时的教皇也笃信地球中心论,你可以想象,有两座巨峰横亘于伽利略推行创新观点的道路上:一是流传数百年,被广为接受的信仰和文化,二是拒绝改变的领袖的百般阻挠(这里,

我并没有不尊重之意）。我称这种不合理性为"非理性因素"。勇于打破常规却遭受不公正对待的伽利略后来也意识到非理性难以战胜。因此，身处非理性严重的组织之中，创新者必须想方设法破除重重阻碍或绕道而行。对于人为阻挠，更需要智取而非强攻。这正是创新柔道技巧大显身手的时候。

定义"非理性"

"非理性"是指企业为追求某种目标所做出的努力，到头来却阻挡了目标的实现。其他研究人员曾用"功能失调"或"中毒"等词语来形容这种行为。我之所以选择了"非理性"这一特别的术语，是因为我觉得上述那些词语过于含贬义，这样说对企业并不公平。毕竟无论是企业还是个人都不会有意为难自己，也不会完全功能错乱。

因此，我选择了"非理性"一词。它恰如其分地描述了这样一种行为：企业因未能认识到或及时铲除阻挡创新的种种人为和非人为因素而导致停滞不前。本书中，我将主要讨论这样一种怪象：企业苦苦寻求创新，却往往自己扼杀了创新。遗憾的是，组织的非理性常常无药可治。因此，只有当CEO肯花时间根除"非理性"因素，拨乱反正，就如同对待压缩成本那样上心时，创新柔道才能派上用场。最优秀的创新者不仅能认识到企业存在"非理性"因素，更能想出有效的办法来克服它。

"非理性"是我自创的术语，因此，现在我要用一番笔墨来解释一下这个术语。在我看来，"非理性"指的是"一心追求某物，却往往在不知情的情况下与之渐行渐远"。这种行为在人类世界中比比皆是：女人深受家暴之苦，再婚时竟又选择了嫁给另一个劣迹斑斑的丈夫；单身汉急于成家，但这种迫切的渴望却往往把女孩子吓跑了，最终他将一无所获；缺乏安全感的人渴望存在感，会越发表现得骄横傲慢或患得患失，最终往往事与愿违。

非理性问题中不合逻辑的部分

我们常常嘲笑南辕北辙的人，他们愚蠢的行为令我们不禁怀疑他们是不是出了什么毛病。为什么人人都懂的道理，他们自己却毫无概念？CEO口口声声说着希望员工勇于冒险，却把失误的创新者们扫地出门。他们为何无法认识到其中不合理的地方呢？但与此同时，我们自己却又能设身处地理解这种非理性行为，因为有时我们也会如此行事。

通常情况下，人的非理性行为极易辨认。因为非理性行为常常会影响到身边的人，而身边的人也会及时指出。例如，我是一个汽车爱好者。遗憾的是，并没有人为汽车迷量身定制一个十二步治疗法。不过我也有自己的反馈渠道，那就是我的妻子，她时时监督着我、提醒着我。在妻子的提醒之下，我的汽车狂热症得到了控制。然而，我也时常受到邻居们的干扰，他们时不时打趣一句"嘿，我还以为你最近又买新车了""看来你真的需要一个新车库了"或"你肯定是车辆管理所的熟客了吧"。

但是企业可没有这样的反馈渠道，它需要自己去构建。现实中，鲜有企业会这么做。试想，谁敢亲口跟CEO说"你的企业糟透了"，或者"你的企业砸了数百万美元新建的IT系统比原先的更烂"，或者"挂在企业大厅、写在员工名片上的企业文化标语都是废话"。如此直言不讳的人在企业里极少能见到。然而，若是听不到真话，企业就很难根除这种"非理性"行为。即使是最开明的海军上将，并且还穿着便服，其下属也会顾忌到他的身份、地位而不敢直言进谏,并告诉自己要谨言慎行。

创新行动常常会沦为组织非理性行为的牺牲品,这也是企业求创新而不得的主要原因之一。之前我提到过,有一个老板鼓励员工创新,却又把失败的员工扫地出门,这就是一个例子。这里的老板既是创新之路上的绊脚石,又是释放错误信号的拦路虎。IBM 也出现过类似的失误。IBM 要求新业务的盈利水平与现有成熟业务相当,这难以实现,因此几乎没有新兴业务能挺过头一年。结果是,还没等来机会证明自己,新兴业务便纷纷夭折,而罪魁祸首正是 IBM 自己。不过 IBM 现在改变了战略,在新业务开辟的首年内,不再以盈利多少,而是以项目是否取得突破作为评价标准。IBM 花了更多的时间获取反馈,这才真正解释了为什么如此多的新兴业务达不到预期成绩就早早陨落。值得庆幸的是,IBM 人才济济,他们意识到非理性因素和非理性行为并努力克服,才得以多次扶大厦于将倾。

最近我与一家公司合作,这家公司对市场调查和分析极为重视,甚至对目标客户的情况了如指掌,连他们穿多大码的鞋都能说出一二。但是后来他们组建团队,专门负责招揽目标顾客,在严格刻板的气氛下,取得的成果不过只是"可接受的"创新,而非真正的创新。何为"可接受的"创新?它指的是对产品的特点和形式进行更改,比如在形状、大小或包装方式上的改动等,业界视其为创新的衍生品或是简单的创新。公司成员致力于这种流于表面的创新,因而注意不到自己南辕北辙的行为。他们岂能料到自己夜以继日、埋头苦干,到头来竟阻碍了自己实现真正的创新。然而,没有人愿意或是有勇气对 CEO 直言其战略问题,从而导致这样背道而驰、浪费精力的行为未能得到及时调整。

之后的章节我会详细介绍如何使用创新柔道的"杠杆借力"技

巧，建立具体有效的反馈环，以此借对手之力助己实现创新。这个技巧虽用法简单，却威力无穷，让许多企业刮目相看，并乐于付诸实践。想要建立好反馈环，创新柔道七大技巧中的"杠杆借力""快速出击"和"推拉制衡"技巧都将派上用场。

直言敢谏的人身在何处？

颇为有趣的是，我认识的 CEO 中大多数都认为自己的企业透明度不高，缺少直言敢谏的人。然而却少有人意识到，自己应该将更多心思用在解决企业非理性行为问题上，就如同自己对待成本降低和股价上涨那样上心。这样的非理性行为问题可能已经在企业文化中根深蒂固，解决起来绝非一朝一夕之为。但是，创新柔道大师不会叫苦连天、怨天尤人。相反，他们深谙这是组织无可避免的顽疾，不能以硬碰硬，而只可智取，化解其力甚至借力使力。

美国通用公司推出的"Work Out"计划，就是 CEO 试图根除非理性问题的一个典型例子。在杰克·韦尔奇（Jack Welch）出任 CEO 时期，他在成本节约和精简人员(对"解雇"的政治正确的说法)上取得了令人瞩目的成果。不过他反对"至精至简"，他个人推崇"精益而敏捷"。在他看来，如果你为了精益的目标而裁员，让留下的员工承担双倍的工作，你也许可以达到目标，但同时这种做法也将让你的企业变得平庸起来。

于是，通用公司将内外部的团队整合起来。这些团队花着企业的资金，将时间用在追逐那些毫无附加值的项目上，严重阻碍了通用公司的业务能力发展。韦尔奇认为，如果要裁员，就需要把浪费企业资源的工作一并扫地出门。韦尔奇的做法在一定程度上缓解了企业的非理性问题，但却并未彻底根除。要知道，非理性问题之于企业，就如同橡木的根，根深蒂固、盘根错节，要一并根除绝非易事。显然，通用公司十分明智，既然橡木的根难以斩断，倒不如另辟蹊径、绕道而行，直至成功的彼岸。创新柔道技巧便是最好的选择，它能助你不费砍树之力，便能快速高效地完成创新工作。

非理性问题的产生

放眼当下，企业普遍存在非理性问题。令我尤其诧异的是，为何它能够生根发芽，甚至茁壮成长？对于这个问题许多员工也曾紧闭办公室的房门，七嘴八舌地闲谈几句。但他们都十分小心，因为承认企业存在非理性问题，常常使他们被扣上"喜欢抱怨""团队合作能力差"等帽子。同样，我们也会格外留心，绝不会当着始作俑者的面痛批非理性问题。其实，非理性问题完全是人为的产物，比如，HR一手打造了以"信任、诚实和团队合作"为核心的公司价值观，却偷偷监视员工是否将公司电脑用于处理私事。再比如，通用汽车公司前CEO罗伯特·斯坦普尔（Robert Stempel），将亲信安插进董事会以获得高额收入，即使在公司财务情况最紧张的几年亦是如此。

我曾经为通用电气授课，亲眼见证其为鼓励冒险精神和健全奖励机制所做的巨大努力。一名经理的创意未能成功实现，韦尔奇却提拔了他，将他连升两级。这样做正是为了向全公司发出信号：公司鼓励冒险、重视创新，从失败中汲取教训尤为重要。几乎所有创新者成功前都经历过失败。爱迪生80%的试验都失败了，但他没有气馁，而是积极总结经验，终成"发明大王"，缔造了许多改变世界进程的重大发明。毫无疑问，即使推行了"Work Out"项目，非理性问题也依然存在。对于大多数企业来说，非理性问题无可避免。想要盖上这一"潘多拉之盒",要么对其进行监督(通过反馈环来实现),要么彻底根除它,要么建立完善的制衡机制,比如创新柔道机制。

创新之路上的拦路虎

非理性问题常常是阻滞创新的元凶,本书将为你介绍解决之道。非理性问题主要表现在五个方面,首要的便是人为阻挠,其他四个方面则是来自企业内部的阻挠。企业内部的阻挠往往根深蒂固,因而有时威胁更大。成功的创新者会告诉你,战胜人为阻挠要比克服企业内部阻碍轻松,这是因为应对个体要比挑战整个官僚体制容易得多。不过,如果能够正确运用创新柔道技巧,你就能够同时摆平这两种阻碍。

1. 人为阻挠
2. 公司政治
3. 组织结构设计
4. 企业价值观
5. 企业文化

人为阻挠

我首先谈一谈人为阻挠。它指的是企业成员出于不合理的理由有意或无意地阻碍了创新。不过这样的人为阻挠没有企业内部阻碍那么根深蒂固,因而对付起来相对轻松。大体上说,人为阻挠目标明确,更易突破。然而,如果你的老板也不幸是人为阻挠大军中的一员,那就得另当别论了。即使在这种最坏的情况下,创新柔道技巧也将发挥所长,助你成功创新。本书第三部分对此有详细介绍。

组织中的个人往往会抱团形成集团攻势，给你的创新之路带来更大威胁，我称之为"集体阻挠"。企业中，集体阻挠现象更为普遍。从后文吉普牧马人卢比肯的故事中你能更好地理解这一点。当时，吉普的工程师有了一个创意——大规模制造高端越野吉普车。但市场营销部门却一心想着"搞工程的人怎么会懂市场营销？"因而对此百般阻挠。创新的阻挠者之所以会走到一起，是因为他们拥有相似的价值观，这样的价值观将深深植入企业文化，令他们无法正视企业其他部门或领域提出的好创意。

遭受集体阻挠时，你会发现自己面临的挑战更大，需要运用多重创新柔道技巧方可取胜。我之前引用过马基雅维利的一段话，这番话道出了古今皆准的真理，我个人十分欣赏。还有一句话，我也很喜欢："明处的敌人并不可怕，可怕的是身在暗处的对手。"许多人费尽心机打造自己能够控制一切的工作环境。这是人性所致，也是常识。如果他们接受创新，尤其是会带来巨变的创新，常常会危及他们的统治地位。

这就是人们抵制改变、反对创新的原因。巨轮将沉时，每个人都奔向救生艇，以免溺水身亡。然而，救生艇的数量又极为有限。创新者面临相似的境遇，许多人明知创新确实会引领进步，却拒绝踏上这条路。不过，如果撤走所有的救生艇，人们在生死关头便会急中生智，制造各种浮水装置来拯救自己。由此，创新者需要设法移除"救生艇"，而此时创新柔道技巧中的"推拉制衡"和"快速出击"技巧将派上用场，助你一臂之力。我在后文会对此做详细介绍。

理想情况下，大多数人至少不会反对倾听创意，如新商品或者新服务理念，这将使工作更加高效和快捷。性格调查结果显示，一些人天生心胸开阔，喜欢尝试新鲜事物。不过，很多人并非如此。

KAI是一项性格测试,旨在调查人们天性中是更偏好新事物,还是更偏好因循守旧。KAI结果显示,古板的人并不一定存在非理性问题,但确实因为天性不喜欢新鲜事物,不愿花费时间和精力改变现有状态,而对创新不太"感冒"。当人们因为天性使然等不合情理的理由拒绝创新时,创新柔道就该大显身手了。

公司政治

在创新之路上,制服一两个试图阻挠的对手并没有多难。然而,如果公司政治大行其道,就得另当别论了。此时,你需要用上多个创新柔道技巧。我十分反感为这样的组织效力,因为在这里工作不仅更费力,还会在毫无价值的活动上浪费时间。公司政治不仅耗费精力,甚至会阻碍其实现目标。然而遗憾的是,组织普遍存在这种问题,小到两名教师负责的幼儿园,大到哈佛甚至IBM都是如此。

只有当自私自利之风不再盛行时,非理性问题才能杜绝。若利己主义深深植入企业文化,意图创新者将备受煎熬。因为他们不得不疲于奔命,想方设法对付那些对创新改良毫无兴趣、一心追求功名利禄的人。不过,面对他们我们并非束手无策,本书中创新柔道大师的案例将向你展示这一问题的解决之道。

在我担任美国海军研究生院商学院主管创新的教务主任期间,曾有幸受邀造访白宫。在白宫里,我的第一个念头便是:"谢天谢地,还好我有向导!"因为这里的路错综复杂,难以分清,十分容易迷路。我曾与多位白宫工作人员共事,他们对待工作都十分认真努力,不过他们也常常抱怨,毫无意义的官僚规则浪费了他们太多时间。比如官员的上报权限、规定礼节和职权范围等。他们谈起这一话题时,就像经验老到的渔夫打趣人生最开心的两个日子:第一次买渔船之时和卖掉渔船之时。从白宫入职和离职也是他们最幸福的时刻。白宫工作人员有这样的同感：白宫是个不错的体验之处，不过并不适合长期供职。

显然，在白宫工作不仅浪费了大好时光，最无聊之处还在于每日都得筛选向上司汇报的内容，再经上司筛选一番后向上司的上一级报告。曾经在一次交谈中，一位白宫工作人员这样告诉在场的一位意图创新者："我不能向上级提出这样的建议，因为他肯定不会同意。"向上级汇报的内容要经过反反复复的筛选，显然是非理性问题的表现，这在企业中也广泛存在。关于这样的问题有一件趣事，我将在后文中详细讨论。想要成为柔道"黑带"，你需要寻找机会，或是主动制造机会，悄然接近对手，抓住他的弱点为己所用。这也自然而然成为创新柔道技巧之一。

吉姆·雷普是吉普牧马人卢比肯系列的创造者。在他初提创意时，克莱斯勒公司内部并不看好。不过查看他的个人简介，你会了解到他通过使用"突破口"技巧，为自己赢得机会、实现创新。在加利福尼亚州的卢比肯山路举行的越野车测试赛中，雷普驾驶着自己改良的越野车同其他型号的越野车比拼性能，这给他带来了证明自己的良机。克莱斯勒公司的许多高管亲临现场观看比赛，由于赛道路途较远，只能就地露营。雷普计划当高层来到现场时，将自己的想法亲自向领导展示，借高层之手铲除自己创新之路上的重重阻挠，顺利推出牧马人卢比肯系列越野车。雷普如愿以偿，通过创造"机会"，绕过阻挠创新的拦路虎，直接向高层汇报自己的创意，说服其支持自己，从而顺利踏上创新之路。有人可能会说，雷普的所为也是某种意义上的公司政治行为，我却不太同意这种观点。雷普满怀激情地推广自己的创意，是为了帮助公司谋利，而不是为了个人晋升，更非为了进献谗言，他的动机是善良正直的。

从后文的例子中你会发现，创新柔道大师运用起"突破口"技巧来可谓得心应手。当前，公司政治愈演愈烈，越来越多的人会阻挡你的创新之路，因此掌握"突破口"技巧尤为重要。遗憾的是，我们有时不得不通过公司政治来保住饭碗。即便不得已而为之，我们也要记住树立正确心态，秉持正直的动机。在创新者推行创意的过程中，这一点更是至关重要。

创新者始终保持正确的心态，这不仅是创新柔道的核心技巧，更是保障其他技巧发挥效果的前提。在使用创新柔道技巧扫清阻碍前，首先需要确保自己的动机善良正直。创新是为了公司利益而非一己之私。即使你我都厌恶公司政治，但有时为了创新之路能够更加平坦，我们也不得不参与其中，同时还要避免成为操纵者的角色。尽管在某些组织中，公司政治意味着伤害他人，是"暗箭伤人""散布谣言""造谣生事"的同义词。但请记住，创新柔道提及的政治手段旨在破除阻碍而非造成伤害。

展露最坏的一面

在组织中创新，能够获得的资源本就十分有限，各部门间的资源之争对于创新者来说更是雪上加霜。几乎所有的创意都需要资源支撑，而当下环境中资源却越发匮乏。你获得更多的资源，就意味着他人获得的资源减少了。在此情况下，光有良好的口才是不够的，你还需要更多的技巧。

我的妻子多年来都在公立学校担任语言治疗师。她常常告诉我，教师内部自私自利之风盛行、钩心斗角严重，甚至为了房间和家具等琐事而争执不休。这样的激烈斗争，恐怕连久经权术斗争的老福特汽车公司的高管都自愧不如。多年以前，媒体报道过福特公司政治斗争激烈异常，内部派系林立，数量甚至多达 21 个。一位刚刚上任的经理发现自己的办公室竟比隔壁的经理小了几平方英尺[1]，心有不甘他连夜找来维修人员，让其敲掉两个办公室之间的墙壁。如此一番折腾，终于实现了"一碗水端平"。这位新晋经理可谓干劲十足，不过显然把精力用错了地方。前几年，当我为另一汽车行业巨头授课时，我曾亲眼目睹过一场大战，争论的焦点是按辈分谁才有资格听我的课。

嫉妒心理或是资源之争常常引发非理性行为问题，若再加上对派系斗争的放任，你可就凑齐了各种不利因素。在创新者看来，由这些原因所导致的非理性问题常常表现为"无力创新"。比如，当你所在的部门想出了新点子或者某个问题的解决方案时，出于嫉妒心，有些人会千方百计地挑错，希望你的创意被毙掉。理由很简单，这不是他们想出来的。在内部政治斗争如此激烈的环境中，想要推陈出新的难度可见一斑。

组织结构设计

刚刚谈及的是创新之路上的人为阻挠，然而，克服组织内部阻挠更是难上加难。毕竟，组织流程、结构、体系和企业文化这样的阻挠看不见、摸不着。举个例子来说，许多企业都口口声声说要创新，但实际上，他们一揽子鼓励创新的计划往往沦为创新之路上的绊脚石。当企业员工提出了可行性很强、能够产生经济效益的创意，尤其当这并非他们的日常职责时，为什么不给他们一个机会去试一试呢？我曾听过一个HR经理质疑道："这是不可能的，这样一来，公司辛辛苦苦建立起来的岗位评估体系和薪资

---

[1]　1平方英尺≈929.0304平方厘米。

制度就会遭到破坏。"他又说道,"要鼓励创新,发几张电影票就足够打发他们了。"如果经理真的想要以这样的方式鼓励创新,那他可得选一部好电影。这个例子清晰地展示了组织设计对创新的阻碍作用。人力资源考评体系对于保守求稳的企业大有裨益,但对于追新求变的企业来说则一无是处。虽然创新不一定能靠钱砸出来,但显然,如果这位 HR 经理想要提升企业的创新能力,他就得改变当前的薪酬体系。

称职出色掩盖下的无能为力

几年前,某一大型通信公司成立了新的子公司,拜托我为其设计一套领导力培养体系。这个公司官僚气息浓厚,之所以建立这个子公司就是为了摆脱当前企业文化的不利影响。然而,母公司又坚持要用老一套的领导力模型来培养子公司的领导班子。这种自相矛盾的行为令人匪夷所思!通信行业曾为政府管控,后来走上了私有化道路,就在那时量身打造了这套领导力模型,沿用至今已老旧过时。现在这个行业充斥着官僚作风、繁文缛节以及各种规则和限定。同时,现有的财务管理体系也有利于官员中饱私囊。

该领导力模型包括以下内容:

- 具有领导人气质
- 拥有战略眼光
- 是良好的倾听者和指导者
- 善于发现人才
- 是团队领导者

这种照搬母公司领导力模型的方案真的有效吗?我想只要是对创业略知一二的人,都会对此产生怀疑。在企业起步阶段,上述标准完全不适用于"创业型领导者"(Thornberry, 2007)。想要使新生企业步入正轨,领导者需要有一支训练有素的员工队伍在手,而非再花时间去"发现人才",他也没有时间去充当什么指导者。比起挖空心思培养所谓的领导气质,你也一定更希望他多多关注现金流问题。此时,战术思考也比战略眼光重要得多。令我诧异不已的是,以下重要的指标居然没有一条出现在领导力模型之中:

- 像企业家一样思考和行事
- 善于寻找和把握商业机会
- 能与企业内外部不同背景的人共事
- 建立起满足需要的人际关系网
- 能根据实际情况随时改变战术
- 能创造性地利用有限的资源

众所周知,以上标准更适用于评估企业起步阶段的领导者,为何在这家子公司却不见踪影呢?百森商学院曾为这家母公司打造过一个执行力培训项目,他们拜托我以这个项目为基础,在新成立的子公司内部落实领导力模型。我当即表示反对,并对这样的生搬硬套表示质疑。我的一连串反对意见让一起合作的 HR 哑口无言。要知道,这套领导力模型在母公司可是被奉若圭臬的。他们将此标准神圣化,一定是因为耗费了大量成本打造该标准,所以不能承认它没有价值。然而,他们对我的观点产生了兴趣,邀请我与母公司的 HR 副总会面商谈。

面谈结束后,我便不再负责该项目了。也许是在旧领导力模型上投资太大,副总仍然一意孤行,继续沿用原有的领导力模型。他还找来了学院主任,直言:"快给我换掉那个叫什么桑伯里的人!"我退出该项目后,原领导力模型便在新公司大行其道。不出所料,仅不到两年,新公司便惨遭倒闭。你会对这样的结果感到惊讶吗?我想你也不会。以上例子佐证了企业设计上存在的非理性——对组织领导者的选拔要求和评价标准恰恰与创新要求背道而驰。这样的例子简直不胜枚举。

非理性 DNA——无法避免而又不可思议

我们的性格缺陷常常会受到遗传因素的影响。科学家做过这样一个研究：实验对象是一对同卵双胞胎，他们刚出生不久就被分开抚养，20 年后才重聚。研究表明，这对双胞胎的性格特征和个人喜好有一半相同。例如，两个人喜欢同一种颜色。因此，个人性格中的小缺点完全可以一半归咎于父母遗传，另一半归咎于外部环境影响。个人性格可以这样解释，那么企业的非理性问题又是怎么一回事呢？为什么组织结构、流程、系统会逐渐出现非理性呢？即便经过重组，企业依然会受到非理性问题的影响。

造成企业非理性的原因有很多。通常情况下，它并非有人恶意使坏，而大都是无心之过，甚至有时是好心办了坏事。如果这种情况没有得到有效控制，非理性因素就会滋长蔓延，为害企业。比如说，每个企业都需要财务控制体系。但是，如果财务系统的员工太注重形式主义，提出过多不合理要求，甚至影响到产品销售环节，这就是一种非理性的表现。精心处理过的财务报表看似有益于企业，但企业真正需要的是更加准确并能够根据实际情况不断调整的报表。

为了完成这些任务指标，各部门工作面临很大压力，这就会影响产品销售，或是迫使员工为了完成指标编造数据，非理性问题则由此产生。财务部门相信，既然财务控制有利于企业发展，那么加强控制只会有百利而无一害。这样一来，财务部门就会招聘更多人员，而这些财务人员为了达到工作要求，会制定更烦琐、更复杂的财务报告体系。如此便形成恶性循环。

企业堵塞

"企业堵塞"这个名字的灵感来自我的兄弟杰夫（Jeff），他是一家电子元件耗材商的销售代表,与许多知名企业都有合作。杰夫有一位工程师客户,该客户对于企业运作不够及时高效感到十分苦恼。这位工程师所在的公司遇到了一个问题,在处理的过程中,工程师和他的设计团队想出了一个更为新颖的解决办法。工程师的方案虽然行之有效且节约成本,但负责此事的相关人员却不以为意。此外,一想到决策者也会对实施新方案百般阻挠,工程师便心灰意冷,放弃了自己的尝试。

在现有大型企业中,这一现象非常普遍,用一个恰当的词组来形容,那就是"企业堵塞"。遗憾的是,我们很难找到解决这种疑难杂症的良药。不过,我将在下文证明,创新柔道是一种行之有效的解决方式。创新柔道大师不会坐以待毙,面对阻碍时,他们也许会绕道而行。在上文的例子中,那位工程师未免放弃得有些早了,他可以将自己的创新解决方案告知相关客户,再请客户向企业提议该创新方法,这就是创新柔道的重要技巧之一——杠杆借力。因为客户付钱,所以他们会有更多的话语权。读到后文你将了解到,在创新的过程中,如果遇到类似阻挠,你该如何借助客户的力量帮助自己实现创新。

引发企业堵塞的因素有很多,风险规避、微观管理、严格的组织结构与工作流程、竖井心理(每个人都更倾向于在自己已经建立的舒适空间内交流)、法规限制等都可能阻碍企业创新。其中最为严重的两点是过度控制以及繁杂的组织结构与运作流程。规模越大、历史越久的企业,这个问题就越严重。

创新环境的演变

所有企业都会在发展过程中经历一系列有迹可循的进化与变革(Greiner, 1998)。格雷纳(Greiner)对一些企业的不同发展阶段进行了研究。他发现一个普遍趋势:在企业发展历程中,危机不可避免，通过解决这些危机，企业会经历变革，从而迈入新的发展阶段。而新的发展阶段又会带来新挑战和新要求。格雷纳还指出，如果企业不积极改变组织结构、流程、系统、控制、奖励机制或是领导机构，而仅仅是千篇一律地重复上一阶段的工作，那么该企业永远不会产生新突破。这与马歇尔·戈德史密斯（Morshall Goldsmith）在其最畅销的书《成功下隐藏的危机》（*What Got You Here, Won't Get You There*；Goldsmith and Reiter, 2007）中的观点不谋而合。如果总是原地踏步，不肯创新，那么你便不会进步，也难以取得成功。

图3.1中的直线代表组织的演变与发展阶段。这一阶段相对稳定，此时企业专注于精进业务、研磨产品，会高效地为客户提供产品与服务。折线代表变革期，到了这一阶段，过去促使企业发展的

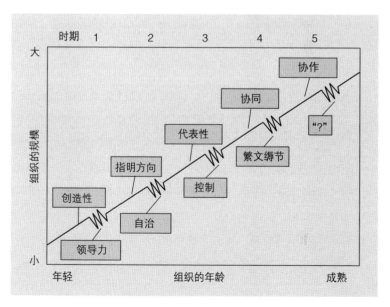

图3.1 增长的五个阶段

因素开始制约其发展。如果此时企业不寻求改变，而是仍然固守以前的做法，其发展将受到阻碍。变革期令人不安，因为它会迫使企业进行重大转变。这些转变也许有迹可循，但如果想要进步，就必须勇往直前。变革期间，企业的表现往往是领导能力的试金石。我的一位商业伙伴常说，如果万事大吉，管理企业自然很轻松，不过要想真正考验领导能力，还得是在困难时期。我认为这话有几分道理。

理想情况下，企业可以预见即将到来的变革期，从而未雨绸缪。的确，一些企业能做到这一点。遗憾的是，人们总是等到大祸临头时才意识到处境之凶险，但往往为时已晚矣。

在企业起步阶段，创意与革新往往不可或缺。若想在现有领域杀出一条血路，企业创始人必须想出新的创意，否则就干脆开辟新领域，走向创新的巅峰。人们通常会想到苹果公司等数码科技巨头。企业创始人若想在行业内旗开得胜，就需要区别于传统供应商，以新颖的方式提供服务。易贝（eBay）就通过开辟新的市场而大获成功。

企业起步阶段规则少，结构灵活，赚钱最重要，由创始人引领着企业发展。在这一阶段，就连按时支付供应商货款和员工工资都有一定困难，员工往往还要身兼数职。随着组织规模的扩大，员工人数增加，过去这种运作模式就会成为阻碍。老板要召开正式会议，不能再像以前一样在企业大厅里随口吆喝一声，员工们也不应再继续身兼数职，否则在企业内外部都会产生混乱。"这些事情你处理好了吗？""没有啊，我以为你负责呢！"这样的对话将不绝于耳。如果老板还想采取起步阶段的领导方式，企业就会脱离正轨。要想成功，企业必须采取更为正规有序的管理方式。

每次变革都会引发管理危机，首先是领导层面的危机。如果企

第三章　非理性因素

业创始人墨守创业初期的管理模式，他还能促进企业发展吗？若个别企业有幸存活下来，此时，这些人将不仅是企业家，而且成了组织建设者。创始人若想企业生存和发展，必须对业务进行梳理，引入财务、市场营销、人力资源、信息技术（IT）等各个方面的专业人才。企业需要想办法来解决这些因非规范管理模式而产生的问题。创业初期，企业奉行不分层级的管理模式，但随着企业不断发展，内部要有专门人才负责管理相应事务，各司其职，建立起等级分明的管理决策机制。这一变革必不可少，且大有裨益。

我们还应推动企业财务、人力资源甚至会议制度等方面的规范化。通过这一步骤，企业将在下一阶段实现更好的发展。如果我们能顺利度过变革期，那么随之而来的便会是一段相对平稳的发展期。该模型中，有几个因素与企业创新和企业堵塞密切相关。首先，格雷纳告诉我们，在先前发展阶段对企业有益的管理经验、组织架构、工作流程和企业文化可能会阻碍企业迈入下一阶段，并将置企业于岌岌可危的境地。为了企业顺利发展，我们必须进行变革。在接下来的阶段，这些阻碍不会平白消失。相反，它们会继续存在，危害企业整体运作，尤其是不利于企业走向创新。格雷纳预测，我们的创新能力或是其他一些做出改变的尝试都将失去动力，并最终走向对于非常复杂却毫无帮助的细枝末节的关注。

当然，如果企业领导者坚持事无巨细参与企业管理，紧握决策权不肯放手，事必躬亲便会无可避免地渗透到每一个发展阶段中。不过领导者不可能无所不在，所以在企业运营过程中，员工还是多少有一些自主权的。在格雷纳的模型中，你会多次看到"繁文缛节"一词。正如我提到过的，任何阶段都可能产生繁文缛节，但只有当向企业集中化管理发展时，这个问题才会成为要害。当企业发展到一定规模时，高层领导者便难以面面俱到，亲自掌控整个企业，此时，他们必须发展一些核心管理职能。

这些职能通常被划分为财务、IT 和人力资源等。由于这几项职能在企业中发挥着重要作用，与之相关的烦琐流程也就相应较多，甚至会引发一系列问题：不计其数的申报表单，运行不了的电脑系统，阻碍企业正常运转的人事制度，等等。具有创新力的组织懂得摒弃及替换这些影响因素，以此顺利过渡到下一个发展阶段中。遗憾的是，企业往往还没有清除干净旧制度，就急于采用新制度。因此，情况变得更加复杂，非理性问题也随之加剧。在我撰写本书时，美国参议院正就如何管理"大而不能倒"这一金融行业议题进行辩论。联邦贸易委员会（FTC）未能合法清查金融业，美国政府非但没有撤掉这个部门，反而决定新增一个机构处理此事。怪不得政府的支持率这么低。

你若也身在这样的组织，肯定会懂得什么是老旧系统。破除各种繁文缛节可比制定它们困难多了，而且鲜有组织会致力于解决企业堵塞问题。过度控制与过度管理着实会令致力于企业发展、富有上进心的员工在工作过程中备受牵制。繁文缛节会消磨员工的热情、毅力和聪明才智，让他们放弃创意，从而阻挠了企业创新。新科技不断发展，各种形式的控制不但没有减轻，相反，其正在逐渐加强。如果企业没有解决企业堵塞问题，员工只能放弃创意，除非他们能掌握创新柔道，夺回主动权。大型组织最容易出现企业堵塞问题，不仅如此，顽固的老板或同事将会带来的人为阻挠也不小。这种情况下，创新柔道也将助你一臂之力。

一个例子

为了与发展速度更快、更具创新精神的竞争对手相抗衡，霍尼韦尔公司试图研发一种新型供热通风与空气调节产品。公司制定了

第三章 非理性因素

正确的战略,组建了一支涵盖制造部门、工程部门、市场/销售部门和财务部门的多功能团队。在研发新产品的过程中,许多企业都会组建类似的团队,以便更高效地完成任务。团队成员每周举行一次会议,商讨这一行业顶尖产品的设计、研发与推广问题。理想虽很丰满,现实却很骨感。霍尼韦尔公司对该产品寄予厚望,预期将会带来公司未来总收入的30%。然而,新产品的首次展示即遭遇了滑铁卢。问题在于,每个小组成员都明白这一方案必将失败,但没有一个人站出来说实话。

这一产品对于企业成功与长远发展至关重要,却遭遇惨败,问题出在哪里呢?首先,小组成员要向各自部门的主管汇报工作,并由主管来评估他们的表现。然而主管并未参与这项新产品的研发工作,他们只是负责各自部门的事务。小组成员开会的时间过少,而且只要能让主管给出好评,实际表现如何并不重要。其次,该项目负责人是市场部经理,她对这一项目有种微妙的心理:新产品一旦成功,将会挤掉市场部一部分现有产品。由于不清楚最终效果如何,市场部经理担心随着新产品成功上市,旧产品份额下降,自己的奖金也会变少。看看这个故事里企业存在多大的非理性问题吧。

我常在培训课上请学员们分享企业非理性的例子。相信我,这样的例子数不胜数。海军研究生院的培训班里有一位海军上尉,他曾给我讲过这样的亲身经历。出于工作原因,他被派遣至夏威夷,携家人在檀香山的部队基地定居。到了那里之后,他却发现自己的房子还在待粉刷的名单里。原来,海军基地内只有一家油漆商获批。上尉别无他法,只能等待,他甚至为了早点搬进去而申请自己粉刷房间,这样一来还可以为部队省下几千美元。然而,这个想法却遭到拒绝。就这样,上尉一家人只好在旅店住了六个月,为此,海军部队花费了 8 000 美元的住宿费。奇怪吗？毫无疑问太不合理了。不过，海军部队这样做完全是按照规矩办事。

企业价值观

对创新者而言，企业价值观既是挑战也是机遇。不合理之处在于，企业口头标榜的价值观与其实际推崇的价值观可能并不相同，有时甚至大相径庭。很多组织花费大量的成本和时间鼓吹自己的价值观，一转眼又将其弃如敝屣，真是莫名其妙。例如，有家企业的价值观是"相互尊重"，然而企业内部有位销售精英却傲慢无礼，丝毫不尊重他人。不过，即便他没有尊重他人，其他员工也不会有太多微词，因为这位销售精英能为企业带来巨大的经济效益。然而，作为企业价值观，"相互尊重"真的得到践行了吗？

从有利的方面来看，就算企业价值观没有得到有效践行，也可成为创新者用来借力的杠杆。试想，如果企业高呼"顾客至上"，而且白纸黑字将其确立为企业价值观，那么针对客户的创新举措就不会遭到忽视。再或者，其他部门想要阻碍你创新，你就可以使用"推拉制衡"技巧，搬出"相互尊重"的企业文化，这样一来，其他部门至少会考虑你的创意。就像这样，创新者便可以借助明文规定的企业价值观助力其创新实践。

企业文化

企业文化是指企业员工、企业政治、组织架构及企业准则之间的相互作用。许多作者将企业文化简单定义为"共有价值观"，但在我看来，"价值观"一词不足以体现"文化"的概念。即使是同一组织内，不同分支也有着不同的企业文化。就我个人的经历而言，我是在搬到加利福尼亚州的蒙特利以后，才意识到同一地域内的不同地区气候差异竟然会如此之大。我在俄亥俄州长大，那里常年多云，也偶有晴天，但你无法预测究竟哪块区域会放晴。再比如，蒙特利海军研究生院上方艳阳高照，但就在同一时刻，四个街区以外的地方却雾气朦胧。由此，即便是在蒙特利这一个城市内，也会出现多种多样的天气。

我并不关心创新者的企业整体"气候"或文化究竟如何，我只在意你创新领域的"天气情况"。因为创新者时常需要跨越组织内外的阻碍，将历经瞬息万变的"天气情况"。你可能会遇到大雾、赶上暴雨，又迎来阳光。因此，你需要针对不同的企业微文化来运用相应的创新柔道技巧。下一章，我将介绍多种创新环境，它们可以指代组织的大环境，也可以指代特定工作部门的具体氛围。区分这些不同的环境非常关键，因为只有清楚地了解所处的环境，才能有的放矢，选择正确的创新柔道技巧来解决问题。

我不愿用"共有价值观"来定义企业文化还有一个原因，那就是这种定义没有触及企业文化问题的病根。企业往往会将企业文化高高悬挂于墙上，但如何才能让员工真正将此付诸实践呢？上文我提到过企业文化是相互作用的结果，而企业价值观也正产生于此。每当企业迎来新成员，我们都会向其灌输企业政治，试图塑造其在企业中扮演的角色，改变他们的思维方式，企业文化便由此产生。

企业文化是创新者的头号劲敌。美国海岸警卫队便是个成功的例子，尽管面临诸多阻碍，其仍成功地在组织内部建立起了行之有效的创新体系。海岸警卫队乃至整个美国部队，都面临巨大压力——行事要树立战略意识。这使得部队成员在日常执行任务时，无暇专注于思考与创新。此外，部队内等级森严，也导致从属文化应运而生。幸好，海岸警卫队素来拥有让其引以为傲的创新传统。即便如此,海岸警卫队也不得不创造新的体系,来为创新者提供避风港。通过这一体系,创新者可以将70%的时间用来进行创新研究。但在其他部队,留给创新的时间哪怕一分钟都没有。后面的章节中,你会了解到海岸警卫队是如何做的。就此,我会特别提到克里斯·克拉克洪的故事。克里斯的上司曾直接告诉他"忘掉你手头那些乱七八糟的新点子,回去好好工作"。你会看到这位创新柔道大师是如何应对此情此景的。

非理性问题的破坏力并不相同

相信你在阅读本书时会回想起自己在企业所经历过的非理性问题。这些问题可能出自人为因素、企业政治、组织结构或企业价值观。非理性问题无处不在,但它们的破坏力却不尽相同。有些仅仅是令人感到困扰,有些则可能会拖垮整个企业。

我能接受别人看我的电脑(偷偷摸摸的情况下除外),因为我从不在工作时间将电脑用于处理私事。如果企业高管自己享受一等座,却安排我们坐到二等座上,我应该也能接受。但我无法容忍非理性问题存在,阻碍企业立足和发展。一旦这种情况发生,创新将不再是一种选择,而是一种为了企业存亡与繁荣发展所采取的必要手段。

如果企业高层没有自上而下地解决非理性问题,那么摆在创新者面前的选择便很有限了。创新者要么选择放弃,要么奋力冲破藩篱,要么坐等永远不会出现的戈多。但你仍有一个不错的选择,那就是运用一种或多种创新柔道技巧来解决问题。放弃会减少风险、避免失望,但你脱颖而出的可能性也将会大大降低。若想奋力一搏,你必须在企业内拥有强大的影响力,但事实往往是,只有身居

第三章　非理性因素

高位的领导层才会一呼百应。

不论是对创新者还是对组织本身而言，等待戈多的做法都是不小的问题。在我小的时候，母亲是一位业余演员，后来还在家乡建了一个剧场，该剧场至今仍在运转。有个做演员的母亲不算是好事。我大概七岁时，第一次看见母亲上台表演。她扮演一位杀手，按照剧情她持刀杀掉了另外三个角色。我对父亲说，我不想跟她一起坐车回家，她不是我妈妈。母亲精湛的演技由此可见一斑。最终，我熬过了那段日子，随着年龄渐长，我逐渐开始喜欢上母亲的戏剧，甚至还参演了一两部。

我读本科时上过一门戏剧选修课，那门课要求学生每周读一部戏剧之后，向教授提交一份相关阅读报告。几乎所有的戏剧都令我乐在其中，唯独有一部我不喜欢，那就是《等待戈多》（*Waiting for Godot*）。这部戏剧的作者是萨缪尔·贝克特（Samuel Beckett），一位居住在巴黎的爱尔兰作家。这是一部短剧，描述一个小镇上的两个人热切地等待着一位叫戈多的人来拯救小镇。随着戈多到来的日子逐渐临近，那两个人变得越发激动起来。然而直到戏剧结束，戈多也没有出现。我想："这可真是一部蠢剧！简直是浪费我的时间。"于是我便写了一份极短的报告交给教授，表达了自己的不满，还建议他下学期不要叫学生读这篇作品，因为它根本就没有意义。教授给了我同样简短的评语，外加一个不及格。直到在大企业里教授创新管理，我才开始明白这部戏剧的意义。组织中有很多人都希望"救世主"能够最终现身，拨乱反正，让一切走上正轨。人们希望口口声声要创新的主管提供有利于创新的环境，这样自己就无须为了创新而大费周章。有时，戈多的确会现身，创新灵感可能来源于企业中的任何个体。但大多数时间，必须有人站出来主动出击。如果你是一位真正的创新者，肯定不会空等戈多的到来。

这不是我们的创意

我曾提到过,企业内部创新最大的阻碍之一便是"这不是我们的创意"的思维或态度,简称为 NIH(Not Invented Here)。这种心态广泛存在于宝洁内外。多年以来,宝洁对创新产品引以为傲,但始终对研发过程守口如瓶。宝洁的保密规定简直堪比美国中央情报局(CIA),连部门之间也有严格的保密限制。例如,宝洁直到十年后才向 Cottonelle 研发部公开 Bounce 丝织物柔顺剂的技术,以便研发新一代"超级柔顺"产品,从而打响企业品牌。过去,宝洁的口号是"这里有美妙创造",它非常看重专利技术与知识财富。宝洁很少外包产品的研发工作,而主要由内部员工完成,依靠其实现企业创新。

曾经,每隔十年宝洁便会推出价值上亿美元的重磅产品。然而遗憾的是,这种创新能力正在逐年减弱。如今,宝洁新产品创意中有 50% 都来自企业外部,这一比例或将提高至 80%。当下,宝洁的口号是"这个创意虽非己出,但我们以它为荣",其研发策略也从以往的"我们无所不能"变为现在的"别人或许有更好的办法,但他们没有宝洁的环境"。宝洁是率先实行"开放性创新"的大型企业之一,为企业内外的创新敞开大门。

宝洁之所以能重获新生、跻身世界一流创新型企业,很大程度上得益于前 CEO 雷富礼(Lafley)。他不仅摒弃了陈旧的企业价值观,还在企业内部进行组织架构重组与流程优化,以此鼓励创新。宝洁还建立了专业部门与机制研发创新产品,成为行业领军者。尽管宝洁和其他企业一样为非理性问题所困扰,但它始终致力于打造一个"创新天堂",并且已经成功地推出了价值上亿美元的创新产品。

在部门林立的企业里，常常也表现出"这不是我们的创意"，因为部门之间斗争激烈，排斥相互合作。例如，研发部可能会觉得研发新产品只有自己能做，自己比市场部更了解客户，市场部做好分内的事、负责支持企业新企划就好了。然而现实情况是，市场部的员工往往非常了解客户需求，知道客户究竟想要什么，但他们却无法创新，因为这不属于他们的职责。研究表明，企业内部独立机制越多，创新便越难以实现。

理性一点吧！创新的确需要多样化的人才，但心胸狭隘的人不包括在内。"这不是我们的创意"是心胸狭隘产生的恶果。创新柔道大师时常面临这样一种情况：企业内部门林立，由此带来了根深蒂固的非理性问题，因为部门林立就自然而然会使得部门之间各自为政、相互排斥。只要你仔细思索一番，就会发现事实往往并非如此。内部相互排斥现象严重的企业被称为"避难所"型企业，我将在下一章对此做详细介绍。

遗憾的是，像雷富礼一样富有远见的领导者可遇而不可求。等待他们出现，就如同等待戈多一般遥遥无期。不过富有激情的创新者仅需借助一些创新柔道技巧，便可顺利扫清这些阻碍，无须等待其实并不会出现的救世主。通过书中创新柔道大师的例子你会发现，他们可以借助创新柔道技巧和自己的力量，实现创新。

第四章
创新的荒原

前文谈到7I模型时,提到过《创新者手册》一书。它是创新方面的优秀著作。它基于德勤的研究成果,将创新分为两个方面,一是私营企业创新,二是公共部门创新。不过,我也对德勤的创新模型中"缺失的步骤"提出过质疑。颇为有趣的是,《创新者手册》一书并未对企业文化予以详细说明,只是一味强调企业文化很关键。如此一来,如果创新者所处的企业文化环境不利于创新实践,他便无法在《创新者手册》一书中寻求解决之道了。

《创新者手册》的确适用于想要构建创新模型的企业,但它并没有说明应该如何创造一种创新企业文化,特别是当企业非理性问题严重时。创新者又该怎么做呢?众所周知,在创新领域中企业文化是最棘手的问题。你大可建立一个完美的模型,再将企业放入模型之中,依样经营运作。然而如果企业文化阻碍横生,种种完美设想便全然无法实现,保持创新更是痴心妄想。

值得庆幸的是,即使企业本身并没有创新文化,创新柔道也能发挥作用。前文提到,创新柔道旨在助你战胜创新之路上的重重阻碍和人为阻挠。如果你想坐等创新文化在企业内部自然形成，那么你怕是要等上一辈子了。一旦企业开始寻求缩减成本，用于创新的资源和预算将会被冻结甚至终止。创新者要懂得如何在这种不利于创新的情况下行动，而非空等企业政策出现奇迹般的改变。对于创新者而言，缩减成本是一个机遇，因为如果你能够抓住机会，向企业证明自己的创新策略不仅能带来业务增长，还能降低成本，企业将会对你刮目相看。这实际上是创新资源管理的相关问题。对于创新柔道大师而言，这一领域已经比较成熟，加之当今企业成本意识普遍较强，对创新者将更加有利。

非理性与复杂性

在我小时候，妈妈时常担心我走在街上会不小心被车撞到。我相信，当下的母亲们也有这种担忧，她们知道有的路口尤其容易发生意外。我住在加利福尼州的一个小镇边上，在那里过马路可是个技术活儿，不仅需要速度敏捷，还要胆识过人。相交的两条街各有三排车道，而且相邻的车道都允许车辆左右转向，街道转角还在加利福尼亚州主干道 101 号高速公路的出入口位置。在如此复杂的路况下，人们一不小心就会被撞飞。

所幸路口设有按钮控制行人过街，这给人一种感觉，车流能够得到控制，从而安全过马路——不过有时却形同虚设，因为人们极少使用这个按钮，而是选择观察车流，找准机会，自行通过。这样一来，交叉路口的情况越发复杂可怕，过马路就变得尤为惊险。企业中也存在这样的路口，有些甚至比生活中的交叉路口还要危险。而有些即使不那么凶险，也会令创新者进退两难。面对这种兼具复杂性与非理性的"路口"，创新者要提高警惕，小心行事。

要想成为一名真正的创新者,你要从以下两个方面理解当下的形势——组织的复杂性和非理性问题。有些组织情况复杂,但没有太严重的非理性问题;有些组织复杂性和非理性问题都不严重;还有一些组织这两方面都不太乐观。首先,你要判断企业的复杂性和非理性程度如何,再对症下药,选择合适的创新柔道技巧。有些可能是复杂性问题的解决之法,却不一定适用于非理性问题,反之亦然。附录 A 是一份创新前景调查表,你可以根据这张表判断出组织复杂性和非理性问题的严重程度。

我在上一章谈到,有五种因素可能引发非理性问题。非理性意味着"不可理喻"。

复杂性

表 4.1 总结了非理性问题的具体表现,现在我们来看一看复杂性问题。

表 4.1 组织中的非理性元素

合情合理的环境	非理性的环境
公司政治不明显	腹背受敌
论功行赏	企业堵塞
言行一致,说话算话	不可告人的目的
恪守企业价值观	信息混乱
健康开放的建言机制	不公平的提升和奖励
共同议事	溜须拍马
透明	摧毁你最想追求的东西
顾客至上	老板至上
	内部斗争

第四章 创新的荒原

复杂性与非理性不同。复杂性通常产生于相对理性的思考过程中。当我们用"复杂"来形容一个人时，通常表示这个人具有多面性，难以揣摩。想要了解一个复杂的人，仅靠眼睛观察是不够的，还需要时间来增进了解。组织的复杂性问题与之相似，由组织自身规模过大或是分公司众多等原因而产生。但对于员工来说，企业复杂与否，体现在新员工需要花费多长时间来熟悉和掌握企业的工作及运行方式。

很显然，企业产品越多样，职能分工越专业、越细致，管理层级越繁复，分公司分布越广，提供的服务越多元化，员工数量越庞大，企业便越复杂。忍受以适应一个复杂的组织需要花费相当长的时间。一个刚刚起步，仅有一种产品、十几个员工的小企业，运作起来一定不会太复杂。尽管企业可能存在复杂性，但业务运营不会很困难。然而，在一个真正复杂的组织中开展工作就另当别论了。美国海军便是一个例子，其拥有33万名在职人员，包括现役和预备役海军指战员、民兵、海军陆战队队员，以及众多国防承包商。加之美国海军武器装备和科研技术分类细致，且部队部署分散，其复杂程度大大增加。此外，海军还需要向美国联邦政府报告，而政府的分工体系则更为复杂。

组织复杂性的表现之一是滥用缩略语。组织复杂程度越高，组织内通用的缩略语就越盛行。我第一次与海军打交道时，还以为他们讲的都是外语。直到与他们共事多年以后，我才逐渐明白这些缩略语的含义。他们甚至还不满足，不断用更短的缩略语代替之前的缩略语。不过，这样做倒也不无道理，因为缩略语会让他们复杂的交流变得简单一点儿。

西门子在世界范围内拥有五大分区，共36万名员工，产品业务从邮件分拣机到发电机应有尽有。然而，没有一个员工能够清楚地了解公司各部门是如何运作的，也没人知道公司正在研发哪种产品。几年前，我在西门子教授创新高级管理培训课时，常常在班上看到这样一种情况：两名在课堂上首次相见的学员，竟发现他们各自研发的几乎是同一种产品。在像西门子一样分公司遍及各地的大型企业中，类似情况屡见不鲜。

就含义与其影响而言，复杂性与非理性并不相同，但对于创新者来说，复杂性会带来另一种难题：当在工作中想出一个创意，或是想要进行某种创新实践时，要向谁汇报？获得谁的批准？如果你的创意仅适用于你所在部门内部，那么便不会有太大的问题。然而，一旦创新要跨越部门界限，需要整个企业共同参与的话，就会产生很多问题。因为企业的复杂性与非理性问题一样，都会阻碍创新发展。而此时，创新柔道技巧便该派上用场了。如果企业复杂性与非理性问题交织，便会形成几种不同的创新困境，创新之路将更加崎岖难行。此时，如果你想成功创新，就必须学会如何在相应的困境中找到正确的方向。我们来看一看复杂性与非理性相互作用而形成的几种不同的创新困境，这些困境有时被称作"创新荒原"。表4.2描述了企业复杂性的几种表现。

表4.2 组织中的复杂性元素

简单	复杂
按逻辑运作	不按逻辑运作
清晰的工作汇报关系	混乱的工作汇报关系
员工清楚该向谁汇报工作或寻求帮助	有众多决策者，有些决策者甚至从不露面
组织结构清晰	多重目标或螺旋目标
目标清晰明确	多级决策者，有些身份不明确
决策者身份明确	难以向他人解释清楚
缩略语的使用不多	倾向于使用大量缩略语
较快的学习曲线	

危险的交集

图 4.1 展示了创新者会遇到的四种企业环境，也可以称为企业文化，它们之间并不互相排斥。仔细观察，你便可以判断你所在的企业（或所在企业中的部门）处于四种环境中的哪一种。图中展示了组织内部两个关键变量——复杂性与非理性的潜在交集。确定自己所处的具体环境，利于有的放矢，正确选择一种或多种创新柔道技巧。同时，也有助于企业高级管理人员理解为何自己明明热衷于创新，却会在追求进一步创新时遭遇困境。在最后一章中，我将谈到高级管理人员该如何将创新荒原改造成孕育创新的土壤，或是至少部分消除不利环境中的负面因素。

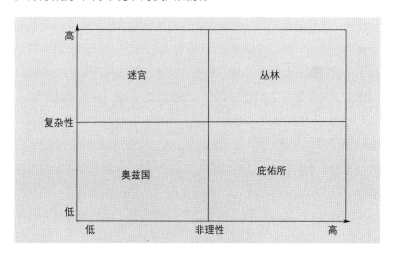

图 4.1　危险的交集

奥兹国

《绿野仙踪》里的桃乐丝会告诉你，奥兹国充满魔力却难以探寻。如果你能成功抵达，会发现那是一片理想的土地。对于创新者而言，非理性与复杂性问题都不甚严重的组织可以说是理想的奥兹国了。在这种企业文化中，如果你展示的商业案例富有逻辑性与说服力，企业会乐于倾听你的创意，并助你实施创新。如果你能吸引对你的创意感兴趣的客户，那便是锦上添花。不过请记住，所有企业都存在不同程度的非理性与复杂性问题，即便奥兹国也是如此。但是相对来说，创新者在奥兹国通常更容易实现创新。

正如电影《绿野仙踪》所描绘的那样，奥兹国有一条神奇的金砖之路，顺着这条路走下去，你的愿望将会实现。理想的企业也是如此。相对来说，这种企业的管理层级并不复杂，想要获取信息相对容易。即使企业规模较大，员工也可以较为轻松地弄清企业的商业模式、企业结构与员工考核体系。对于创新者而言，这是最有利于创新的企业环境。标准的创新周期（见图2.1）相对来说也更适用于"奥兹国"类型的企业。当然，这并不代表你不会遇到阻碍，但你至少不会像在其他企业类型中那样处处受困、举步维艰。

约翰·比佛（John Beaver）是一次性手术刀的发明者，这一发明给他带来了天赐的商机。他本身就是企业老板，有自己的生产线，还有非常明确的管理决策层。这样一来，由谁负责新发明便再清楚不过了。对于"奥兹国"型企业而言，即使也会出现如"东方女巫"或是"飞猴"一样的创新阻碍，其组织特质与运作模式总体而言也是合乎逻辑的。只要你能展示出创意的吸金潜力，你便不再会遇到太大的麻烦。对于身处"奥兹国"型企业的创新者而言，"杠杆借力"原则最为关键。一个单纯的创意是不够的，你要为企业带来商机。我将在后面的章节里详细探讨这两者的区别。现在你要记住的就是，单纯的创意无法助你实现创新，而商机却会令你大获成功。

第四章 创新的荒原

上文曾提及索迪斯集团，它便是"奥兹国"型企业的典型例子。索迪斯虽为一家大型跨国企业，但其业务并不复杂。它为大学、医院、监狱、钻井平台和军队供应食品。它清楚如何既保证盈利，又为客户提供高质量的产品。这种商业模式并不难理解，索迪斯既然能在这个领域取得成功，便可以在另一行业分毫不差地复制同样的商业模式。当时，索迪斯想要依托核心业务，发展新领域，例如干洗业务、自助售货亭等，以此为企业创收。

当时，我为索迪斯的经理上课，帮助他们树立创新思维，实施创业举措，安排商业计划。索迪斯需要一份务实、周密而又富有逻辑的业务拓展企划书，这样才能获得高层决策者的支持。在这一过程中，我几乎没有看到玩弄权术或暗箭伤人的现象。相反，索迪斯内部呈现出一种"良性竞争"的模式，这是每个追求创新的人所喜闻乐见的。

索迪斯的非理性问题也并不严重。在企业内部，员工们大多在规模较小、联系较为紧密的部门中工作，管理结构也十分简单，不会出现复杂的工作汇报问题。员工绩效取决于部门整体对预算的执行情况，上级部门和客户也会及时提供反馈。此外，因为客户群稳定，员工间也不需要再抢夺资源。既然没有了内部竞争，自然也就不存在暗箭伤人的情况。

即使在"奥兹国"型企业中进行创新相对轻松，创新柔道也绝非毫无用武之地，尤其是当你想要提高效率时，创新柔道技巧将大有作为。创新机遇稍纵即逝，只有眼疾手快、迅速出击，才能取得成功。"奥兹国"型企业的逻辑性与计划性较强，不过在你想要迅速抓住时机时，这两点往往会成为阻碍。这时，创新柔道技巧便可以派上用场。我将在后文谈到伊顿公司的拉斯·萨博的故事。他运用创新柔道的三大技巧——快速出击、出其不意和推拉制衡，为公司捕获了绝佳商机。在这一过程中，伊顿的战略方向虽然是正确的，但它出手不够迅速。拉斯的创新柔道技巧令人大开眼界，使公司迅速采取行动，抢在对手之前占得先机。虽然在"奥兹国"型企业进行创新有时也需要创新柔道帮忙，但你不会像在其他企业环境中那样根本离不开它。

迷宫

当组织复杂程度很高，但非理性问题并不严重时，会形成一种称为"迷宫"的企业环境。典型的"迷宫"型企业通常拥有矩阵结构与多头领导 / 多头汇报关系，ABB 公司便是一个例子。ABB 是世界上最大的工程公司之一，同时跻身企业集团前列，在近 100 个国家设有分公司。截至 2012 年 6 月，共有注册员工约 145 000 人，全球营业收入高达 400 亿美元。尽管有着复杂的全球管理系统，其位于瑞士苏黎世的总部却十分精简，全球执行委员会仅有 5 位成员（Pinto, 2006）。我曾于 2003 年造访 ABB 总部，当时执行委员会仅有 10 位成员，这已让我感到十分惊讶，然而在那之后，ABB 甚至将 10 人缩减至 5 人。为避免大型企业 IT、人力资源与金融部门时常出现的非理性问题，ABB 始终将总部规模控制在最小的范围，一如公司的座右铭"全球化思维，本土化行动"。

ABB 奉行分权管理模式，企业将经理派往世界各地，以培养他们的工作能力。复杂企业往往难以进行结构化管理，而 ABB 借助多年来建立的人际关系，使企业得以良好运营。ABB 的员工也深知自己应该与他人协作，此外，由于规模限制，总部也难以轻易干涉各分公司事务。

在"迷宫"型企业环境中，创新柔道的使用目的有所不同。创新柔道技巧与其说是助你快速创新,倒不如说是先帮你铺好创新之路。在"迷宫"型企业实现创新,需要花费更多时间,使用多重创新柔道技巧。

举例来说,在"迷宫"型企业中,快速出击与推拉制衡的原则可能见效甚微。但摆正心态、重新定位与杠杆借力原则却能大显身手。ABB创新的突破口并不在于智胜官僚主义,而在于培养员工的合作意识、企业利益至上的健康心态、清晰的逻辑思维与分析能力。不过,由于"迷宫"型企业的复杂程度较高,创新者对如何实现目标或许会感到迷茫。在"奥兹国"型企业中,通往创新的道路清晰可辨,但对于"迷宫"型企业而言,面前可能会有多条不确定的道路。此外,"迷宫"型企业还常常遭受分散型创新的困扰。也就是说,员工会各自为营,埋头准备自己的创新项目,很少互相合作或发生交集。

史蒂夫·帕吉格是金佰利"妈妈企业家"项目的发起者,他曾就职于多个"迷宫"型企业,金佰利便是其中之一。金佰利是业界翘楚,素有创新的传统,但其众多的产品、不同的职能、不同的部门和分销渠道乃至遍布全球的分公司体系却无比复杂。史蒂夫与其他创新柔道大师一样,为了让自己的意见得到认可,有时不得不另辟蹊径。对于处在"迷宫"型企业里的创新者而言,他们面临的挑战是如何将复杂性问题简单化。由于提升创造能力的道路往往难以探寻,他们应该学习史蒂夫,要么努力寻找方向,要么主动创造一条提升创造能力的道路。我会在后文详细介绍史蒂夫的故事,他善于运用创新柔道技巧来解决企业模糊不清的问题。当然,正确的心态也是必不可少的。创新柔道技巧辅之以正确的心态,是成功创新的法宝,对于身处金佰利这样以道德为本、顾客至上的企业的创新者来说,更是尤为重要。

庇佑所

图 4.1 右下角的象限所代表的企业类型为"庇佑所"。这类企业从商业模式来看非常简单直观，但却存在严重的非理性问题，运作起来不合逻辑。能够在这类企业平步青云的人，想必长于玩弄公司政治，能够赢得激烈的内部争斗。企业领导人或领导层的作用和职能并不能正常发挥。家族企业通常便是这种类型。我曾为一个家族企业工作，这个企业是一家大型媒体公司，家族里的父亲擅长财务管理，因此企业在这一方面表现突出，但其他部门则是一团乱麻。家族里的姐姐塞尔达（Zelda）、表亲麦克（Mike）和侄子山姆（Sam）都在企业担任重要职务，但事实上，他们既不愿意，也不足以胜任这些工作。同时，源源不断的家族纠纷也让员工进退两难。此外，父亲专横跋扈的性格也为企业带来种种麻烦。比如，仅仅因为秘书买错了咖啡，他就执意要将其解雇。不过好在他记性不太好，企业的 HR 利用了这一点，让那位秘书回家待了一周再不动声色地回来上班。秘书依样照做，结果顺利度过了这场风波。

"庇佑所"型企业通常奉行指令性管理且高度集权，企业成员往往会为了向上爬而不择手段。此外，这类企业名义上的领导者可能并没有实权，掌权者另有其人，这样一来，就导致企业政治斗争泛滥。

我曾为一家高科技外贸公司提供咨询服务，这家公司的员工会在晚饭时间给客户打电话推销产品。公司实行综合解决方案，根据客户个人资料进行智能推荐，客户会随之接到自动拨打的电话。这家公司创立者白手起家，一手打造出市值 2.5 亿美元的大公司。不过当我受邀前去为公司管理出谋划策时，董事会正筹划从创始人手中夺走公司控制权。原因是创始人造成了异常严重的非理性问题，使公司股价在短短两年时间里从每股150美元暴跌至30美元。

这家公司的症结并不难理解：组织复杂程度虽低，但非理性问题严重。我去这家公司时，创始人兼董事长在两年内先后任命并解雇了两任CEO。他虽是商业天才，却也是个情绪阴晴不定的疯子。他独断专行，只信任几位创业期间的得力助手，导致员工之间关系不合，企业分崩离析。他不按常理出牌，时常绕过员工的直属上级直接下达命令。不难想象，这种情绪阴晴不定、刚愎自用的领导者给公司带来了严重的非理性问题。

这位董事长的确拥有经营公司的才能，也对事业满怀热忱，毕竟这是他一手创立的公司。他尤其对技术层面的事务格外上心，凡事都亲力亲为。在"庇佑所"型企业中，尤其是对这家公司来说，创新者的两大制胜武器是自律技巧与突破口技巧。在这个例子中，自律就意味着创新者需要保持耐心，等待时机，还需要肯下功夫去了解一些公司技术方面的事务。此外，你还需要投其所好，如果董事长谈到自己钟爱的电子音乐时你也能接上话，那么他一定会乐于跟你谈下去。另外，他很在意公司外贸业务能力的提升，所以对相关创意很感兴趣。因此，创新者需要针对这一方向提出创意（这会令董事长感到意外），掌握一些基本科技知识，同时保持耐心，等待董事长冷静理性的时机，再向他提出想法。可惜大多数执行部门的成员只想与他大讲道理、空谈逻辑，却缺乏足够的耐心。

虽然并非所有企业都像上文的外贸公司一样充满非理性问题，但你会发现，想要成功创新，仅靠清晰的逻辑、透彻的分析和精美的幻灯片是远远不够的。对于身处"庇佑所"型企业的创新者而言，必须要合理运用多种创新柔道技巧。在上文的公司中，董事长对于新事物很感兴趣，因此，如果你能在正确的时间，以合理的方式提出行之有效的建设性意见，你便会被他纳入"自己人"的范围，这也会为你减少此后工作的阻碍。

吉姆·雷普是克莱斯勒公司牧马人卢比肯系列吉普车的创始人。当时的克莱斯勒公司非理性问题严重，雷普不得不运用多种创新柔道技巧实现创新。这些技巧包括杠杆借力、快速出击、重新定位寻找突破口、推拉制衡等。若非如此，好评如潮的牧马人卢比肯系列可能就无缘面世。雷普认为大规模生产吉普越野车具有市场潜力，一定会为公司带来巨大收益。但由于他的本职工作是工程师而非专业的市场部人员，市场部一口否决了他的提议。但事实证明，雷普是正确的。

丛林

丛林十分危险，它会令人迷失方向甚至遭遇凶险。对于创新而言，"丛林"型企业可以说是最危险的创新环境。这种企业复杂程度高，非理性问题严重。在这里，创新者可能会遇到深不可测的河流，或是遭逢凶险的毒蛇。他们必须掌握一系列创新柔道技巧，方能安然无恙。这类企业并非不愿创新或无须创新。事实上，正是这类企业最需要创新。然而它们常常一边真诚宣称要创新，一边又让创新者精疲力竭。

如果探险家满怀信心、装备精良、导航准确，并乐于在险象环生的环境中探索，那么丛林可以成为一个好去处。只有同时满足上述几点要求，创新柔道大师才能在"丛林"型企业中大获成功。他们清楚拦路虎何时出现，也掌握着创新柔道技巧，满怀信心、整装待发。事实上，他们中的很多人都对在"丛林"型企业工作踌躇满志，因为他们勇于挑战非理性，也不会因遭到否定而退缩。正如我曾提到过的，很多创新者在受到质疑时反而会更加充满干劲。这时，他们只会相视一笑、摩拳擦掌，暗想"等着瞧吧！""丛林"型企业对创新高手有迫切的需求，因为解决复杂性和非理性问题耗时费力。如若不能解决，企业最终会为其所累、轰然倒塌。

有位公司经理便是这样一个越挫越勇的创新者。他就职于一家大型跨国公司。该公司高度复杂，也存在诸多非理性问题。公司为了培养一批引领创新的经理，曾开展了一项创新培训项目。因为公司很清楚，比起降低其复杂性与非理性，培养一批关键创新人才要容易得多。公司拥有百年历史，落后的管理制度影响力残存，除非公司发生重大变故，否则这些制度很难根除。我受邀参与这一创新项目。当时，某位经理提出了一个绝佳的创意，却随即遭遇诸多阻挠。他提出的创意是技术方面的，需要得到另一个部门的帮助，可公司却没有足够的资金和资源进行跨部门整合。他的顶头上司没有直接参与这一项目，甚至对他直言："忘掉那些乱七八糟的创意，好好回去做你的工作吧。"

显然，他遭遇了重重阻碍与人为阻挠，顶头上司一口回绝了他的提议，兄弟部门的领导者也对此不屑一顾，甚至还表示："这位经理肯定是太闲了，不然为什么不安心做好手头的工作，还跑去寻找什么新商机呢。"在此情况下，一般人都会一蹶不振，但这位经理并没有轻言放弃，他带着自己的创意找到了公司其他部门。它们对该创意表现出了很大的兴趣，立刻草拟合作意向书并开始了原型产品的技术开发工作。

紧接着，这位创新柔道大师找到先前拒绝他的部门，称如果该部门依然对该创意不予理睬，他就会在两周内与竞争对手合作推出创意。不出一周，曾经不可一世的兄弟部门的领导者便回心转意，制订了一份商业计划书。我们来看一看这位经理都采用了哪些创新柔道技巧：快速出击、出其不意、杠杆借力、重新定位、推拉制衡与寻找突破口，同时他还树立了正确的心态。他没有因遭到拒绝而怨天尤人，而是越挫越勇，调整策略、迅速行动。他将竞争对手视作杠杆，将"不行"成功转化为"行"，本着为公司谋福祉的心态行动，令对方措手不及，失去平衡。接着他主动制造机会，并给对方施以时间上的压力，最终促成提案得以实施。其所在公司高度复杂化，且具有一定的非理性问题，所以一种技巧是远远不够的，此时他需要综合运用多种创新柔道技巧。

创新环境调查

在附录 A 中你会看到一个调查表，该表将有助于你判断自己究竟处于奥兹国、迷宫、庇佑所和丛林四种企业环境中的哪一种。了解所处的企业环境，有利于你选择合适的创新柔道技巧扫清阻碍。阅读本书，也将帮助企业高管厘清重点工作方向，要么清理"丛林"，要么为创新建立"避风港"。或许通过这一环节，你会意识到一些看似不听话的员工其实是创新柔道大师，你应该设法留住他们。在最后一章，我将谈到你该如何去除复杂性与非理性所带来的消极影响，使企业更具创新意识。

第五章
保持正确的心态

别把利用他人当成聪明绝顶

多年来,我悉心研究柔道和空手道,也与多位黑带大师往来。我结交的黑带大师都有一个显著特点,那就是他们都树立了一种正确的心态。电影《功夫梦》(*The Karate Kid*)大获成功,主要原因是弘扬了惩恶扬善的主题。电影中,一位邪恶的空手道师父教育他的徒弟:取胜高于一切,为此可以不择  手段,哪怕是伤害对手也在所不惜。而另一位空手道师父宫城先生则代表了正义的一方,他教导年轻的弟子要树立正确的心态:

- 功夫仅用于自我保护
- 尽量避开对手的挑衅
- 谦逊低调

- 尊重师长和队友
- 加强自我控制，严格自律

我结交的柔道大师们，无一例外地都像宫城先生一样恪守着以上这些基本原则。同样，对于及时清理门户，淘汰不遵守原则的学生，他们也很有一套。

常有新生抱着扭曲的目的来学习武术格斗，一些人是为了教训别人，甚至有一个学生坦言他学习空手道只是为了能打败妻子的情人。自然，老师将他逐出了教室。还有一个以伤害别人为乐的学生给我留下了深刻印象。柔道运动讲求对招式的绝对控制。因此，在课堂训练中，老师要求我们务必手下留情。这个学生却从不这么做。不过这并不是因为他不知如何收力，而是他根本不愿意这么做。他平日也是个横行霸道、欺凌弱小之辈，来这里学习的目的也正是出去欺侮他人。

老师们都极善观察，看人的眼光非常独到。我们的空手道老师金（Kim）看出了这个学生好斗的天性，多次警告他不要一味进攻，而要与对手相互交流。不过，欺凌者显然听不进去这些话。金老师说："既然你无法控制你自己，或者说你根本就不愿意这么做，那我就让你瞧瞧这会带来怎样的下场。"说罢便亲自同欺凌者较量了一番。体格占据优势的欺凌者在老师面前毫无招架之力，很快败下阵来。轻松取得胜利后，老师再次强调了控制力道的重要性，并将这个学生逐出教室，正式将他除名。

绝不是为了欺凌弱小

树立正确的心态十分重要，它虽然不是技巧之一，但会影响到所有柔道技巧的运用效果。我可以施展格斗技巧制服对手，也可以单纯用来炫耀自己。无论是哪种情况，我都做了同样的事，结果却不尽相同。在别人眼中，你可能是欺凌弱小之徒，也可能是惩恶扬善的侠义之士。别人的看法十分重要，因为人们报复心强，又记仇，而双拳难敌四手，再厉害的柔道大师也敌不过真枪实弹。因此，每一个想用创新柔道助力创新的人都要铭记：正确的心态至关重要。如若不然，说好听点，你只是玩弄权术的高手；说难听点，你就是不择手段的小人。请记住，只有当你追寻重大目标而又遭逢阻碍时，或当非理性因素出现时，你才可以运用创新柔道。遗憾的是，从上一章对"非理性因素"的讨论中便可得知，现实生活常常不讲道理，尤其是当你所处的组织结构复杂多变、官僚之风盛行时，你会身处各种各样的困境。因此，你需要正确的创新柔道技巧的帮助。

是利用他人还是合作共赢？

当我在课堂之外同企业高管聊天，谈到企业领导力和非理性问题时，我常常会向他们介绍创新柔道，称其是帮助企业实现创新的一大法宝。之后，我会举出约翰·基尔卡伦或是吉姆·雷普等例子来证明我的观点。一些人听后展露笑颜，可以想象当时他们内心的想法是"很好，我可以运用这些技巧来解决麻烦"。而另一些人则急于反驳我的观点，指责我是在教唆利用他人。尤其是当我谈到创新柔道技巧能帮助创新者用智谋战胜公司的重重阻碍时，第二种情形常常会发生。

每当这种情况发生时，我便会举下面这个例子：假设你不想为了某个项目周末加班，而又知道下属是红袜队（美国职业棒球大联盟球队名）的狂热粉丝时，便告诉下属，如果他能来帮助你就奖励他两张球赛门票。我反问他们：例子中的行为是利用他人还是领导妙招？不出所料，大家意见不一。一些人认为此举同时满足了企业利益和员工个人需要，是卓有成效的领导手段。另一些人则表示反对，认为这是在利用他人。当然，在这样的争辩中，双方各执一词，互不退让。

在我看来，利用他人意味着为了达到自己的目的而牺牲他人的利益，而且通常是暗箱操作。合作共赢则是良好的领导技能，它意味着在实现企业利益的同时，也满足他人的利益，双方各取所需。创新柔道绝不是教你为了一己之利而摆布他人。恰恰相反，它将帮助你披荆斩棘，成功推动企业发展，这一过程也将使你受益。

这就是宫城先生所树立的正确心态。最终，他让自己的徒弟以牙还牙、重重打击了对手，这是着眼于大局的考量——给邪恶的空手道师父和他的学生们上一课，告诉他们空手道的正确价值观。尽管克莱斯勒公司最初拒绝了吉姆·雷普的创意，但雷普还是设法推广自己的创意，终于成就了吉普牧马人卢比肯系列越野车，帮助公司获取了巨额利润。雷普因心怀公司的利益，最终得以成功创新，他的例子向我们展示了树立正确心态的重要性。雷普心胸开阔，为人仗义，你要是见过他一定会对此留下深刻印象。

树立正确的心态

以公司利益为出发点进行创新

直到与美国海军合作之后，我才意识到目标、结果和效果三者是不同的。海军部队善于培养效果至上的思维模式。达到目标并不一定意味着产生积极效果，因此，弄清三者之间的关系十分有必要。比如，一个商人制定了一个目标——在下一年度实现营业额增长15%。让我们假设，他达成了目标，但却是通过零售给小客户来实现的。这些小客户基本不会是回头客，但倘若将这些货卖给几个国际知名大品牌，则未来几年便可以与它们建立较为长久的合作关系。此外，与大公司合作可以帮助公司拓宽合作资源，这也是小客户望尘莫及的优势。如果这样的话，两种情况下目标都达成了，但实际效果却大为不同。如果你一心造福公司，一些看似冒险的举动也更容易让人接受。

清楚地了解公司的价值观并加以利用

正如我在上一章"非理性因素"中所提到的，公司往往会花费大量时间和金钱来打造公司的价值观，对此我一直颇有研究兴趣。价值观成为公司的立业之本，也成为规范员工日常行为的一种手段。理论上，如果员工能够自觉按价值观所要求的那样来行事，公司就可以不用大费周章地监督他们的工作了。在这个方面，美国诺德斯特龙（Nordstrom）百货公司销售人员的做法堪称传奇。他们给予每一个前来退还轮胎防滑链的顾客补偿金，倒不是因为他们需要回收防滑链，而是为了证明公司牢牢秉持"顾客至上"的价值观。销售人员的这一创意得到了公司高层的支持。

公司的价值观也常常遭到冷嘲热讽。我的一个客户对价值观毫不上心，甚至花钱随便买了几条价值观草草了事。为此，我严厉批评了他的做法。滥俗的企业价值观中时常会看到以下几条：

- 我们尊重员工
- 我们追求进步
- 我们奉行顾客至上

- 我们重视团队合作
- 员工是企业最重要的财富

充分展示盈利潜能

企业运营与财务指标息息相关。投资回报率、资产回报率、现金流、内部收益率、股价、每股盈余等，都与财务指标紧密相连。在不违反法律和职业道德的情况下，只要能给公司带来收益，那便可以说你树立了正确的心态。盈利是企业的生存之本，只要你能证明自己的创意会让企业赚得盆满钵满，企业便不会置若罔闻。但若要真正做到，你还需要具备一点金融知识。多年以来，我见过无数经理和企业员工，他们对公司财务的基本原理一窍不通，也不知如何将创意打造为赚钱的良机。

帮自己一个忙，如果你对基本原理还不甚了解，那就请埋头学习。公司财务是基本的商业语言，如果你对财务一无所知，你将难以跻身企业高层。如果你只是一个普通员工，拥有渊博的财务知识也将助你脱颖而出，获得晋升加薪的机会。只要能证明自己的创意有盈利潜能，就没有人会怀疑你动机不纯，创新之路自然就少了许多阻碍。

幸运的是，当今时代要掌握基本财务知识比过去容易得多。从琳琅满目的操作软件，到通俗易懂的书籍如《傻瓜学财务》，学习资源应有尽有。你也可以走捷径，报名参加当地大学或商业学校专为门外汉设计的财务课程，以此快速掌握财务基础知识。

想要成为创新柔道大师，你需要掌握下文中的财务知识。知识就是力量，具备财务知识对创新者来说更是至关重要。如果你觉得自己只是负责研发的工程师，不需要对创意是否盈利太过关注，因而不需要了解财务知识，那就大错特错了。相信我，你的老板所关注的正是这个创意到底赚不赚钱。如果创意的盈利前景暗淡，你将难以获得支持，除非你所做的是基础性研究。不过，即使是基础性研究，也要对其是否具有研究价值进行评估。所以，想要成功创新，你必须具备以下财务知识：

- 看懂资产负债表和收益表，尤其是公司年报
- 速动比率——帮助你理解简单的财务比率，比如：
  - ROI——投资回报率
  - IRR——内部收益率，有时也称为"要求报酬率"
  - ROE——净资产收益率
  - ROA——资产收益率
  - EVA——经济增加值
  - 投资回收期
  - NPV——净现值

如果你想快速掌握以上这些财务术语，请访问 MindTools 公司网址（www.mindtools.com/pages/article/newCDV_45.htm）。请务必确保自己清楚这些财务术语的含义。此外，你也可以翻看本书附录 A，上面提供了一些网址，帮助初学者掌握基础财务知识。

我并非什么财务专家，但我掌握的财务知识足以应对日常工作。为了说明财务知识的重要性，我想跟你们分享我买房车时发生的故事。本来我们夫妇从未有买房车的念头，但后来当我休假一年，前往蒙特利的海军研究生院工作后，我们改变了主意。要知道，加利福尼亚州景色宜人，不时出来旅游度假再美妙不过，拥有房车便成了绝佳的选择。在我撰写本书时，美国的经济状况不容乐观，财政赤字严重。不过这对于买（而不是卖）房车来说可是个大好时机。我们逛了蒙特利附近好几家房车销售店，最后到了位于摩根山的阿尔派（Alfine）房车公司。好家伙，这家店房车种类齐

全，顾客来来往往、络绎不绝。我们看中了一款 2007 年的荷兰人房车。它全长 32 英尺，拥有内燃机引擎，内置起居室。这款拥有高级配置的房车原价 12 万美元，现在只需 8.9 万美元，比之前划算很多。

从店里回家的路上，我和妻子讨论起房车的利弊，商量是否应该买下它。我们一致认为目前的价格尚不够有诱惑力。讨论了 10 分钟，我们有了结论：先故意报一个低得多的价格，试探销售人员的反应。按照常理，销售人员肯定会断然拒绝，不过万一他接受了，我们便可毫不犹豫地买下它。于是，我们立即联系了销售人员，告诉他这款房车我们出价 5 万美元。电话那头陷入了沉默，显然十分震惊。半晌，他才张口道："你们疯了吗，一砍价就砍了 3.5 万美元。"此时，我的财务知识派上了用场，我对他说："请去问问你们的老板，他是更看重蝇头小利还是现金流呢？"我的话让销售人员一头雾水，不过他表示会将我的话转达给老板。我告诉他，可以给他们半个小时的时间做决定。

15 分钟后，电话响了，销售员告诉我 6.2 万美元就可以成交。我坚持 6 万美元才会购买，并反问他是赚这一点点蝇头小利重要，还是得到现金流用以周转更重要。在我的提醒之下，他爽快地接受了我的报价。难以置信吧？我竟然用 6 万美元买了一辆房车，这点钱连一辆宝马都买不到！就这样，我们颇为自豪地开着房车回了家，在之后的日子里，我们驾驶着它尽享了加利福尼亚州的旖旎风光。

我深知，在经济萧条时期，卖方在资金周转上会遇到不小的麻烦，对房车经营这样高成本的产业来说尤其如此。我没有浪费时间同销售人员在价格上来回较劲，而是用财务知识为他们分析利弊。经济不景气时，资金周转才是王道，这正是高级经理和企业家再清楚不过的道理。只有资金流动起来，企业才能付得起员工的工资、按揭贷款利息和租金,才有钱交付供应商,维持企业的正常运转。这 2 万美元早在 3 年前便已支付出去了,比起这点儿损失,资金链断裂导致店铺关门大吉显然严重得多。听上去,我好像占了很大的便宜,颇有些趁火打劫的意味,不过我获得了优惠价格,而房车销售店得到了资金运转,结果可谓双赢。

由此,我的一点点财务知识帮了大忙。如果你能了解公司的财务需求,并通过财务术语来推销你的创意,想必能事半功倍。毕竟,有钱能使鬼推磨。所幸的是,尽管入门不易,但现在学习财务知识已经轻松得多。若能懂得一些财务知识,将有助于你在公司中脱颖而出。

给予足够的尊重

对于愚蠢自大的人来说,要想让他们做到谦恭有礼很难(参见比利·米切尔将军的故事)。但你要知道,尊重他人是一种美德,对成为创新柔道大师来说更是至关重要。每个人看待事物的方式都不尽相同,无论是最冷酷无情的官员,还是处处加以监督的各层级管理人员,都认为自己的所作所为是正确的。虽然我没有吃过愚蠢自大的恶果,我也知道要谦恭礼貌、富有耐心,尤其在同他人合作完成任务时更是如此。基尔卡伦肯定也曾为 CFO 从中作梗、阻挠创新而恼怒不已,但他有自律精神,深知面对质疑,唯一的办法是保持正确的心态坚持下去,因而他能做到对 CFO 彬彬有礼。

为了给新买的房车登记,我来到了马萨诸塞州机动车辆登记所,这可以说是一个十分考验自律和心态的地方。它就像整个官僚机构的缩影。如果你一不小心排错队伍,对不起,那么你就只能站到队伍的最后重新来过(在他们已经告知你应排到哪个队伍的情况下）。柜台工作人员会恶狠狠地瞪着你，仿佛在说："你最好别过来，既然你来了，就别想好过！"可能我说得有点夸张，不过官僚机构的真面目我们都很清楚。

我素来喜欢观察人们的各种行为，因为我可以从中学到许多东西。当我在登记所排队时，排在我前面的男士同柜员小姐发生的小插曲引起了我的注意。显然，这位男士排错了队伍，当柜员告诉他要重新排队时，这位男士按捺不住了。两人私语了几句后，男士气冲冲地排到了另一个队伍里。队伍轮到我时，我主动和柜员聊了起来："每天都与各种各样的市民打交道一定很累吧！而且有时客户还有特殊的问题和要求，逼着你得了解很多东西，这就更麻烦了。" 听罢，她抬起头看着我（这可不是普通人能享受到的待遇），然后微笑道："这工作比你想的还要难许多。"随后我们又攀谈了几句。和前面那位男子一样，我也排错了队，结局却完全不同。她主动提议帮我解决这个问题，以免我浪费时间重新排队。你可能会说，这不就是利用他人吗？但是，我更愿意说这就是创新柔道。我意识到她的态度虽然不好，但前来办理业务的客户往往盛气凌人在先。我给了她一点尊重和理解，受到的待遇自然大不相同。

可想而知，飞扬跋扈、不懂尊重他人，或者为一己之利不择手段的人难以在公司中脱颖而出、获得机会升职加薪。就如柔道比赛前要相互鞠躬致意，以示礼貌，即使不喜欢对手，你也要表示尊重，鞠躬时你还要跟对手进行眼神交流。

当你保持正确的心态时，方能击退创新之路上的重重阻碍与人为阻挠，走向创新的成功彼岸。要时时心怀目标，才能助你正确出击、步步为营。对创新者来说，就是要时时注意让创意为公司带来积极的效果。一些创新柔道可能会让人觉得是不择手段，但如果你的动机是好的，你是在为公司谋福祉，那么你的所作所为也就自然不会被人诟病。

我将正确的心态摆在首位有我特殊的考量，只有先树立正确的心态，你才能运用好下面的创新柔道技巧。

Part Two

第二篇

创新柔道的七大基本技巧

The Seven Secret Principles

本部分内容将向你介绍创新柔道的核心。通过学习七大创新柔道技巧，你将如虎添翼，成功走向创新。这些技巧之所以颇为神秘，是因为没有企业愿意声张自己存在严重的"堵塞"或是根深蒂固的"非理性问题"，而需要创新柔道大师来拯救。这七大秘技，每一招都成效卓著，若是组合起来使用更是威力无穷，令你所向披靡，击退重重阻碍与人为阻挠。但是，请记住只有保持正确的心态，才能发挥这七大技巧的威力。这七大技巧为：

1. 自律
2. 杠杆借力
3. 周旋
4. 寻找突破口
5. 快速出击
6. 推拉制衡
7. 转向

这些技巧可以运用于不同的创新场景，不过正如我此前提到的，在某些特定阶段，这些技巧威力更甚。比如，创新柔道在提出创意、调查研究、创新推广阶段的作用尤为突出，但在明确目标和创意构思阶段达到的效果就没有那么大。很多研究创新的专家认定，创新周期只有四个阶段，他们没有注意到还有其他一些因素，会导致创新之路上出现重重阻碍与人为阻挠，而这正是我所说的创新柔道大显身手的地方。

第六章
以智取胜

动态的运动

在武术格斗界,柔道是一种讲究动态的运动。如果想要取胜,需要娴熟运用各种格斗技巧,除力量之外,柔道也十分讲究智胜和谋略。同样,面对创新之路上的重重阻碍与人为阻挠,不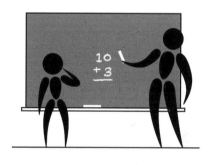能硬攻,只可智取,要学习创新柔道七大技巧,并合理运用它们,以达到理想效果。在柔道比赛中,对抗双方总是在场地上来回走动,伺机出招。创新柔道大师深知,指望一招半式便轻松制敌简直是天方夜谭。真正的大师会掌握多种柔道技巧,并将其组合运用,以达到最佳效果。在柔道运动中,着力点、移动速度、投掷方向、借力点等都大有讲究。如想使用过臀摔,你需要看准时机,迅速靠近对手,与之相对而立,然后通过降低身体重心寻找合适的借力点,抱住对手的腰部,迅速转身将其摔倒。尤其当你的对手比你更为强壮时,只有组合运用上述招式,才能取得最佳效果。若单独做出某一动作,效果一定会大打折扣。

我将在本章详细探讨创新的七大秘诀。但请记住,当创新面临重重阻碍时，高明的创新者往往会同时使用多种技巧。例如，杠杆借力会为你打开突破口，而找到突破口会助你寻得借力点；周旋技巧会让你找到对手的可乘之机；快速行动助你有效借力使力，或是寻找突破口。快速出击技巧和转向技巧可以扰乱对手。到底用怎样的顺序、选择哪几项技巧，则取决于你如何遵循自律原则，研究你的对手，运用这些技巧。

要具体情况具体分析，以选择最合适的技巧。因为再万全的计划也可能因未知的变化而功亏一篑。本书旨在助你克服创新过程中遇到的困难，你要结合所处的环境，对症下药，选择合适的创新柔道技巧，同时你要完整掌握全部创新技巧，以备不时之需。任何组织都会有不同程度的非理性和复杂性问题，即便是"奥兹国"型企业也是如此。在这种企业中，遇到人为阻挠的可能性更大，而创新柔道将为你带来解决之道。

创新者的行为方式

从第八章开始，你将会看到几位创新柔道大师实现创新的亲身经历。他们身处不同的企业环境，所遇到的创新阻碍也各不相同，但他们有效运用了多种创新柔道技巧，成功实现了创新。部分技巧的内容相互交融，为你带来更多解决方案。除了第一条"自律"，其他技巧不分先后顺序。自律永远排在第一位，是因为自律是其他技巧的先决条件。举例来说，如果你过于热爱自己的创意，却缺乏自律，没有考虑你的创意是否可以转化为真正的商机，那么你很难说服他人支持你的创新计划，就更谈不上使用其他创新技巧了。

若想令这七大创新柔道技巧物尽其用，创新者需有的放矢选择性地予以应用，或者将多种技巧强强联合，但要谨记时刻保持正确的心态。如果你发现这些技巧毫无用武之地，那么恭喜你，你所处的企业正是最适合孕育创新的摇篮。

创新柔道技巧之一：自律

准备工作

无论是柔道大师、出色的运动员还是战士，都不可能毫无准备地上场。世界一流的运动员往往都要遵循严格的自律要求，而做好准备工作是运动员的基本要求。比尔·比利切克（Bill Belichick）是新英格兰爱国者队的主教练，也是职业橄榄球最佳获胜纪录的保持者之一。比利切克无疑是个很有天分的教练，但新英格兰爱国者队成功的主要秘诀还在于充分的准备工作。他们会认真分析对手的每一个动作，事无巨细，准备无数种预备方案，甚至为每一个对手量身定制战术方案。可以说，新英格兰爱国者队是最善于寻找对方弱点的球队。如果队员没有在比赛过程中做好充分准备并严守球队纪律，便不可能成为主力队员，也无法在球队长久地待下去。对于爱国者队而言，激情重于技巧。多年以来，泰迪·布鲁斯基（Tedy Bruschi）始终是爱国者队的明星后卫之一。在队伍中，他并非最强壮、速度最快或最有天赋的运动员，但他是心胸最为宽广的那个。他是爱国者队的防守队长，对他来说，这是他职业生涯中最棒的经历。

对于创新柔道大师而言，准备工作与激情同样重要，二者缺一不可。正如老弗兰克·辛纳特拉（Frank Sinatra）在歌中唱道："一个也不能少。"充分准备会令你胸有成竹，而激情与热忱会令你始终充满活力。

审视你的激情

热爱自己的创意,是非常重要的一点。唯有倾注热爱,你才有动力将创意付诸实践,但偏爱有时也会蒙蔽你的双眼,令你忽视其中可能存在的缺陷。在"杠杆借力"一节中,我将对此给予说明,帮助你发现创意中可能存在的缺陷,这样,对于有缺陷的创意,要么进行修正,要么干脆放弃。这一步十分重要。与此同时,热爱也必不可少,你要审视自己的内心,清楚这个创意对自己有多么重要。很多人一旦意识到创新的难度,便立刻放弃了。宴会上常有人迫不及待地在餐巾纸上勾勒出自己的创业宏图,却鲜有人真正放手一搏、勇于追求自己的梦想,因为大部分人败在畏难情绪之下。

首先,你要清楚自己的创意对于自己和他人来说是否有意义。有些企业创新者拥有独到的创意,还有一些人则往往需要听从别人的安排,执行他人的创意。本书中谈到的人物都提出了自己的创意。

上培训课程时,我时常向班上的学员抛出这样的问题:"你们中有多少人有孩子?你们的孩子刚出生时长什么样子?"几乎所有人都异口同声地回答"很可爱"。不好意思,事实可不是这样的。新生儿眯着眼睛,蜷缩着双腿,浑身皱皱巴巴,长得就像阳光下的小海牛,或是湿乎乎的橡皮擦。但对于父母来说,孩子的确很可爱。对于创新者来说也是如此:一个创意可能乍一看非常好,但其他人仔细审视一番后却未必会给予认同。创新者不能被自己的偏爱蒙蔽双眼,以至于无法看清创意到底能否成为真正的商机。

你必须接受一个事实,那就是很多人未必认同你的创意,甚至会有人给你泼冷水,说你的"孩子"一点也不"可爱"。因此,你应做好以下几点准备：首先，你得让他人像你一样，对你的创意满怀热忱。如果能参与到创意的讨论中来，别人便会对它产生兴趣，要勇于让他人指出新创意中存在的问题，以开放的姿态接受挑战和建议。第一个指出问题的旁观者，往往会对这一创意产生更大的兴趣。创新要有更多人的支持，如果创新者过于偏爱自己的创意，便很有可能忽视其中隐含的缺陷。其次，比起最初构思创意，你需要花更多时间来审视其发展潜力。

过犹不及的盲目偏爱

曾有位企业家试图开发一种新的电子商务业务，专门销售孕妇装。《纽约时报》邀请我对这项业务的发展前景进行预测，并计划于一年后与其真实发展状况进行对比。我预测这项计划将以失败而告终。不出一年，预测便成真了。这位企业家过于看重自己的创意，而缺乏严格的标准审视该业务的发展潜力。她的资金预算过于乐观，忽视了潜在风险，也缺少风险应对策略。她富有激情，却缺乏自律。许多刚起步的创业者都有同样的问题：对自己的创意盲目偏爱，而忘记审视真正的商机在何处。对创新者来说，激情与自律缺一不可。

你必须热爱自己的创意，但却不能盲目地偏爱它。记者问我对于这位企业家的失败经历作何看法，我表示非常遗憾，但并不意外。对于那位创业者来说，她相当于花掉八万美元，认清了自己的创意并没有机会获得成功。这八万美元于她而言就像一笔"学费"，学到了盲目的热情会让人忽视创意中隐藏的缺陷这一惨痛教训。

如果你要执行别人的创新举措，或者有人让你"进行创新"，你需要再次仔细审视自己的激情有多大。在上个例子中，企业家特别偏爱自己的创意，可是如果换作是别人的创意，她还会如此吗？

对于别人的创意，你可以学着接受它、热爱它，但这样难度很大。你必须确保你能将创意发展为切实的商机。通过这一过程，创意也就逐渐变为你的成果了。

最近我加入了一个创新团队。团队首次会议上，一位成员提到，公司高管为他们指出了一个问题，还告诉他们要如何用创新的方法解决这一问题。

错，错，错！

团队首次会议的内容是商讨如何解决这一问题。会议刚开始时我便提出，当务之急是确认我们到底是创新团队还是战术团队。如果问题本身和解决之道都已确定，那么唯一可以创新的地方便是执行过程。专注于执行过程的应该是战术团队，而非创新团队。我表示，如果我们是一个战术团队，那我就退出。如果这是一个创新团队，那么我们就得换一种方式办事。首先我们得明确一点，高管抛出的问题本身就是当前团队遇到的最大问题。

高管的意见未必代表所有人的看法，因此我们必须确认他有没有说到点子上。换句话说，我们要对此进行彻底的调查研究。如果团队不能自行解决问题，而要依命行事，成员们便很难全身心投入其中。我们不妨假设两种场景：场景一：问题已确认／解决方案已给出。在这种场景中，团队成员几乎没有参与到解决方案的讨论中来，因此成员们很难对其抱有太大的热情。场景二：可能发现问题／解决方案未知。在这一场景中，成员们要自行研究问题所在，并寻找解决方法。因此成员们肯定会对自己的创意投入热情，也就会越发珍惜它。如果有人将待解决问题和解决方案统统丢给你，你要么据理力争，要么就只是个执行命令的谋士，而不是寻求解决方案的创新者。对于我们创新团队来说，必须得据理力争，否则我们就偏离了创新的轨道。

第六章　以智取胜

如果缺乏激情，那么创新便会沦为普通工作。如果你想将创意转变为现实，你便需要源源不断的能量和意志力，那么激情便是必不可少的。在创新之路上，常常会伴有失败和纰漏，这些问题不可避免，但你也可以防患于未然。当然，创新之路上少不了重重阻碍与人为阻挠，如果缺乏激情，你将难以为继。

在我的创新研讨会上，我常开玩笑说教室后面摆着一个测量仪，可以检测出你对创新的激情和投入程度。我这么说是想强调，创新者要对自己的创意倾注巨大的激情，如果连创新者自己都缺乏激情，别人又怎么会对你的创意感兴趣呢？衡量投入程度正是准备工作的一部分。如果投入程度不高，你便需要倾注更多激情，否则很可能就得放弃这个创意了。因为如果缺乏激情你将难以坚持下去。

我的柔道教练曾经对大家说："如果你们对柔道没有热情，那么干脆别练了。"在柔道中，只有达到黑带水平才说明你已精通这项运动。想要达到黑带水平，需要对这项运动充满激情，否则很难坚持练习。黑带的标准是连续三年每周至少练习三次。激情不是教出来的，而是由心底油然而生的。如果你没有满怀激情，那么其他人更不可能对你的创意感兴趣。一些创意本身非常好，但却因发起人缺乏激情而没了下文，毕竟投资者很难信任一个缺乏自信的创新者。激情是可以培养的，而唯一能够培养激情的方法就是真正卷起袖子积极参与到"商机搜寻与评估过程"中来。在这一过程中，你可能因为发现商机而燃起真正的激情，也可能因为意识到这并不是一个机会而逐渐冷静下来。

创新时必须遵守自律原则，而其与柔道招式不乏相似之处。运用创新柔道时，需要遵循多方面的自律要求，许多创新者就是因为缺乏自律精神而没能实现创新。特别是在初始阶段，缺乏自律很容易导致失败。下文中的建议对于创新者而言大有裨益。如果能够按照以下建议来做,将大大提高创新的效率。

寻找真正的商机,而非简单的创意

在创新过程中,导致失败的一个重要原因在于,创新者不知如何区分创意与商机。事实上,这是一个需要耗费大量时间与精力的过程。想要战胜创新过程中的重重阻碍与人为阻挠,仅仅有初步创意是不够的。你首先需要的是真正的商机。初步的创意缺乏实质内容,只是一个概念,站不住脚,也就比较脆弱。组织中不乏奇思妙想,但真正具有发展潜力的创意却寥寥无几。创意是创新的起点,如今环境动荡、竞争激烈,企业急需一个在帮助自己高速、高质、高效运行的同时,还能节约成本的创意。但创意远远无法与真正的商机相提并论,二者有着微妙却重要的差异。如果想要克服创新之路上的阻碍,你必须了解其中的不同。也许,"尝试创新的人"和"成功的创新者"之间最大的区别就在于,肯不肯花费时间和精力验证自己的创意能否成为商机。

创新之路上的拦路虎时常会扼杀创意。你肯定听过这样的说法——"这在我们这里行不通""我们以前尝试过,但是失败了""创意非常好,但我们没有相关资源"。创意容易被扼杀,但商机却富有强大的生命力。

书中展示的创新柔道大师都对自己的创意充满激情。同时,他们也都不遗余力地将其中蕴含的商机展示出来。如此一来,他人便会意识到,这不仅是一个有趣的创意,更是一个蕴含巨大潜力的商机。图 6.1 展示了创意到商机的进化过程。

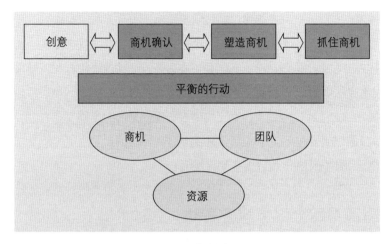

图 6.1 创新过程

如图 6.1 所示,如果创新者想要得到认可,将创意转变为商机,并为企业创造价值,必须经历三个阶段。首先,我们必须确认这是一个商机,而不仅是一个创意。我和一位同事制定了针对企业人力资源的培训课程,旨在将 HR 培养为商业领袖。HR 有时会有些牢骚,认为自己的部门在公司的地位比不上生产、财务和市场营销等部门,无法在谈判桌上占有一席之地。CEO 时常视人力资源部为无法避免的麻烦,是企业的成本中心,而非盈利部门。除此以外,许多 HR 拒绝学习财务知识,不懂得商业语言,因此很容易被边缘化。

我们确信,经过量身定制的课程培训后,HR 将突破人力资源领域的局限,从企业整体的角度,提出有利于企业发展的有力建议。当然,这只是一个设想。我们必须遵循一个规范的过程来辨别这一创意是否具有商机的特征。这类培训课程真的有市场吗?其受众能有多少?企业是否会为 HR 选择这类课程,投入足够资金,保证课程时间，从而确保该创新项目真正创造价值，吸引受众？一旦确定该创意是一个商机，我们就要进入下一步，塑造这个商机。通过与潜在客户进行交谈，我们要了解最初设计的课程内容和营销重点能否贯彻执行，是否需要对原来的课程内容加以重塑。最后，如果我们确信该创意是一个真正的商机，我们是否有足够的意志力、人力和资源来实现它？关于上述问题，我们必须找到合适的解决方案，否则我们将永远停留在理论层面。

只有自己真正检验过，才能知道创意是否具备商机的特征。我们打算在确定之后，再向学院领导提出项目申请。

我们首先要做的是与 HR 主管联系，看他们是否愿意担任课程顾问。在我们主动资助的情况下，要有四五位 HR 高管愿意加入我们，才能说明这一计划可行，否则就意味着该课程没有市场，根本行不通。后来，我们不仅成功组建了顾问委员会，而且有几位成员保证，如果我们在课程设置上采纳他们的建议，他们会动员公司 HR 参与该课程。这可不是一个一劳永逸的过程。为了邀请 HR 高管们参与讨论，我们要付出时间、精力和金钱成本。但这一切都是值得的，在他们的帮助下，我们将创意转变为商机。此后，我们将授课老师、课程学员和教学资源集中在一起，打造了这个项目。多年来，该项目取得了巨大成功，项目学员还自发为我们的其他课程提供宣传。

以上便是创意转变为商机的过程。最开始也有反对的声音，但 HR 高管的加入带来了惊人的杠杆借力效果。持反对意见的人意识到潜在的金主对该课程十分感兴趣，甚至愿意在百忙之中抽出时间来就此展开专门讨论。更令反对者惊讶的是，我们在极短的时间内便将创意转化为现实，如果只是纸上谈兵，我们很难说服学院对这一项目进行投资。

如果创新者想要从创意中寻找价值，就必须经历上述过程。的确，有些人只注重纸上谈兵，但是我们中的大多数人都希望创新可以实实在在地创造价值。

在确认商机以后，我们要投入相应的物质资源与人力资源（见图6.1），助力其落地生根。我告诉我的企业客户："要先构思创意，确定其可否成为商机，再寻找支持者，最后考虑资源问题。"可惜，大部分组织最先关心的是预算问题，之后才开始寻找合适的支持者。如果预算变成了第一要务，创意就会受到限制。指挥官克里斯·克拉克洪中尉成功推动了一项重大创新，不仅令海岸警卫队受益，也对美国空军和私营企业产生了积极效果。虽然克拉克洪的预算十分有限，但他没有被束缚住手脚，否则他将无法实现这项既改变了游戏规则，又拯救了万千生命的创新举措。我将在第四部分详细讲述他的经历。

商机的特征

让我们来仔细看看创意与商机的差异。商机具有特定属性，可以用具体术语进行分析和表达，而创意则仅仅停留在概念层面。创新者要会区分创意和商机，否则他们很难得到真正的支持。对于创新而言，构思过程充满乐趣，而判别、塑造和抓住商机的过程则有些枯燥，但这些却是创新的真正起点。

要想将创意与商机区分开来，不能纸上谈兵，只能切身投入到实际操作中来。以下几个问题可以用来识别真正的商机：

1. 谁会真正在意这个创意？这是有关"客户"的问题，应该询问企业内外的相关客户。

2. 有多少人对此感兴趣？

3. 他们将支付/投资多少钱？

4. 客户的兴趣将维持多长时间？

5. 对价值创造和投资的财务影响是什么?

金佰利的管理人员常常说,一个真正的机遇会吸引更多的客户,卖出更多的产品,赚取更高的利润,持续更长的时间。初步的创意无法达成如此成就,但商机可以。要明确的是,商机并不仅仅是通过市场特征(如规模和结构)或增长潜力来定义的。

即使在非营利组织或政府组织中,也会有一些客户(例如海军上将或国防部官员等人)认为,只有看到实际价值,创意才有成为商机的可能。我目前工作的团队最近在讨论如何将净推荐值(Net Promoter Score, NPS)的价值主张展现出来。因为我们认为自己是创新团队,所以客户问题很关键。但我们说什么并不重要,只有当受惠者看到价值时,创新才能得以继续。创意并没有办法吸引客户,商机才能吸引他们。

简而言之,我们必须明确自己的创意具有以下特征:

1. 持久性
2. 可持续性
3. 防御性
4. 价值创造性
5. 说服力

具备上述条件,我们才能将其称为一个真正的商机。

持久性。如果随着时间的推移,创意能够继续创造价值,并抵御来自竞争对手的攻击,那么它便具有持久性。一时走运可以在短期内赚到钱,但对于一家企业来说,依赖一次成功的运气并不是一种可持续的生存策略。有些产品或服务很容易复制,因此后继乏力。有些产品技术始终在发展,创新可能会迅速过时。又或者市场过于强健,无法适应新产品的进入。对于投资者来说,创意的持久性十分重要。

可持续性。如果创新者意志坚定、资源充足，创意具备长足发展直至创造价值的条件，那么这个创意便具有可持续性。由于开发及运营成本等原因，一些好的创意在两三年内并不会盈利。并非所有的创意都需要资金投入，或需要大量时间进行运营。但是创意越宏大，实现起来也就越困难。我们要考虑的是，企业能否足以支撑创意成为现实？如果创新者想要获得支持，便要展现出自己的意志和资源，让投资者对创意的前景充满信心。

防御性。创意往往要与其他投资机会一起竞争有限的资源。防御性指的是在企业内面临资源竞争时，创新者可以有效保护自己创意的能力。投资者为何要提供精力、资本、人力支持我们的创意？创新者能否保证自己的创意在竞争中脱颖而出？如果答案是否定的，那么该创意可能行不通。

价值创造性。你的创意能为企业创造经济价值吗？你的预期目标是否可信？计划正式实施之前一切都是未知，但创新者自己是否对预期成果有信心呢？产生一个创意并不难，但要让它为企业带来真正的价值，那就不是一件容易的事了。创新往往伴随着风险，因此投资者需要确保该投资是值得冒险的。价值简单定义为 $V = B / C$（价值＝收益/成本）。我并非要从经济角度谈论价值创造的影响，但价值等式确实能体现创新能否产生价值。以美国海军为例，在伊拉克、阿富汗等地，每天都有士兵和平民命丧于简易爆炸装置（IED）。为此，美国海军成立了联合简易爆炸装置破除小组（JIEDDO），以寻求解决这类隐患的创新方法。这一举措所创造的价值是可量化的——"每月拯救5%的士兵"。JIEDDO的意义在于降低伤亡率、节省医疗开支、提升人们的安全感——价值得以量化，创意就能变成商机。

如果创新者想要将创意转变为商机，必须展示创意的潜在价值。一些人想要将自己的好创意展示给高管或外部投资者，却抓不住重点，在滔滔不绝地讲了20页幻灯片之后才开始谈到创意的潜在价值。每次遇到这种情况，我都替创新者捏一把汗。请记住，展示创意时一定要从价值公式和以下几个关键词讲起："我的，我们的，这一创意，将有可能创造以下价值（最好给出具体的价值额度范围），为此我们将开展以下工作。"

说服力。如果你的创意具有持久性、可持续性、防御性，并具有创造价值的潜力，那么它很可能转变为真正的商机。当然，前提是你对自己的创意踌躇满志，做好了大展身手的准备。创新者时常因为缺乏热情，或没有完成必要的准备工作，无法确定创意是否具备商机的特征，导致许多拥有发展潜力的创意最终都夭折了。如果你能指出潜在问题，展示备用方案或应对措施，那么你的创意会更加令人信服。

附录B是一个商机对照模板。你可以根据模板中的问题对自己的创意进行评估。你的答案越完整，就说明创意成为商机的可能性越大。该模板是一份专业的商业企划，所以有些问题你可能一时想不出答案。所有的创新都必须经历区分创意与商机的过程，才能确定其价值创造潜力和成功的可能性。实现创新以前，一切都是未知数，但通过这个模板，你将对自己的创意有更好的理解。同时，如果你想与他人交流你的创意，你可以根据这份模板给出的思路来谈。

我常听到有员工抱怨企业对自己的创意置之不理，这种情况的确时有发生，但这往往是因为员工只提出了创意，却没有办法证明这是一个真正的商机。如果以后有员工提出创意，你便可以将这两页模板交给他，请他尽量完成上面的问题，一周后你再来检查。如果员工就此作罢，就说明他并非对自己的创意充满激情。

真正的商机具有发展潜力，是说服投资者的有效借力点。比起创意，商机具有更加顽强的生命力。杠杆借力技巧在"奥兹国"型企业和"迷宫"型企业中十分有效，但在另外两种企业类型中却未必能发挥很大作用，而"丛林"型企业和"庇佑所"型企业也会有各自适合的创新柔道技巧。在机会确认过程中，创新者需要遵循自律技巧，同时这一过程也会为创新者提供借力点。因为商机可以打开创新的大门，解决创新之路上的困难，但只有真正的商机才能做到这一点。因此，在确认商机的过程中，你也正在为创新创造借力点。

耐心

耐心是自律的另一个方面。对于创新来说，耐心是一种重要的品质，意味着创新者要静观其变，最好能将行动与思考相结合。在初始阶段，创意都是不完善的，就像新酒一样，需要时间慢慢酝酿。随着时间的推移，创意会不断得到完善。通过不断完善，最终确定的商机与初始阶段的设想可能会有很大差异。面对创新之路上的重重阻碍与人为阻挠，耐心十分重要。时间会令人们改变观念，修正偏见，接受新事物。但如果战线太长，那么你必须耐心地寻找时机展示你的创意。吉姆·雷普想要在克莱斯勒推出吉普牧马人卢比肯系列车型，但没有人支持他。于是他秘密地在公司之外开发打造了自己的吉普车，并耐心地等待时机的到来。当雷普带着他私下打造的新车出现在克莱斯勒的测试赛上，并一举获胜、大放异彩之时，公司高管大为惊讶。

耐心对于寻找突破口十分关键。在柔道比赛中，选手会抓住对手的衣领，以控制对方的行动，再与之周旋，寻找时机，使出一招过臀摔，或是其他招式。除非你特别强壮，否则使用蛮力是不管用的。在柔道中，耐心十分重要，你要静待时机成熟，一招制敌。这个道理同样适用于克服创新之路上的重重阻碍与人为阻挠。

拉斯·萨博耐心地等待时机，寻找突破口，帮助公司成功实现了收购，给公司高管带来了出其不意的惊喜。我妈妈曾告诉我，在她小时候，外婆会告诉她何时可以问外公一些敏感的问题，何时不可以。时机就是一切，你不仅要对自己的创意保持耐心，寻找时机将其发展为商机，更要在面对重重阻碍与人为阻挠时保持耐心，等待时机，运用创新柔道技巧实现突破。学会等待合适的时机，会令你更具前瞻性，从而实现更大的收益。

托马斯·爱迪生（Thomas Edison）可以说是耐心与自律的最佳实例了。他认为在发明的过程中，大量试验必不可少，即使失败了也没有关系。他曾有一句名言："我没有失败，只是发现这一千种方法不起作用而已。"这句话便是在商机识别阶段，将耐心与自律相结合的最佳写照。

自控

你一定还记得第三章提到的比利·米切尔的故事，米切尔是个无法忍受傻瓜的人，如果有人惹恼他，他会毫不犹豫地破口大骂。这样做或许可以暂时出一口气，但从长远来看，对他自己是不利的。约翰·基尔卡伦同样遭到了反对者的嘲讽，但他压制住了自己的怒火，用幽默化解了批评者带来的不利影响，为自己赢得了优势地位。

在面向自己的创新团队时，你可能会有情绪化的表达，甚至可能会发火。但只要表达恰当，这些都是可以接受的。但是，在面对创新的重重阻碍时，你要学会控制情绪。否则拦路虎们只会更加咄咄逼人。除人为阻挠之外，面对绊脚石时，你也要控制情绪，因为它们对解决非理性问题与复杂性问题不会有丝毫帮助。但如果你能想办法克服这些阻挠，便可成功实现创新。所以，你要始终保持镇静，即便在逆境中也是如此。要牢记：力的作用是相互的。如果你坚持与反对者硬碰硬，吃亏的只能是自己，你的创新也会因此陷入不利境地。有句俗语很有道理"君子报仇，十年不晚"。

创新柔道技巧之二：杠杆借力

杠杆原理 —— 借力使力

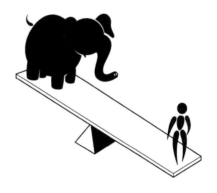

对于创新者来说，借力使力或许是最强大的武器。面对困境时，真正的创新高手会选择多种创新柔道技巧并用。吉姆·雷普就是一个善于借力使力的创新高手。在他的不懈努力下，吉普公司成功推出了吉普牧马人卢比肯系列越野车。在此过程中，雷普遇到的最大的阻碍来自公司市场部。由于市场部员工始终抱有"这不是我们的创意"的观念，坚信本部门最了解客户需求，因而他们对雷普的提议不屑一顾。他们嘲讽道，若公司推出牧马人卢比肯系列，最多能卖出几百辆。然而，雷普却比市场部更清楚地了解吉普爱好者的需求，因为他本身就是一个不折不扣的吉普迷——用雷普的话说，他们都是"吉普狂人"。卢比肯上市第一年，销量就高达 1.2 万辆。我会在后文提到，在雷普的创新之路上，他综合应用了多种创新柔道技巧。

clever（聪明）一词并没有拉丁词根，但这个单词去掉字母 c

就会变成 lever（杠杆）一词。clever 在字典中的定义是

> 心灵手巧的，精明的，机敏的

如此看来，对于借助创新柔道技巧披荆斩棘的创新者来说，"聪明"是再合适不过的形容词了。我曾在上文提到比利·米切尔和约翰·基尔卡伦的经历。米切尔莽撞无礼，没有落得好下场；而基尔卡伦则聪明机警，赢得了最终的胜利。杠杆借力是一个非常重要的创新柔道技巧，无论在哪种创新环境中都会发挥关键作用，我将多费一些笔墨来详细讲述这一技巧。

如果没有杠杆借力，人们便难以撬动岩石，无法发明弹射器，不能建成金字塔，也不会有过臀摔这一招式。杠杆作用是柔道和柔术运动都会用到的技巧。在武术运动中，杠杆作用可能会有多种具体表现形式。若想借助杠杆原理，你的重心就要比对手更低，或是通过一些特定的着力点，借力使力。综上，杠杆作用是以弱胜强的技巧。

最近，我观看了一场终极格斗冠军赛（UFC）。UFC 的场地为八边形的封闭擂台。比赛过程中，运动员可以采用诸如摔跤、跆拳道、柔道、柔术、空手道等任何一种格斗技巧。比赛可根据得分高低判断输赢，不过通常来说，现场情况都是由于一方伤势过重而不得不终止比赛，或是由于一方处于明显劣势而主动投降。UFC 参赛人数众多，比赛根据选手体重分为不同量级。不过，UFC 却并非以体格论英雄。一些选手体格庞大，力壮如牛，但更为瘦小的对手却能通过杠杆借力以弱胜强。最近有一场比赛令我印象深刻。一位日本选手借助杠杆借力技巧，放倒了更为强壮的巴西选手。在比赛中，日本选手先是用双腿缠住对手，随即跌倒在地，就势一滚，将对手压在身下，再用自己的双腿死死缠住对方。他抓住了对手的双

脚,双腿锁住对方,牢牢占据优势。他只简单地扭住巴西选手的双脚,对方便疼痛不已,只好拍地投降。转眼间,比赛就结束了。如果小个子选手能将对手压制于地面,趁机快速出招,并将身体作为有力杠杆,相对强壮的一方便会处于劣势,因为高个子和大体格此时将会变为负担。在一众格斗高手之中,柔术选手获胜的概率往往较大。这是因为他们善于消耗对手的体力,利用对方的小失误为自己创造机会,进而找准时机,运用杠杆借力技巧压制对手的肢体,有时再加之锁喉技,以此来击败强大的对手。

组织中的杠杆借力

大型组织往往规模惊人,却行动迟缓,但这类企业正是杠杆借力技巧的用武之地。杠杆作用是客观存在的物理定律之一。如果两个体重不同的孩子坐在跷跷板的两端,较重的孩子便能轻松地将对面的孩子翘起来。只有移动跷跷板的支点,使其靠近体重较重的孩子,即体重较重的孩子一侧力矩较短时,二者才可以达到平衡。相信你我都曾坐过跷跷板,或尝试过撬开某物,也就都清楚杠杆作用的重要性和基本原理。体重较轻的孩子若想压下体重较重的孩子,就必须尽量向后坐,使得自己一端的力矩更长。

在柔道运动中,杠杆原理用处甚广。运动员时常需要将身体作为支点,运用杠杆借力技巧。在柔道课程中,过臀摔往往是学员接触的第一个投掷动作。你需要将身体作为支点,使对手失去平衡,再将其扔出去。这个动作与跷跷板的原理相似,对手越重,你便要将重心压得越低,同时身体置于对手下方,以此弥补体重上的劣势。

如果仔细观察,你会发现在企业中杠杆借力技巧随处可见。创新柔道大师深知,在面对公司中的官僚主义与种种创新阻挠时,杠杆借力技巧无疑是一把利器。在下文中，我将谈到一些适用该技巧扫清创新阻碍的例子。杠杆借力技巧的好处有时显而易见，有时则不甚明显。

下面我们来看一看组织中的杠杆作用，了解你该如何运用这一技巧。请记住，如果你所在的组织是"奥兹国"型企业，你也许并不需要使用杠杆借力技巧。不过，如果你所在的组织深陷于公司政治，组织运作缺乏逻辑性，或是领导者阴晴不定，对于你的创新不屑一顾，你便需要使用杠杆技巧了。

巧借企业价值观之力

我曾在前文中简要提及企业价值观。与杠杆作用一样，企业价值观对于促进企业发展具有重要意义，因此我们需要对其进行更为详尽的研究。对于企业创新者而言，企业价值观是最易于借力的杠杆之一。大多数企业都会有一套正式的价值观体系，它们或是被写进企业正式文件中，或是被挂在墙上时刻提醒员工。必要时，企业价值观将是最重要的杠杆工具。

最近，我在一家软件公司的培训班授课。按理来说，班上应该有 27 位学员，但真正出席的却往往只有 16—18 个人。学员们要么跑出去回复客户的电子邮件，要么被老板叫去参加培训班附近的公司总部会议。许多学员表示自己也很为难，因为他们也很喜欢上我的培训课，企业也为此投入不少资金。但他们没办法拒绝老板的要求。然而，企业执行委员会最近刚刚公布了企业最重要的企业价值观，上面赫然写着"重视人才发展"。这难道不是自相矛盾吗！

学员们都没有意识到，自己可以将这一企业价值观作为借力的杠杆，从而摆脱那些无意义的、临时安排的会议。既然企业将"重视人才发展"作为企业价值观，员工们便可以向老板或企业高管写一封邮件，表明自己对我的课程抱有极大的兴趣。这封邮件没有过激的言辞，但却是一个绝佳的借力工具，员工可以借助企业价值观使自己参与到具有实际意义的课程中来。正因为如此，我从不建议客户将企业价值观以书面形式保存下来，或是大张旗鼓地宣扬企业价值观。因为如果企业不能确保贯彻其企业价值观，便可能会被员工抓住小辫子。如果企业认定一个价值观，并坚持一以贯之，那么将会对企业发展有巨大帮助。反之，它将成为企业的软肋，必要时它将成为创新者扫清创新阻碍的有力工具。

通常来说，企业价值观都是由高层制定的，因此常常具有约束力。据传，通用公司的杰克·韦尔奇曾因下属无法背出公司全部11条企业价值观而将其解雇。如此一来，员工为避免受到责备，便都会严格遵循企业价值观。作为创新者，你要了解企业的价值观，并将企业核心价值观与自己的提议紧密结合起来。这样一来，企业便很难一口回绝你的提议。就算管理层并不将企业价值奉若圭臬，他们也不至于公开否认。由此，你便可以借力企业价值观，使之成为创新的有力杠杆。

即便你的办公室墙上没有挂着企业价值观，你也得自己列个单子，把它们记下来，以便日后派上用场。如果你在工作中遇到困境，发现逻辑行不通，或老板不接受你的创意，你便可以借力企业价值观实现创新。不要做得太直接，不能在邮件里直白地列出企业价值观，或是将它们挂在墙上展示出来。你要貌似不经意地用到这些价值观。在我的人才管理建议中我曾提及，当你与老板或项目负责人闲谈时，你可以装作漫不经心地提到，公司会议和参加培训令你进退两难。你既想按时参加公司会议，又不想错过这一学习机会。你还可以说，因为你想把重视人才发展这一企业理念传递给手下的职员，所以按时出席培训课很重要。在这一过程中，你要利用好杠杆借力原则，展示出课程对自己和手下员工的重要性。这样一来，如果上司仍然坚持让你去开会，影响培训课程，那么你和手下的员工都会受到负面影响，而上司会顾及这一点，也许就不再影响你上课了。这样做并非玩弄什么诡计，因为你也是从公司的立场出发，只要保持正确的心态，这种做法就是可取的。

我不认为将企业价值观作为杠杆是一种不正当的操控行为。如果企业的确将人才培养作为企业价值观，那么老板便没有理由阻碍员工参与培训课程。对于个人来说，教育是个人发展最好的投资。同样，对于企业来说，教育是对员工最好的投资。教育令人受益终身，而企业会议却一直都有，错过一两场也无伤大雅。因此，你应竭尽所能利用杠杆借力技巧，这不仅是为你自己好，同时也符合企业的价值观。企业在运行过程中，常常会不自觉地违反其价值观，诸如上文人才培训班的例子俯拾皆是。常有一些企业，明明标榜自己"尊重员工"或"感激员工的付出"，却任由管理者在公共场合将职员贬得一无是处。

企业依靠客户营利，因此客户对于企业来说十分关键。接下来我们来看看如何将客户作为杠杆借力技巧的关键点。如果能够合理运用好这一点，你将获得更大的优势。

巧借客户之力

我常与财务部的同事争论企业的基本目标究竟是什么。他们常常告诉工商管理硕士（MBA）课程的学员，企业的基本目标在于"给股东带来收益"。而我认为，企业的基本目标在于满足客户需求。如果不抱有这种想法，企业难以创造所谓价值。只有客户对我们的产品或服务表示满意，乐于付钱，我们才能创造价值。我们真正应该关心的是为客户创造多少价值。如果能在这一点上做得足够出色，那么股东的收益也会随之而来。

近年来，发掘新客户、留住老客户以及满足客户需求变得越发困难。同时，许多同业竞争者都在虎视眈眈。如果没有客户，企业便无法发展。因此，如果你能以客户作为借力杠杆，就请千万把握住这个机会。因为只要抓住客户，你就成功了一半。不论是明确的客户还是潜在客户，都有可能成为创新者赖以借力的杠杆。在后文中，我将给出几个创新者将客户作为杠杆借力点，扫清创新阻碍，令组织接受其创意，从而实现创新目标的实例。

我曾为西门子公司的数百位经理上过管理培训课程，希望他们能够将创业精神注入自己的企业，也正是这段经历让我意识到创新柔道技巧的重要性。

西门子之所以开展这项高管培训计划，是因为企业想让部门经理能够在思考和行动的过程中更富企业家精神。因此，在这项培训课程中，我专门加入了商机判断的培训内容。培训班成员历经八个月的培训，配以创业实战应用，学习到了在企业内部开展新业务的方法。我们还向学员们布置了一个任务，让他们在两周内构思出新的商业理念。此后，学员们回到各自的工作岗位上，再花费六周到八周的时间，检验自己的创新商业创意是否具备商机的特征，能否顺利进入发展其商业潜力的下一阶段。接着，他们将经历两周的培训课程，学习如何将商机转化为具体业务。西门子战略规划部门的员工将指导学员制作一份真正的商业企划书。六周到八周以后，学员们将向董事会提交这份企划书，并向其寻求资金支持。部分商业企划得到了董事会的资金支持，其中甚至有一项企划在实行两年后实现了超过 2.5 亿美元的收入。而我们培训班的费用仅仅为 250 万美元，因此这笔投资还是很划算的。

在我的职业生涯中，如果从学习的角度来看，这段经历是最有价值的。通过这次培训，我们明白了哪些企业家精神可以学习借鉴，了解了需要警惕的创新之路上的拦路虎，同时也学习了优秀的企业家是如何巧妙地化解种种困难的。这次培训是由企业高层一手组织的，得到了高层的强力支持，但也免不了会遇到重重阻碍与人为阻挠。这些阻碍包括愚蠢的人力薪酬制度、同事间的嫉妒心理，甚至是对创意明目张胆的破坏。新业务往往被视为传统业务的敌人，所以传统业务负责人会无所不用其极地干扰新业务的发展。

在这段经历中，最棒的一个案例莫过于将客户作为杠杆借力点，让西门子实现了惊人的业务增长。西门子无疑是一个巨型企业，在世界范围内拥有约36万名员工。培训班内有一位学员想要在西门子Dematics部门开展一项新业务，而该部门最重要的客户——美国邮政服务公司新业务的前景并不乐观。因此我们并没有抱太大希望，而是忙于寻找其他商机。美国邮政服务公司致力于缩减成本，同时要求供应商降低供货成本。基于上述原因，Dematics团队试图在其他领域应用新研发的自动设备。而此时，团队中曾在得克萨斯州阿灵顿市做警务部门义务官员的成员提出，如果这种设备能通过摄像头以声速识别信件，并送往指定地点，那么它也许还能开发出其他用途。

在一次头脑风暴中，学员们提出一个有趣的问题：如果这种设备能识别出高速移动信件上的地址，它能否在安全距离内识别出移动中的汽车的车牌呢？小组成员都对这个创意颇感兴趣，由于组内有一位警察，他们便带着基本构思来到了阿灵顿市的警察局。学员们提出了很多客户会关心的典型问题，比如，如果警车与嫌疑人的车都在移动，或处在拐角位置，设备能否识别出嫌疑人的车牌？摄像头的识别距离是多远？能否正确记录下车牌号码，并与警察局的数据库相匹配？

学员团队接受了这一挑战，着手进行调查研究与原型设计，尝试研发一种由西门子提供软硬件的识别摄像头。该摄像头可以在1英里[1]外识别移动车辆的车牌。有了这种摄像头，警察便无须为了记下嫌疑人的车牌号而靠近其车辆，从而避免受伤。团队的设计广受认可，成员们还获得了部分技术专利，并制作出一份极富说服力的商业企划书。

接着，他们带着企划书来到西门子董事会，想要获得资金支持，以此判断新产品的商业可行性。然而，他们不幸遭到了拒绝。董事会对他们的创意表示满意，也对企划书表示赞赏，但董事会表示，该年度的投资资金已经分配完毕，并劝说团队成员来年再试。经过我的培训，团队成员深知机不可失，失不再来，所以他们返回阿灵顿警察局寻求资金支持。警局无法直接提供资金支持，但他们建议 Dematics 的成员们将产品展示给国家警察组织。国家警察组织对成员们的产品展示十分满意，并承诺如果西门子能够提供匹配的资金支持，他们将提供 50 万美元的种子基金。小组成员带着这一结果回到西门子，令董事会意识到，这一新产品有了真正的客户，这说明该产品是一个很好的商机。于是董事会便从另一个项目上拨来另外 50 万美元资金，用于这项产品的研究。

这个故事从杠杆借力的角度揭示了客户的重要性。我大可对一个新的商业概念高谈阔论，但纸上谈兵永远不及一个真实客户有力度。客户不仅可以从资金的角度向你提供借力点，客户自身员工的专业知识与职业技能等同样可以成为借力点。一般来说，企业都不敢怠慢客户，或直接拒绝客户的要求（航空公司是个例外）。所以，你能在客户那里获得越大的支持（资金支持当然更好），创新取得

---

[1]　1 英里 = 1 609.34 米。

成功的可能性就越大。

几年前，一家美国知名医疗器械公司请我为公司高管制订培训计划。该公司主要面向医院、看护机构与创伤护理机构提供医疗产品及服务。我提出对该公司的员工进行随机采访，同时要求与其客户进行交流。

在一系列采访中，一些客户表达了对该公司的不满。客户反映，这家医疗器械公司傲慢无礼，处理客户意见时常常拖延，还总将责任归咎于客户。一位医生告诉我们，他很喜欢该公司的产品，但他十分讨厌这家公司。这些评语不禁让我回想起奥迪A2000曾因变速器问题遭致客户投诉，而奥迪公司当时的第一反应是怪顾客自己不会开车。

通常情况下，这类投诉根本不会反映到公司高层那里，因为公司管理层的一线负责人往往将这些声音过滤掉了。首先面对客户投诉的是销售人员，而他们也是左右为难，不确定是否应该上报给管理层。由于我们当时的任务是对公司发展战略进行评估和修订，以此促进公司发展，所以我们请来了一位对公司十分不满的医生客户。在此之前，我们已经跟培训班上的高管打过招呼，让他们对客户的不满情绪做好心理准备。不过这位客户一开口，大家还是惊呆了。开始他还保持冷静，后来就越说越生气，讲到一系列不愉快的经历时，他整个人已经气昏了头，负面情绪大爆发。讲到最后，他表示，如果自己能找到其他替代产品，他就会一脚踹开这家公司。他还公开重复了之前在采访中对我们说的话："我对你们的产品很满意，但我可真是烦死你们公司了。"

不用说，培训班上的所有人都目瞪口呆。客户离开以后，教室里一片沉默，然后学员们开始窃窃私语，我们这几位培训讲师则是大为尴尬。后来，一位职位较高的管理者说："你们怎么敢让这样的人来羞辱我们!"其他一些学员也随声附和,纷纷表达不满。这时一位比较沉稳的管理者站出来,建议大家保持冷静,他也开始意识到现在学员们对批评意见的强烈反应正是客户形容的那个样子:傲慢无礼,不懂反思。其实,对于一个客户至上的企业来说,这位客户的意义可能比所有培训班讲师加起来还要大。因此,如果客户能在合适的场合发表意见,他们将成为创新计划中无与伦比的杠杆借力点。

公司管理者需要接触客户,了解客户对公司产品的看法以及产品为客户带来的影响。请客户来发表意见的做法是否有风险呢?毫无疑问是有的。但如果不这样做,客户永远没办法获得满意的服务。如果你能够找来一位对你的创意感兴趣,且能够共担风险的客户,那么很多创新阻碍就会随之瓦解。

巧借竞争对手之力

竞争对手是另一个极其有效的杠杆借力点。美国人的好胜心非常强,组织中的领导者,特别是身居高位的管理者通常自尊心极强。他们讨厌失败,因此会对竞争对手的信息特别敏感。如果你掌握了竞争对手的信息,尤其是当竞争对手占了上风时,你就相当于掌握了一项助力创新的有力工具。我曾与一家跨国公司有过合作,这家公司拥有众多部门,产品种类繁多,公司内部却形成了谷仓效应(指企业内部因缺少沟通,部门间各自为政,只有垂直的指挥系统,没有水平的协同机制)。之所以会这样,一方面是源自其多年来的发展模式,另一方面则是因为该公司的竞争文化。

我当时为这家跨国公司内一个自动化与机器人研发的相关部门做培训,与该公司的其他部门则少有交集。在推动新业务发展的号召下,一位经理想出一个绝佳的创新方案,而该方案需要公司另一生产线的协助才能完成。但当这位经理及其团队找到相关部门寻求帮助时，却碰了一鼻子灰。对方当即回绝，甚至嘲笑道"居然有心思去想什么创新方案，真是够闲的"。要我说，这可真是缺乏团队精神。

不过，这位自动化部门的经理可是一位经验丰富的创新柔道大师。他没有生气，也没有向老板抱怨此事，而是直接找到一家与公司有竞争关系的制造商，询问对方是否有意合作。竞争对手很感兴趣，亲自写信表明合作意向。经理便立即将这封信转发给之前回绝他的同事和老板。老板拒绝与外部制造商合作，并表示，在与外人签署合同之前一定要先与内部同事沟通。这次，同事的态度有了一百八十度大转弯。这就是杠杆的力量。当然，如果一开始那位同事就能接受这个提议肯定更好。不过你也看到了，有时你想讲道理，但就是不管用。

在创新过程中借助竞争对手的力量，将他们作为杠杆借力点，就好比向潜在的反对者或上司扔出一颗震撼弹。谁都不喜欢在比赛中示弱，所以对于创新者来说，这一招特别管用。

巧借公司高层之力

《一步登天》(*How to Succeed in Business Without Really Trying*) 是一部非常成功的百老汇喜剧，后被改编为电影。故事讲的是一个名叫皮尔庞特·芬奇（Pierrepont Finch）的擦窗工人走上人生巅峰的故事。罗伯特·莫斯（Robert Morse）分别在 1962 年的百老汇版本和 1967 年的电影版本中饰演主人公芬奇。芬奇偶然间看到一本名为《一步登天》的书，于是决定要在公司平步青云。按照书中的指示，芬奇在环球售票窗公司的收发室谋得一个职位。在这本参考书的帮助下，他得以飞快晋升，屡次智胜对手——同时也是老板的侄子——博德·弗兰普（Bud Frump）。公司秘书罗斯玛丽（Rosemary）也对芬奇芳心暗许。到最后，由于芬奇的雄心越来越大，书中的内容已无法继续指导他，他不得不赤手空拳，依靠自己的头脑继续拼搏。由于表现出色，芬奇最后成功进入了公司董事会。

芬奇有一个重要策略，那就是引用掌权者的话语来实现自己的目的，利用这种关系来劝说、影响、鼓励甚至恐吓他人。在收发室工作时，芬奇时常跑出去送信。有时他会撞上公司的CEO。当然，CEO对他不屑一顾，大声呵斥他两句就走开了。但芬奇却抓住这种偶遇的机会，将其作为帮助自己晋升的杠杆，时常说"我刚刚遇到CEO，我们俩认为……"由于他的确遇到了CEO，因此从某种程度上来说，他并没有完全胡扯。

我在海军研究生院的工作十分有趣，但也充满了挑战。海军希望我能引入创新思维与企业家思维。我之所以得到这份工作，很大程度上是因为我当时正在为海军中将和上将培训创新思维与企业家思维。在海军部队中，将军们往往位高权重，颇受尊敬，我和这些将军都熟识，这层关系让我得到不少方便。如果我给他们打电话，往往会立刻收到回复。换做是别人，恐怕就要等上几天了。虽然我在海军研究生院的实际职位不高，但这种关系给了我很大的帮助。因此，认识大人物绝非坏事，会对你的职业发展带来积极影响。此外，当你想出一个创意却面临重重阻碍与人为阻挠时，这些大人物的名字就是你的高空掩护和助力杠杆。不过，你要记住，只有在按逻辑办事行不通时，你才需要用到这一招。同时，你要时刻牢记正确的立场。我从未利用与将军或高层领导者的关系伤害他人，或谋求个人利益。但有的时候，将军或高层领导者的话可以实实在在地推动创新的发展。

巧借公司战略之力

许多大公司的经理都不清楚自己公司的发展战略到底是什么。当我在高管培训班上抛出这个问题时,学员们往往答不到点子上。他们时常将口号误认为公司战略。举例来说,曾有人将以下几条误认为公司战略:

- 成为机器人行业的领袖
- 成为下一代抗生素的领导者
- 为保险行业探索更多可能

当然,仔细审视一番,你便会发现,上述几点全都不是真正的公司战略,而是发展目标。其中大部分可以通过指标衡量,但这些目标其实并不明确。要如何评判谁是机器人行业的领袖呢?这可以依靠产品数量、市场份额、盈利状况等。而这些都没有落实到公司战略上。真正的公司战略会指引我们成为行业翘楚,或开拓新方向。大公司通常更注重营利,但却时常忽略战略发展。要让CEO说出"公司市场份额要在未来两年内翻倍"这样的话并不难,但如果让他说清楚到底该如何才能实现这一目标,那就不太容易了。不过,也许公司战略正隐藏于公司内部,等待你的发掘。如果你深入了解公司战略,而你的同行却不太清楚公司战略究竟是什么,你便可以利用这一点,将创意与公司战略结合起来,令创新点成为公司的战略支撑。即使这样做会使得公司发展方向有轻微的偏移也未尝不可。你应该思考的是,你的创意将如何提升公司的核心能力与竞争优势,或是为公司削减成本,或是有利于公司兼并。

请记住,一个真正创新的创意有能力,也应该对既有公司战略发出挑战。不过,一旦创新与公司战略偏离过多,就算这个创意能提高公司盈利水平,也很容易被否定。因此,创新者要在维护公司现有发展战略和推动公司向新方向发展之间寻找一个微妙的平衡。但无论如何，你依然可将现有公司发展战略作为一个跳板，实现你的创新计划。

这里有两个例子。我有位前同事转行成了一名非常成功的企业家。他与几个朋友一起，合伙创办了捷飞络（Jiffy Lube）品牌。该品牌大获成功，最后被鹏斯公司（Pennzoil）收购。我猜测，建议老板收购捷飞络的人一定遭到了不少质疑，因为鹏斯是一家石油生产与销售公司，而捷飞络则属于服务型公司。不过，如果你换个角度想一下这个问题：收购捷飞络是为了给鹏斯的产品扩大销售渠道，而不是仅仅为了拥有其服务业务，这笔买卖就说得通了。

CD（光盘）刚刚问世时，一位来自3M公司的员工便有了生产CD的创意。现在我们看到的光盘都是圆形的，形状扁平，表面闪闪发亮。但是，那位创新者设计的CD光盘要水平放置，看起来就像砂纸一样。他之所以这样做，是因为3M公司素来有生产纸制品的悠久历史，这些产品往往形状扁平，质感较薄。对于当时的3M公司来说，CD是一个全新而有风险的产品，因此创新者希望这个新产品能与公司既有的产品一脉相承，不要看起来过于标新立异，否则公司可能会吃不消。如果你的创意与公司价值观和发展战略恰好相适应，你就有了很大优势，创意的可行性便会强很多。

巧借非正式组织之力

纵观职业生涯，我自认为不算是个八面玲珑的人。我一直相信，只要我始终倡导理性，呼吁企业人士树立正确心态，便可以促进合作、化解分歧。当然，这种想法很天真。在大型企业中（其实小型企业也是如此），公司政治、权力斗争、员工竞争、领导独裁等问题无处不在。正如跷跷板的例子一样，这些斗争大多是为了争权夺利。有时，这种争斗只是小打小闹，无伤大雅。但有时，员工只顾斗争，无心工作，给企业带来了很不好的影响。多年以前，《底特律自由新闻报》曾报道过这样一个故事：福特汽车公司有位新晋升的副总裁，只因发现自己办公室的面积比隔壁副总裁办公室小了两平方英尺，就连夜找来维修人员拆掉原有的隔墙，按平均面积分好之后又重新建了一面隔墙。显然，他这么做可没有把公司资金用到合适的地方。

显然，这位副总裁在维修人员中有一定的影响力，或是跟他们关系不错，不然不会有人帮他连夜拆墙。在创新柔道中，人际关系是最重要的武器之一，你要积极创建、维持并不断拓展你的人际关系网。这就好像是在维持权力平衡的跷跷板上为你这端增强实力。

KCI公司的管培实例

总部位于得克萨斯州圣安东尼奥市的KCI公司生产了一种急救产品，名为V.A.C。每天它都能挽救世界各地成千上万的生命。该产品是一种伤口治愈装置，其内部特殊敷料由真空包裹，以此隔绝氧气，降低感染风险，促进伤口快速愈合。V.A.C还可以处理较为严重的伤口，例如由爆炸引起的烧伤或胃部损伤等。有了过去几年与海军合作的经验，我亲眼目睹了KCI的医疗装置成功挽救了许多人的生命，因而我意识到KCI这样的客户十分可贵，是重要的客户。

KCI发展迅速，并逐渐进入国际市场。在过去几年中，我和同事一起为KCI进行了员工培训。像对其他中层经理进行培训一样，我们尽量邀请了更多高层经理参与到培训中来，作为演讲嘉宾发言。这样做的好处有两点，一方面，班上的中层经理知道高管们会注意自己的表现，因此在课上会更加积极。另一方面，高管们也可以借此机会了解培训项目，认识公司的中层经理，这些人以后可能会成为他们的手下,甚至成为他们的继任者。

所以我邀请了公司高管,就综合管理课程中的某一主题进行授课。我们请来了公司的 CEO、CFO、销售和市场部的副总裁,大多数课程都进行得很顺利。在一次课程中,KCI 请我们在课上介绍一门管理培训课程。不过由于该公司内部并没有专业的"管理培训"部门,因此我们不清楚到底该邀请哪位高管。

于是我们征求了 KCI 部门经理们的意见,希望找到合适的人选。人力资源主管提到,公司最近从强生公司挖来一位年轻副总裁——基恩·纽伦(Kien Nguyen)[1],他现在就职于国际研究部。业内都知道,强生公司素来善于进行员工培养,因此我们可以请纽伦先生来为大家做培训。坦白讲,其实我对此有些担心,因为我对他不甚了解,他又是新上任的副总裁,班上很多人也都是第一次见他。

但是,我一想到他出自强生,便又觉得应该没有什么问题。

结果纽伦的表现令人惊艳。

纽伦生于越南,九岁时和妈妈一起来到美国,那时他还不会说英语。由于家境贫寒,他们不得不依靠救济金度日。直到后来家里在得克萨斯州北部开了家越南餐厅,情况才得以改善。虽然条件不好,但家人还是鼓励纽伦完成学业。后来,纽伦获得了生理学博士学位,之后又获得了 MBA 学位。再后来,他不再进行科研工作,转而成为一名企业高管。

纽伦准时出现在教室里。相对于他的资历来说,他看起来特别年轻。我想,这就是管理培训授课而已,所以原本以为他会说一些老套的管理培训和教练辅导等内容,比如:

---

[1] 纽伦现任 SomnoMed 公司(一家口腔矫治医疗公司)的董事长。

- 教练辅导应以员工为中心。
- 培养积极倾听的能力。
- 不要直接给出建议,要帮助学习者自己做出决定。
- 要让谈话始终围绕能力的提升,而非业绩考核。

纽伦做了一个简短的幻灯片展示,谈了谈几种好的能力提升辅导实践。令人意外的是,他接下来讲了一个有关前任老板的故事。纽伦说,自己在强生集团的第一个老板是他遇到过的最棒的能力提升辅导专家。他刚刚加入强生集团时,觉得自己像是离了水的鱼,举步维艰。过去做科研时,他做的是学术性的幕后工作。而彼时,他去了一个全新的环境:那里规模庞大,运作复杂且迅速,重视结果,强调团队合作。而他并不熟悉团队中的成员。

纽伦的老板要求每周与他会面一次。首次会面时,纽伦注意到老板面前摆了一张纸,上面写了很多名字。谈话中,老板让他记下纸上所有的名字。纽伦在强生接到的第一个重要任务就是与这些人会面,向他们介绍自己并寻求建议和帮助。老板还说,自己会随时跟进,确保纽伦完成任务。

听完这个故事,我惊呆了。此前,我从未听说过这样的能力提升辅导方法。这份名单记录着一些可以推动创新的重要角色,如果纽伦想要取得成功,就必须与他们搞好关系。纽伦的老板直接将这份名单交给了他。实际上,纽伦的老板就相当于直接把重要的非正式组织关系网赠与纽伦。而很多人在正式工作前都接触不到这样的关系网,有的人甚至工作多年后仍然搞不清楚。在工作中,如果我们不知道谁是真正有分量的人,很容易使自己陷入麻烦。

这份礼物太珍贵了!在我的职业生涯中从没有过这样的待遇。如果我们熟悉了这个行业,又有足够的精力,便可以自行探索这样的关系网。但无疑,在老板的帮助下,纽伦大大加快了成功的脚步。这和我预期的能力提升辅导故事不太一样,却是我听过最棒的能力提升辅导实例。显然,因为这份福利,纽伦赢在了起跑线上。

纽伦及其老板都将这种做法视作下属培养的一部分,但在我看来,我更倾向于将其视为一种创造、确认及发展借力点的方法。老板根据自己在强生工作多年的经验得出了这份名单,他知道哪些人会成为创新的阻碍,哪些人会支持创新,而这些人都处于强生集团中的不同位置。这并不是一份正式的书面名单,他们的重要性也不是根据职位高低进行排名的,但这些人却会影响到纽伦的工作成效。

纽伦花了很长时间与这些人见面,寻求建议。后来,这些人际关系成为他的借力点,使得他可以完成其他人无法完成的事情。对于一个新员工来说,这种杠杆作用非常有力。这些人对纽伦在强生的工作提供了非常好的建议,这种人际关系圈也令不在纽伦手下工作的人对他忌惮三分。如果没有这个帮助,纽伦在强生的日子将会很难熬。纽伦的老板就是一个很棒的创新柔道大师,他将创新柔道技巧传递给自己的下属,而下属也将永远不会忘记这份宝贵的经验,并有机会将这些技巧传承下去。

纽伦的故事中体现出一个很重要的借力点,如果可以抓住这一点,你便可以脱颖而出,身居要职,且屹立不倒。在当下企业环境越发严峻的情况下,这一点就显得更加重要。幸运的话,我们会在工作中遇到良师,教会我们这些技巧。但对于大多数人来说,还是要花费大量时间与精力,努力构建自己的人际关系网络。

你是否遇到过这样的老板呢?对于大多数刚进入新公司的人来说,弄清楚公司内部领导层就令人焦头烂额了,更别提这种隐含的非正式组织关系网络。也许你的对手拥有正式权力,但个人关系网有时更有力,会给你带来很大的帮助。

根据我对海军部队人员进行培训的经验，个人关系网非常重要。军队内财务系统十分烦琐，资金分配流程众多，加之军队与联邦政府联系紧密，组织高度复杂。在我担任商学院主席三个月之后，才终于拿到薪酬。为了申请发票，我不得不使用一个美其名曰环保高效实则极其难用的电脑软件。软件上填好的内容很难修改，我经常是焦头烂额填了一个小时，又要全部从头再来。在填好各项表单，输完各种验证码之后，我点击了"确认提交"按钮终于把发票发送出去了。几秒钟后我收到了一封自动回复邮件，确认我的申请已提交至相应的政府办公室。

没过多久，我竟又收到一封电子邮件告诉我"申请失败"，却不指明问题在哪。当我好不容易找到一个可以解决问题的人时，他不仅不帮忙，还摆出了居高临下的姿态。针对发票申请上的纰漏，政府官员不会一次性告诉我问题到底出在哪里，而是每次只指出一个问题，再甩来一个相关公告或宣传册让我自行比对。要是他们能提前把相关资料给我，我就可以避免那些错误，也就无须大费周章、反复折腾了。

纽伦在强生公司遇到的老板正是我最需要的人——一个在一开始就直截了当地告诉你，遇到事情该去哪里找谁解决的人。

对创新者而言，迅速找到并建立起正确的人脉十分重要。海岸警卫队创新委员会至今已成立五年。指挥官乔安娜·努南（Joanna Nunnan）是该创新团队前任负责人。海岸警卫队现隶属于国土安全局，在维护国家边界安全、赈灾工作等方面发挥重要作用。卡特里娜飓风肆虐之时，海岸警卫队挽救了3.3万人的生命。与美国其他军队与政府机构一样，海岸警卫队也面临官僚主义的问题，特别是在处理政府政策、办事程序、规章制度等方面。同时，过分强调上下级关系也是一大顽疾。

乔安娜的头衔是创新委员会主任，但其实她更像是创新"代理人"。海岸警卫队总部位于华盛顿，每当乔安娜走进总部大门时，每个人都会向她微笑及挥手致意。乔安娜的人脉如此之广，她可以凭借这一优势更好地帮助组织创新。创新委员会的工作是在组织内部寻找并挑选出合适的创意，以推动创新实践。乔安娜欢迎一切具有创新精神的人，并乐于协助他们实现创新。我在上文中提到的克里斯·克拉克洪，在这一点上和乔安娜十分相像。他们都善于利用自己广泛的人脉关系推动创新发展。他们的人脉不仅包括组织高层，还包括海岸警卫队以外的一些人。你将会看到，即使身处劣势，克里斯依然利用人脉打了一场漂亮的翻身仗。

借力老板的权威

相信读者都听过一个词——不自证其罪（未经法院判决，对任何人都不得确定其有罪）。最近，有位管理培训班上的学员向我讲述了他的烦恼，他的老板嘴上说着让他搞创新，实际上却并不支持创新活动。这种老板有意或无意地成为创新之路上的拦路虎。我教给他几条创新柔道技巧，其中最管用的一点，就是引用老板自己说过的话，"以子之矛攻子之盾"。每个人或多或少都会有一些自负心理，因此很难当众承认自己言行不一致。就算老板内心并非真想追求创新，只要他嘴上经常提到这个词，你便可以对其加以引用，将其作为自己行动的借力点。

在记下老板讲话内容的同时，将日期一并记下，也不失为一个好办法。这样一来，你就可以说："我记得两周以前的某次会议上，您曾说到创新是我们最关注的议题之一。您昨天又再次提到了这一点，可以看出您对创新真的很重视。因此我也想把创新引入我们下一步的行动中来。"要注意，这样讲的时候，你不能以"我可抓住你的把柄了"的语气，而是要平和地将他的话与你下一步的行动巧妙融合在一起。这样，老板就很难说出"我说的创新不过是在开玩笑"之类的话了。

创新柔道技巧之三：周旋

我在本科柔道课上学会的第一个招式是周旋。柔道比赛过程中，肯定不会只是抓着对手的衣领，一动不动，而是会相互绕圈，试探对方。在周旋的过程中，对抗双方会观察对方的平衡点、脚步动作、力量强弱及防守情况。同时，你可以寻找突破口，主动出击，这就是柔道运动的乐趣所在。周旋试探时，双方都在移动，你便可以趁机借力使力，向对方发起攻击。在对手停住脚步时，迅速出腿踢向他，他会瞬间失去平衡跌倒在地，我便会得到一分，这是我最喜欢用的招式之一。

周旋是一种讲究策略的创新技巧，无法一招制敌，但在周旋的过程中，你可以全方位、多角度地观察对手，寻找突破口，并向对方发起攻击。当你在创新过程中遇到阻碍，特别是遇到一些匪夷所思的规则时，你要注意寻找规则间的漏洞。本书中会谈到几位善于寻找规则漏洞的创新高手，或许你可以从他们的故事中学到一些经验。当然，你首先要了解这些规则，甚至要比规则制定者和执行者还要熟悉它们，这样你才有可能找到漏洞，为自己的创意寻找到突破口。

我在第一章曾提到一位就职于美国 ADT 公司的创新柔道大师

的故事,你一定还有印象,因为他成功创新的秘诀十分独特:每次吃闭门羹时,他都会换一张笑脸迎上去。换句话说,他会换个角度来面对反对者和反对意见。面对重重阻碍与人为阻挠时,如果你能善用周旋之法,便可以找到其他突破口,尤其是当创造力的大门关上时,你可以通过周旋发现新的通道。以下便是周旋技巧的应用方法。

在反对者身边周旋

我是 IMSTART 有限公司的创始人兼 CEO,同时也是百森商学院的荣誉教授。每年,百森商学院会在学院的"创始人纪念日"这一天向知名企业家表达敬意,以此纪念学校的创始人——罗杰·百森(Roger Babson)。罗杰·百森是一位杰出的创新者和企业家,他以一己之力创建了百森商学院。在纪念日那天,学校会邀请两三位知名企业家与学生展开讨论,分享关于创新创业的真知灼见。创新精神是企业家精神的重要组成部分,因此这些企业家也是创新者。

一大批知名企业家曾参与过学校的"创始人纪念日"活动,包括维珍航空创始人理查德·布兰森(Richard Branson),摩城唱片创始人博瑞·高迪(Barry Gordy),派拉蒙的首席执行官雪莉·兰辛(Sherry Lansing),NBA 传奇后卫埃尔文·约翰逊(Earvin Johnson)等。在我看来,他们都有"强烈的自我意识",对自己的创意深信不疑,也毫不避讳自矜之情。他们志得意满,成竹在胸,但又不至于夜郎自大。当然,他们有骄傲的道理,因为他们的确有商业头脑,否则又怎能取得如此高的商业成就呢?他们不会被那些愚蠢的反对者阻碍自己的脚步,相反,他们可以轻松地战胜反对者。

这些企业家还有个共同的特点:和孩子有点类似。叛逆的孩子每次听到父母说"不行",就会更加起劲,一心想证明父母是错的。

而企业家们每次听到反对者的声音，也会变得更有斗志。这个特点对于企业家来说很有意思，也很实用。

当这些企业家听到质疑的声音时，不会灰心丧气，反而会摩拳擦掌，准备大干一番证明自己的能力和判断。对于创新者而言，你的确要努力捍卫自己的创意，前提是你坚信自己的创意，并且你非常热爱它。这一点对于创业初期的企业家来说同样很重要。不过，创新者也可能因为过分偏爱自己的创意而使创新陷入绝境。你要有分寸，不要像比利·米切尔一样四处发火。我称他为"炸药包"，因为他一受到批评就会像炸药一样，一点就着，因此得罪了不少当权者，吃了不少苦头，最后落得一个凄凉的下场。

一旦你发现自己的创新遇到重重阻碍与人为阻挠，千万不要正面冲突，也不要一时头脑发热，大声讲出"你就等着看我成功吧""不管你喜不喜欢，我就要这么做"等气话。刚开始创业的创业者可以这样讲，因为即使这次不行，他们也会找到下一个投资者。但企业创新者要为自己的工作考虑，绝对不能这么冒失。也有一些创新者在遭到公司拒绝后带着创意找到竞争对手公司寻求帮助。但不到最后一步不要这么做，因为竞争对手公司可能会怀疑你的忠诚度。

在柔道中，不会有人不讲究任何策略而仅仅使用蛮力一头撞向对手。不然，你就会像前文中提到的那位兄弟会里的小伙子一样，被对手借力打倒。如果听到不合理的拒绝或是陷入非理性问题，你要先后退一步，围绕障碍物巡视一番，寻找新的突破口。克里斯·克拉克洪想要在海岸警卫队内进行一项创新，却被告知资金不足，无法获得支持。这时他便换了一个角度，找到新的突破口，于是在海岸警卫队外部找到了支持者，拿到了种子基金。

克里斯清楚，无论他在组织内如何请求都不会获得资金，因此便干脆换了一个角度,在组织外部找到了支持者,最终取得了满意的结果。

全方位审视你的创意

对创新者来说,最大的挑战之一是能否站在旁观者的角度来审视自己的创意。这和从未出过国的人有些类似:他们的视野十分局限。只有游历过不同的国家,你才能换一个角度观察你的祖国。我曾走过许多地方,这些经历令我眼界大开。看过不同的国家之后,我更热爱美国了,因为我意识到美国的言论自由十分可贵。我也意识到,为什么别人看待我们,与我们对自己的看法存在差别。在前文中,我曾提到过分偏爱自己的创意有哪些坏处。想要避免这种情况,最好的解决办法就是跳脱出来,以旁观者的角度审视你的创意。旁观者会注意到你不曾察觉的缺陷或问题,也会看到创意的另一面,而这些都会让你的创意变得更好。我对创新者有一个建议——如果想要让自己的创意能够推进下去,就要抢在反对者之前认识到其中的缺陷,并给出风险防范措施。不要对自己的创意盲目乐观,否则反对者只会越发质疑。每当我看到缺乏风险评估的创意时,都会提高警惕,因为这样的创意可能并非真正的商机。

思想的碰撞可能会产生创新的火花,因此创新者要以开放的姿态面对批评。创新者需要一群充满激情的支持者,也需要听到不同的声音,因为只有这样,你才能换个角度看待你的创意。爱迪生深知这一点的重要性,他的发明团队涵盖了英国的机械工人、德国的玻璃工人以及瑞士的钟表匠。这些来自不同国家、不同行业的工人增加了爱迪生团队的多样性,也增加了实现创新的可能性。

或许你不喜欢别人对你的创意说三道四,但这种外界反馈对于打造商机而言至关重要,因为你会从中找到有利于创新发展的建设性意见。不难发现，真正的建设性意见与创新的拦路虎不同，它们不会一味泼冷水，而是会提出真正有利于塑造商机的建议。

我经常请学员将各自的创意带到课堂上来展示，这样一来，班上的二十几位学员便可以向他提出各种建议。还记得我在第二章提到的 IDEO 的例子吗？为了设计出最合适的购物车，公司员工纷纷走上街头，与超市老板、购物车制造商、维修人员、超市店员和顾客进行沟通，寻求建议，这种全方位的调查的确产生了极佳的效果。

依靠团队作战

单打独斗的创新者很难成功。投资者往往不会在一个人身上下赌注，相比之下，他们更愿意信赖一个优秀的团队。所以你身边一定要有至少两三个人支持你，并且他们需要像你一样热爱你的创意，摩拳擦掌准备大干一番。原因有几点：首先，如果你连两三位支持者都找不到的话，很可能说明你的创意本身就不怎么样。其次，这些人可以帮助你不断打磨你的创意，同时因为他们满怀激情，也就不会轻言放弃。最后，他们将会成为你的后盾。在拓荒时期，人们会在马车周边活动，这样可以保护你免受子弹与弓箭的伤害，防止敌人侧面包抄，从背后偷袭。团队就像你的马车，同样可以起到保护创意的作用。

有时，创新者需要团队的帮助。组织动态研究结果显示，如果两个同样对创意充满激情的人团结在一起，其影响力甚至大于一个缺乏凝聚力的五人团队。[1] 在组织中，越多人支持你的创意，你收

---

[1] ABWE，团队合作：群体动力学，2013 年 6 月 13 日，http://docs.abwe.org/CEIM/fps/Teamword-Group-Dynamics.pdf。

到的有用的建议便会越多,而胜算就会越大。如果你的团队中还包括上级领导或公司客户,你便有了更强大的保护伞。

约翰是一位创新柔道高手,就职于一家大型科技公司。他的创意在同事中广受好评,但上级领导却始终对此不以为意。后来,领导的态度发生了一百八十度大转弯。原来,约翰将一位客户带到了领导面前,这位客户直接问道:"约翰的那个创意进行得怎么样了?我对这个创意很感兴趣,想看看我们公司能不能用得上。"这样一来,客户就成了约翰的同盟和借力点,同时也成了约翰的场外支援。遗憾的是,大多数创新者并不会应用这样的方法和技巧。但其实客户将会为你带来意想不到的砝码,大大增加了创新成功的可能性。

一些企业的内部客户也会对创新起到促进作用,虽说其效力不及外部客户,但也可以起到一定的辅助作用。绝大多数大型企业都会或多或少地形成谷仓效应,就连"奥兹国"型企业也不例外。托尼·帕尔姆(Tony Palmer)是金佰利的首席运营官,他与研发工程部总监皮特·杜卡马拉(Pete Dulcamara)联系密切,两人经常就公司业务展开讨论,分享看法。公司会派出销售人员对市场进行考察,确定市场所需的产品,而彼得的部门则致力于研发新产品。两位部门领导意欲寻求创新,便强强联合,对成员开展联合创新培训,实现了"1+1>2"的效果。

创新柔道技巧之四:寻找突破口

在柔道运动中,双方都致力于寻找突破口以克敌制胜。所谓"突破口",就是指抓住对方的小破绽或是制造千载难逢的机会来扳倒对手。正如我之前提到的,柔道比赛中双方总是揪住对方的衣

领,相互拉扯,试图占据上风。若想使出一招过臀摔,你需要先用背部抵住对手的胸口,若此时你将胳膊交叉放在身前,对手则无法发起进攻。但是,如果双方都揪住对方的衣领,虽然不易防守,但也都有了主动进攻之机,你需要静待对手身前无防、双臂大张的良机,施展下一个动作。一旦你找准时机来到对手身前,他就难以抵御你的近身进攻。

要想利用"突破口"技巧制胜,你需要仔细观察,围绕对手而行,一旦发现对手的破绽便迅速出击。成人智力测量表有这样一道题:俗语"趁热打铁"是什么意思?想必大家都知道,如果铁一旦冷却便无法敲打塑形。机会也是如此,我们要善于把握稍纵即逝的时机。对身陷囹圄的企业创新者来说,这一点生活小智慧尤为重要。受到重重阻挠时,究竟该如何创造并利用好"突破口"技巧,为自己的创新之路打开新局面呢?

与拦虎路共事

寻找"软肋":为击倒对手创造机会

我极善观察人们各种各样的行为,一是天性所致,二则归功于多年的心理学知识。我妻子常责备我利用他人的软肋来取乐。我承认这是事实,不过她说得也不全对,我之所以这么做,是为了提醒有些人,他们的举动令我十分气恼。比如,几年前发生过这么一件事。当举家迁至新的小镇时,为了更好地融入当地居民,建立新友谊,我们加入了当地的新住户俱乐部。俱乐部的家庭每月轮流举行晚餐会,我们夫妇从未缺席,也在自己家里举办了一次。

晚餐会让我们认识了很多出色的朋友，但也不免遇到个别令人不快的人。

出席家庭晚宴的宾客通常会带上一些菜品到主人家，让晚宴的菜品更丰富，这算是个不成文的惯例。当我们夫妇举办晚宴时，一位女士急匆匆赶来问我们厨房在哪。我们为她指了方向，她就将盘子递给我的妻子，叮嘱妻子说要将其放进烤箱，调到450度高温烤上整整20分钟，1分钟也不能多，1分钟也不能少。她傲慢粗鲁的态度让我十分生气，我便对她说道："不好意思，不可以这么做。"听罢，她露出不悦的神色，问："为什么？"我一脸严肃地解释道，这是新租的房子，烤箱有些问题，只能调到440度或者460度，450度则无法工作。显然，我戳中了她的软肋，暴露了她的控制欲，等着看她意料之中的反应。果然，她的脸迅速涨红了，显得十分局促不安，抱怨自己的菜可就要毁了。这样无疑大挫了她的无礼傲慢之气，整顿晚饭下来，她一句话也没有说。

听到这个故事，你可能会觉得我有些过分，我承认我有些后悔，不过那位女士的确有错在先。在此前为数不多的交集中，对这位女士的控制欲我已有所耳闻。若是在别处，我还可以睁一只眼闭一只眼，不过这是在我家，抓住她的性格弱点予以还击，让她尝到一点点苦头也无可厚非吧。

人人都有自身的软肋，你可以加以利用，创造"突破口"。在刚刚的故事中，其实我本可以欣然接受她的要求，跟她解释我理解温度的要求，询问要加热多久，该放在哪一层加热，甚至主动帮忙将食物放好，防止受热不均。但那位女士颐指气使、傲慢无礼的行为让我十分生气。我意识到了她的弱点，本可睁一只眼闭一只眼，但是作为宴会主人，我更想给她一个教训。要适时抓住对方的弱点予以进攻，当然，在此过程中树立正确的心态是重中之重。

我最喜欢听谈判专家的发言，因为他们深谙如何抓住对方的弱点。有一位谈判专家，他不仅负责在绑架案中同犯罪分子斡旋，也参与国家间的谈判和战争冲突谈判，他的言论常常让我受益匪浅。这位谈判专家告诫观众，想知道一个人到底需要什么，不能仅凭他说了什么，更要用心揣摩他的真正需求。你会发现日常生活中，有些人总是会出于莫须有的理由和你唱反调。在比利·米切尔的时代，空军力量不受重视，米切尔将军对此百般抱怨，甚至对上司出言不逊。然而，在当时看来，他的观点过于激进，因此并没有得到认可，甚至受到了驳斥。海军需要的是有理有据的建议，而非一味指责，米切尔将军本应耐心进谏，证明逐步建立空军力量的意义所在，但他并没有这么做。事实上，多年以后，海军的确如他所言建立起了强大的空军力量，但由于他错误的进言方式，造成了他的终身遗憾，而这其实也是海军的损失。如果米切尔将军能够注意到海军的敏感点和真正需求，并利用这一点更加委婉地提出自己的建议，使自己的建议更具可行性，那么他在海军受到的待遇将截然不同，更不至于落得如此凄凉的下场。

比尔·墨菲是个幽默风趣的人，但出于不合情理的理由拒绝了约翰·基尔卡伦的"傻瓜"系列创意。基尔卡伦对此了然于胸，他抓住了墨菲幽默和争强好胜的性格特点，为自己的创意争取到了一线生机，进而开创出了新局面。

人性的弱点

林林总总的人性弱点大多依附于人的特殊需求而生，而这些需求往往出自人的七情六欲，因此当创新之路遇上人为阻挠时，不妨打出情感牌来克敌制胜。表6.1列出了一些常见的人与人之间的情感关系。

表6.1 人与人之间的情感关系

需求	情感
希望控制他人	害怕失去控制
希望别人重视自己	自我感觉良好
希望自己惹人喜欢	觉得自己很好相处
好胜心强	为了让自己高人一等
创新	为了获得自我满足
乐于助人	显示无私
敢于说"不"	显示自己的话语权
安全感	害怕风险

创新之路上你可能遇上难啃的"硬骨头",但若能了解他们的需求并加以利用,便可为自己的创意开辟一条康庄大道。例如,害怕失败的人若能先进行调查测试,则会更有底气投身于事业之中。此外,害怕失去控制的阻挠者对于测试也是喜闻乐见,因为一旦测试失败,他们便有了叫停项目或改变局面的借口。在构思创意时,你要考虑到公司的策略,并积极向他人寻求帮助,这样一来,便可以同时满足控制欲、话语权和创新的需要。

你会发现,创新之路上的阻挠者往往是出于害怕而为之。然而这种害怕和阻挠是基于人的情感而非理性产生的,因此也并不合乎情理。大多数人面对改变时会产生以下四种担忧:

1. 失去工作
2. 丧失竞争力
3. 破坏非正式组织关系网络
4. 丢脸

诚然,创新在某种程度上可能导致失业。因为比起人力,机器能在更短的时间内完成更多的工作。只需看看无人机在阿富汗和伊拉克战场发挥的作用,你便可了解这一点。这些战场上的无人机是由远在美国，不过二十来岁的年轻士兵操纵的。对飞行员来说，这不一定是件坏事，因为未来他们就不需要亲临战场了。事实上，美国海豹突击队士兵还随身携带小型无人机，可供随时操作。虽然一些飞机驾驶员可能失去工作，但更多的就业岗位正在产生，因为我们需要更多人来生产和维护无人机。因此，我们不能一概而论——"创新会导致失业"。

当我们要求员工按照新的方式，而非他们熟悉的方式工作时，他们就会面临丧失竞争力的挑战。随着时代的发展，习惯了甲板炮的水手不得不重新开始学习使用新型的轨道炮，而这一过程中难免会出现各种问题。因此，在实践创新的早期阶段免不了出现丧失竞争力的情况。

人们时常利用组织的非正式沟通网络来处理工作，但自己常常意识不到这一点，除非有一位强生公司老板那样的上司，直接将公司非正式组织的人际关系网告知于你。创新常常引发公司组织结构巨变，从而影响到公司正式与非正式沟通网络。美国海军打造了一艘时髦的军舰，取名"濒海战斗舰"。这艘军舰只有 17 英尺长，时速却可以达到 50 英里/时。海盗们，你们可要小心了！除了引以为傲的速度，更让人惊叹的是其如乐高积木一般随意拆分组合的特性。这样一来，就可以根据不同的任务要求自由变换造型，省下大笔改造费用。这便贯彻了"即插即用"的概念。2/5 的船员无须待在舰中，便可通过手中的电子设备操控军舰航行。这样一艘军舰在人员配备、船员训练、设备设施上的要求与普通军舰自然不同，也就必然带来海军部队在结构、流程、命令与控制上的新变化。这会造成巨大的麻烦，也就难怪创意会遭到他人的冷遇。

一些创新阻挠者可能没有明显的弱点，即使有也很难加以利用。这时，你就需要用到别的创新柔道技巧。沃尔特·普拉的经历便是绝佳的例子。早在本书开头，我便介绍了他的故事——他曾效力于海豹部队长达 27 年，几年前退休后创办了自己的企业。在部队时，面对数位古板的上司，沃尔特深知自己的创新不能耽搁下去了。层层上报效率太低，若不尽快采取行动，黄花菜都凉了。想必你也知道，在等级森严的官僚机构中，苦苦等待自己的创意经过层层汇报上达至决策者，是一件多么令人沮丧崩溃沮丧的事情。聪明如沃尔特，深知顶头上司对风险心有担忧，于是巧妙地利用了这一点。首先，沃尔特保证了自己的创意是基于部队利益而生（接下来你会了解到沃尔特熟练掌握各种规则的程度更甚于其上司），其次沃尔特通过应用"出其不意"技巧推动目标实现，让创新阻挠者哑口无言。不过，从沃尔特的故事中你也会发现，这招只能在关键时刻使用。否则，你的下场就会和比利·米切尔将军一样。

创新之路上的崇山峻岭

组织的弱点

无论你身处怎样的组织，抓住组织的弱点，对症下药进行创新都是明智之举。这既可以帮助你为实现创新创造长效机会，还可以给予你杠杆借力点。因为此时的你是从企业的需求出发，代表企业的利益。企业的弱点往往与经济指标紧密相连。如果这些评价指标不是以数字而论，也许就不那么重要了。无论是政府组织还是私营组织皆是如此，因为两者都有一定的评价指标要求。对于前者来说是预算或选票，对于后者则是投资收益或股价。如果你能洞悉对于组织来说最为重要的评价指标是什么，就要尽量让自己的创意向它靠拢，以此为自己的创意赢得关注，从而加快创意落地的脚步。

削减成本

过去八年来,我接触过的大部分组织都有着所谓削减成本的战略计划,致力于用最小的成本创造最大的利润。大多数组织成员都会抱怨各种各样的资源紧缺问题,而我却享受这样一种紧张的状态。因为没有压力,就不会有创新。因为中东动荡不安,石油价格上涨,促使我们研发混合动力车和电能车;因为约翰·基尔卡伦的股份从150万美元跌至20万美元,促使到他想出了"傻瓜"系列创意;一位丈夫将红酒洒到了妻子的白色晚礼服上,因为担心妻子苛责,他发明了干洗法。因此,压力在某种意义上是创意的催化剂。飞机问世之前,兰利(Langley)将军收到了10万美元的研发经费,而怀特兄弟则拿出自行车铺的全部积蓄孤注一掷投入飞机研制中,而结果众所周知。后来,兰利将军还抱怨说,如果自己能获得更多资助,一定能打败怀特兄弟。从以上例子可以看出,需求是创新之母。

在"杠杆借力"一节中,我强调了创意与公司战略保持一致的重要性。即使二者并非如出一辙,也要保证殊途同归。在当今商界,削减成本是主旋律,因此你的创意也势必要以此为目标,如果能产生经济效益那更是锦上添花。然而在非理性组织中,毫无价值的活动却时常大行其道。我在上一本书中曾谈到,5C病毒常常会在组织之间传染蔓延。

我们都清楚简易爆炸装置曾在军事行动中造成大量年轻士兵伤亡,尤其是那些放置在悍马卡车底部引发巨大爆炸的装置。后来,我们发明了一种更为安全的交通工具——防地雷反伏击车,它拥有雪犁形状的底座,能够分散爆炸装置的能量,从而保护车身和乘车人员的安全。然而,由于生产商生产和运输速度受限、政府采购体系效率低下,远水难救近火。于是,人们又研发出一条快速通道,方便地雷反伏击车的下单、生产和运输。就这样，重压刺激了军方创造出效率更高的方式，挽救了许多士兵的生命。请注意，这样的组织创新之所以被广泛接受，不仅是因为它与军队的战略和中东作战任务目标保持一致，还因为它成功避免了伤亡，实现了美国军队最为崇尚的价值。

提起创新，人们往往有这样一种刻板印象：创新需要大量投资。然而事实上，创新只需要合理调配现有资源，而这意味着更低的成本。这一点在组织创新中体现得更为明显，它与科学研究截然相反。无论是政府还是企业，都致力于节约成本。因为在成本压力之下，往往将刺激员工高质、高效、高速完成任务，花费也自然更少。因此，创新与成本压力往往相伴而行。

创新和压力紧密相连，大多数杰出的销售人员都知晓这一点。他们中有些是天生聪颖，有些则是一路摸爬滚打而后领悟出来的。事实上，许多公司都会培训自己的销售人员，让他们不仅要听顾客口中的需求，还要用心揣摩他们的真正需求。当销售人员受到客户冷遇时，这一点体现得尤为明显。糟糕的销售人员急于实现销售目标，优秀的销售人员则会理解顾客的需求，从而在满足顾客需求的同时达成自己的目标。当你能够理解甚至满足客户的真正需求时，谈成生意的概率将大大增加。

企业创新者在某种意义上也是销售人员，需要掌握销售技巧，使自己的创意得到认同。但不能主次不分，让销售能力盖过创新能力。当推销创意受到阻碍时，你要抓住对方的弱点，当然这需要你以保持正确的心态为前提。我曾在经营培训课上结识过一位女性销售人员，她的销售技巧极其娴熟，但客户却无法信赖她，原因在于她并没有倾听他们真正的需求。她的销售给客户们留下的印象是按照公司要求走走流程，问问老掉牙的问题："为什么您晚上会失眠？"

她从未根据不同客户的需求进行销售，而总是重复千篇一律的说辞，因此她得到的回复也只能是客户不约而同的抱怨："就是因为你呀！一想到明天一大早你又要来我办公室，头都大了，哪还睡得着呢？！"

让我们回想一下第三章中伽利略的故事，很明显，当时的教皇想要紧紧攥住手中大权，因而笃定地心说不可动摇。然而，当伽利略摆出数据力证日心说时，教皇害怕极了，担心伽利略会毁掉以自己为首的世界秩序，动摇自己的地位。由此观之，绝大多数阻挠创新的人是出于恐惧。

提升效率

在竞争日益加剧而资源愈加匮乏的当今世界，提起创新，人们总会将其与"高效"二字紧密联系在一起。大家对产品和服务上的创新给予高度认可，而我却提醒我的学生不可忽视组织创新的重要性，因为组织创新能促进企业节约开支，以更高质、高效、高速地完成各项任务，这正是企业领导者最想看到的局面。当下，精益六西格玛正日益成为企业孜孜以求的目标。若正确运用这一方法，组织追求高效的目标将事半功倍。通常来说，比起引领创新，精益六西格玛在促进组织节省开支和提高效率方面的贡献要大得多。不过，既然如此多的企业将此奉若圭臬，你也不妨一试。精益六西格玛的深层次目的在于打造一支训练有素的队伍，找出企业经营中从生产到客户服务的完整流程中存在的各种问题，比如成本过高等，并提供相应的解决方案。

我的一位客户正尝试在企业内开展一个创新项目，在项目取得初步进展后，她找来了企业的精益六西格玛专家，希望能获得他的支持。这是因为，在寻找企业效率低下等问题的过程中，往往孕育着新的商机。一旦精益六西格玛队伍建成，并开始在企业内活动，这个创意就开始有条不紊地推进了。

提升品牌价值

面对重重阻碍，想让你的创意获得更多支持还有一条路可走，那就是让创意与提升组织品牌相联系。当你身处的组织十分重视品牌价值时，这一策略尤其适用。当史蒂夫·帕吉格在金佰利公司推出"妈妈企业家"创意时，他并未受到太大阻挠，原因是他的创意有助于吸引客户。与此同时，由于人们高度信任这一品牌，妈妈企业家们全然无须担心创意遭到剽窃。不过，这一策略并非总能奏效。当约翰·基尔卡伦推出"傻瓜"系列创意时，IDG公司中的许多人担心这会让公司品牌形象受损，于是基尔卡伦便无法借此提升品牌价值，而只能将重点放在为公司营利上。

用数字说话，用数字击溃重重阻碍

创新者在向股东推销自己的创意时常常会犯下这样的错误：一上来首先介绍创意内容，然后阐述原理，进行一番分析，最后才进行价值展示。若想尽量减少阻力，首先就应该直截了当摆出数据，展示出你创意的价值。前面我曾谈到创新要有"令人振奋的价值"，而这正是创新者一开始就要着眼之处。想象一下，如果你的创意能显示出强大的价值潜力，阻挠者何足为惧？在当下，数字高于雄辩，无论在政府还是企业皆是如此，创新之初先好好想一想如何让创意产生更大的价值，这样才能帮助你的创意打开新局面。

对于利润至上的组织企业来说，财务数据是其通用语言。如果没有通晓基本的财务知识，想要让创意腾飞就是天方夜谭，你必须要明明白白地向企业展示创意的巨大盈利潜力。正如我上文提到过的，能产生价值的才是商机，对于企业来说，指的就是盈利能力。如果你不能展示创意能带来的大致经济效益，你的创意便很难转变为真正的商机。因此，毫无疑问，构思创意时要着眼于其盈利能力。在企业资产负债表上，企业品牌价值也赫然在列，如果你的创意能提升企业品牌价值，那么也就意味着它能间接产生经济效益。电影《甜心先生》（*Jerry Maguire*）中，球员经纪人的名言"让我看到真金白银！"也同样适用于创新者。

如果你能向企业高层证明，你的创意能有助于企业提升股价，横亘在你面前的重重阻碍将会飞速瓦解。不必对此感到惊讶，毕竟企业股价上升就意味着高层的收入也水涨船高。有关股权激励的问题在此不再赘述，毕竟这不是本书的主题，不过你只需上谷歌搜索"影响股价的因素"，就能找到海量相关信息，帮助你将创意与企业盈利相结合，助你成功实践创意，平步青云。

刚刚主要谈及了私营企业，事实上，数据在政府部门也是金钥匙。对当下的政府部门来说，有两项数据至关重要：节约成本和提升资产管理效率。由于在海军研究生院工作的原因，我大多数时间都待在蒙特利半岛上。半岛上坐落着许多小镇，每个小镇都有独立的警察局和消防局。最近，有人想出了一个好主意，将分散的小消防局整合为大消防局，交由地区组织统一管辖。为何要让数个小的警察局和消防局各自为政，造成岛内不必要的资源浪费呢？除此之外，经过这样的整合，小镇之间的协调和沟通工作也将得到加强，这无疑对日后加利福尼亚州森林火灾的扑救工作大有裨益。

不必恐惧，这只不过是一个实验

正如我上文提到过的，想要创造突破口，另一个至关重要的办法就是利用好"实验"这一手段。当你身处"丛林"型和"庇佑所"型企业，因循守旧的保守力量过于强大，想要进行革新举步维艰时，"实验"的方法将尤其奏效。无论是小实验、试点项目还是测验，我使用的都是"lecturette"而非"lecture"一词。我之所以喜欢用这个词来描述我的一系列课程，是不想给我的学生造成太大压力。相比于"lecture"一词，lecturette 更为亲切、有趣、生气勃勃，也更轻松。虽然本质上还是上课，但由于我在选词上的一番斟酌，学生们的接受程度大大提升了。

实验意味着规模更小，自然比正式实施的花费少得多。实验的目的正是创造机会，给自己争取更大的优势。如果实验中取得了亮眼成绩，杠杆两端的力量对比则会发生逆转，反对者将不足为惧。事实上，大多数公司并不那么乐于冒风险，尽管它们都声称自己敢于冒险。不过他们口中的风险其实都已经过评估，心中有数。而实验就是衡量风险的绝佳工具。在我所在的领域，创业常被形容为"学得多而成本低"，这便是企业家愿意提供原始资本赞助创业者的原因。原始资本在英文中用的是"种子"（seed）一词，十分奇妙，资本家的所作所为便是给予种子一些"水分"，期待它生根发芽、茁壮成长。

如果你试图在组织内进行大变革，却遇到重重阻碍，采用实验手段显然是上策。就在我写本书的这段时间，美国卷入了医疗保健改革的巨大风波之中。通过二元决策体系而推出的改革吓坏了许多民众。事实上，改革之争在政府部门也激烈异常。民众高声抗议这项法案，因为他们不清楚该法案会对自己的未来产生何种影响，因而惶恐不安。

请站在创新者的角度，试着想想，该如何应对这个糟糕的局面呢？首先，他们会想："为什么要如同掷硬币一般，拘泥于正反两面的选择呢？"何不先进行实验呢？这样一来，所需的成本更小，也能获取丰富的经验，还可以安抚数百万民众对改革的不信任和担忧的情绪，可谓一举三得。具体来说，首先应选取几家医院作为试点单位，对法案中的几个项目进行测试，看看能否行得通。若想取得更佳的效果，可以各选取四个民主党与共和党执政的州作为试点，进行一系列测试,试行医疗保障竞争,看看效果如何。或是对医疗起诉限额进行修改,对效果进行评估。如果有了医疗改革实验,我们就能基于数据进行心平气和的讨论,远胜于当前感情用事的口水大战。

若身处巨轮将沉的组织,就不要再想实验策略了,积极寻找出路才是上策。不过,在大多数组织中进行创新,你都可以利用实验策略,为自己创造借力点。一次实验失败了,也不一定就给你的创意关上了大门,你可以从中总结经验教训,下次尝试新的方式进行实验,直至取得满意的效果。正如我之前所说,实验策略不仅可以让你身处优势地位,还可以为你的创意创造一个突破口。不过,这样的机会稍纵即逝。资源紧张,需要你好好把握。创新与风险常常相伴而行,因为有太多不确定性有待考证。

我的侄子斯科特(Scott)是一名销售代表,在克利夫兰过了大半辈子。最近几年金融危机肆虐全球,许多城市都深受其害,克利夫兰也遭遇重创,就业岗位极速减少。因此,斯科特决定离开那里,前往一个能找到稳定工作、实现良好发展的地方。于是,他在佛罗里达州找到了一份待遇颇为不错的工作,满心欢喜,想着妻子、女儿和两个儿子会交口称赞自己举家迁徙是多么正确的决定,并且对搬到这个温暖的热带州而感到欣喜。然而,事与愿违,除了斯科特,全家上下都反对这场乔迁。竟然有人拒绝在克利夫兰的寒冬时分迁往温暖的佛罗里达州,我不免感到惊奇。原来,他的妻子舍不得在克利夫兰的家人,正值青春年少的女儿不忍与男朋友分离,而儿子同样也离不开家乡的朋友。

最后,面对重重阻挠,万般无奈的斯科特只好打电话向我求助。我给他支招:不妨对家人许下承诺,将这次佛罗里达州之行看作一个实验,全家先在佛罗里达州待一年,如果一年期满家人还是想要回去，就立即搬回克利夫兰。虽然这并不是他家人心之所想，不过总比永久搬家好，于是便妥协了。到这里，你大概可以猜出一年以后的情景了吧。女儿很快找到了新欢，结识了一群朋友；两个儿子一年四季都能打棒球，为此雀跃不已；斯科特自己也可以享受海钓的乐趣，没有人想要回去。他的妻子本来最不愿意离开克利夫兰，但是看到一家人在佛罗里达州幸福生活的样子，尤其是斯科特对工作十分满意，她便试着适应当下的生活。现在，她已经找到了一份自己喜欢的工作，和一家人在佛罗里达州过得其乐融融。

实验的绝妙之处在于以微小的投入获取丰富的经验，还降低了风险，对失败也比较宽容。资本预算的心理模式存在一个问题，它将高级管理转变为简单的"可行"和"不可行"的二元模式，而实验则避免了这样的问题。因为实验往往无须上级下达命令，即使实验失败，损失也小得多。IDG公司如今的辉煌得益于当年"傻瓜"品牌的创意。当时，公司给了基尔卡伦少量资金用以进行实验，以测试"傻瓜"系列是不是一个真正的商机。若确实如此，他们愿意投入更多资金打造这个项目。如若不然，项目会立即叫停，成本和风险都将控制在可接受的范围之内。

发现、创造并利用"缝隙"

组织就像一张细密的网，但也免不了缝隙的产生。创新者要做的，就是制造或利用好其中的缝隙，为自己的创意打开局面。在等级森严、条条框框一大堆、拘泥于流程的组织中，这一点更为重要。对大型企业进行创新对致力于革新的人士来说，可谓一个巨大的挑战。繁复的规则、严密控制的管理体系，常常令创新者敢想而不敢为，扼杀了不计其数的潜在创新。最近，一位在政府部门工作的朋友向我抱怨他在政府内创新的经历。尽管政府官员对他的创新计划表示肯定，但迟迟不见行动，他反映多次也无果。原来，没有一位官员愿意在自己手上进行决策，而是选择向上级汇报，而由于政府上报机制繁文缛节众多，这些官员又不愿浪费自己的精力和时间成他人之美，由此就导致了这样一种局面。

无论是在我的管理培训课上，还是在与中高级经理共事时，我常听有人抱怨："我可没法在自己的企业创新，我的企业害怕风险，破坏任何细小的规定都可能遭到开除，更别说是打破规则、推陈出新了。"这自然是逃避创新的一个好借口，我也表示同情，因为我深知在规则繁复的企业进行创新有多么不易。但是，想要做到也绝非不可能。无规矩不成方圆，适当的规则对企业来说是必不可少的。但遗憾的是，有些规则的出发点是好的，在实际操作中却成了扼杀创新、阻碍进步的罪魁祸首。

但是，即使身处这样的组织，创新柔道大师也有办法化解阻碍，步步为营。因为他们深谙规则与规则之间势必有"缝隙"可寻，为己所用，或让规则相互牵制，或抓住小"缝隙"大做文章，或逮住规则间相互矛盾之处，甚至可在领导者职权范围交界地带进行创新。所以，不要一味抱怨企业繁文缛节太多，而要擦亮眼睛，寻找"缝隙"并加以利用，从而突破创新之路上的重重阻碍，为自己赢得优势。要想做到这一点，你首先需要对企业的各项规则了如指掌。

本书开头提到的沃尔特·普拉便是这样一个懂得利用规则为己所用的天才，但他从不承认自己是"规则破坏者"。他的一生缔造过许多重大创新项目。然而其中一次沃尔特遭到了一位长官的反对，他必须想出折中之法，绕过对方的职权范围，使创意获得一线生机。见沃尔特不愿让步，这位长官决定要通过上级向沃尔特施压。然而，沃尔特深信自己的创意是有价值的，于是他利用上级命令还未下达的时间空当，开始将创意付诸实践。沃尔特多次利用职权的"缝隙"来寻找突破口,当然,他并非因一己之私而为之,而是始终保持正确的心态。

你同样也可以利用规则来相互牵制,从而实现自己的创新目标。举个例子,多年前我买了一部摩托罗拉高端手机,这是全球首部能进行 Windows 操作的手机。遗憾的是,这部手机有太多硬伤,才用了两个月,就被锁住了。由于尚在保修期内,AT&T(美国电话电报公司)第二天就给我寄了一部新手机。然而,新到的手机甚至无法开机。显然,这款手机毛病太多,远超 AT&T 和摩托罗拉的预想。于是,我打电话给客服要求换另一个型号的手机,客服代表给我解释说摩托罗拉已经将这一批新手机召回,她也不确定何时才能把问题都解决了,可能需要几个星期,也可能要几个月。

见此情况,我让客服给我寄一个不同型号的新手机来。客服解释道,由于我和公司签订了合约,因此我只能等待那个型号的手机修好,而无法更换其他型号的手机,除非付更多的钱。我可接受不了这样的结果,便让她叫来负责人亲自沟通。负责人也给了我同样的答复,并建议我打电话给公司的翻新部门,看看那里是否有翻新的摩托罗拉手机供我使用。尽管我觉得打这通电话应是客服的职责,但我还是照做了。然而,翻新部门的员工告诉我,他们无权做任意一单生意,我得跟客服进一步沟通。此时此刻,我方知自己陷入了企业的非理性怪圈中。

读者中的大多数人肯定也曾经历过类似情况,与客服进行多次交涉后却无功而返。我十分恼火,决心要同他们斗智斗勇一番。我发现 AT&T 有这样一条规定:用户若对新手机不满意,可以在购买 30 天内退货并换一部新手机。于是,我立即打给客服,威胁他们如果不寄给我一部升级版本的手机,我从现在开始每个月都会从他们公司买一部新手机,然后在第 30 天申请退换。对方负责人听罢,沉默了许久，我可以想象到她当时六神无主的状态。最后，她终于开口："好吧，你坚持如此，我也没有办法，这没有违反任何一条规定。"话虽如此，我的话肯定还是起了作用的，三天后，我就收到了一部升级版本的新手机。就这样，在处理这件事上，我用一条规定对付另一条规定。我仔细研究了AT&T的退换政策，不仅给自己赢得了"机会"，还使得形势逆转，让我处于一个优势地位——这正是创新柔道的精华所在。

创新柔道技巧之五：快速出击

速度的重要性

在公路上超速会带来危险，但在武术格斗和创新柔道中，快速出击技巧却十分有用。在大学时的柔道课上，很少有人能成功将我摔倒在地，这是因为我平日练习举重，比课堂上的同学都要壮一些，加之我对格斗技术也掌握熟练，将练习对手掀翻在地是家常便饭。然而，课上有一位对手，我无论如何也战胜不了他。他比我矮，还轻了30—50磅[1]，但他在速度上占有绝对优势。他可以巧妙避开我的进攻，又如闪电般瞬间击溃我的防守，取得胜利。他的确掌握着良好的技巧，但速度才是他的杀手锏。我虽不知他有没有我跑得快，但在柔道比赛上，他确实可以在毫秒之间冲向对手。接下来我们看一看如何运用快速出击技巧助你战胜创新

---

[1] 1磅＝0.4535924千克。

之路上的重重阻碍与人为阻挠。

将创意转化为商机

在讨论第一个创新柔道技巧时，我谈到了评估商机过程的重要性，不过当时并没有提及快速出击技巧。创新之路上难免遇到重重阻碍与人为阻挠，此时你需要迅速将创意转变为商机。我见到过许许多多的好创意胎死腹中，因为它的提出者常常犹豫不决，花费过长时间去确认该创意是否有价值。请记住，一定要将你的创意用一两句话的长度总结出来。首先，这将迫使你尽快明确创意的核心和受益者。如果不尽快提炼出创意的精华，你的创意恐将沦为苍白无力的馊点子。别说是让听众一头雾水，你甚至自己都不知道言之何物。请记住，要将创意的具体价值以口头和数字形式表述出来：

$$V=B/C（价值 = 收益/成本）$$

如果遇到困难，可以参考我在本书末尾部分列出的商机评估模板。此外，请务必询问价值的受益对象（一般是内部或外部的潜在客户）的看法，这将帮助你迅速完善当前的价值主张。这听上去很容易，但实际操作起来则不然，要不断进行修改，直至能流利清楚地表述你的价值所在和受益对象。否则，你将抓不住重点，并且会耗费大量心血。

近日，我参加了一个企业家和创新创业者云集的座谈会，会上创新创业者纷纷介绍了自己的创意。这种场合下，我们免不了会成为无情的听众，因为我们的注意力实在是太容易被分散了。近六成的参会者无法清晰表达自己创意的核心。尽管人们都能很好地解释其创意中存在的问题，但只有极少数能清楚地呈现创意的价值。有一名创新创业者在台上发言时，我忍不住转向旁席好友，小声问道："你听懂了吗？"他摇摇头，并悄悄询问了其他三个人。显然，大家都没有听懂。我们忍不住猜想这位台上的创新创业者大概自己也没搞懂自己的创意。

不害怕失败，从哪里跌倒就从哪里站起来，成功将会很快到来

此前我谈到了创新设计公司IDEO接受了一个艰巨的任务，要在五天内打造一款新型购物车。IDEO的员工之所以能圆满完成这个任务，靠的是他们不怕失败、勇于尝试的精神。他们拿出了许多设计方案，还制作了实体模型，经过数次改进，终于在最短时间内得到了最理想的设计。爱迪生曾说："在研发电灯泡时我尝试了1 000多次，但这绝非失败，因为它们让我知道了1 000多种电灯不能发亮的原因。"在我看来，想要征服创新之路上的重重阻碍，这些快速实验起着至关重要的作用。小失败并不可怕，可怕的是重大决定之后的失败。

若不是深谙创新的重要性，IDEO难以成为一家国际型大企业。尽管IDEO打造了一个极佳的购物车原型，但是因为员工们并没有评估过商机，也就无法确定新的设计可否成为一个巨大的商机。但这并不是他们的首要任务。IDEO只需要负责创新设计，并不需要负责将其推向市场。

IDEO有一个口号"不断失败，并快速从失败中站起来，方能引领走向成功"。可以看出，这个口号暗示"速度"的重要性，爱迪生也有类似的名言启迪着广大创新者。光坐在那儿冥思苦想创意是行不通的，而要通过建模或实验来验证其价值。真正的创新往往始于失败，或是一个不甚新颖的创意。

早期的、迅速的失败可以降低创意夭折的风险，这是因为失败的成本较小。同时，通过这样的失败，你能迅速发现创意中的不足之处，或是从客户那里得到重要反馈，从而不断完善当初的创意。

我见过太多不明智的企业创新者，他们将全部赌注都押在唯一的一次实验上，不成功便成仁，这其实是十分危险的举动。试想，科学家怎会待航天飞机全部建造完工后才进行首次测试？事实上，仅仅在首次试飞之前，科学家就已经进行过无数次的实验。这样一来，即使不能预见所有的问题，也能解决许多疑难杂症。

迅速行动

尽管 IDEO 没有将创新购物车推向市场，但它绝非闭门造车。在设计之时，团队就将原型车带到了超市，希望从超市老板和员工那里得到反馈意见，向 ABC 新闻展示原型车的试用情况。原型车在设计上有许多创新亮点，这得归功于事先的详尽调查，即 7I 模型中的创新阶段之一。

随着购物车创新设计的完成，IDEO 也停下了脚步，而并没有将它的创意转化为商机。在视频播放完毕后，我问学生们："大家觉得创新购物车是一个好创意，还是一个商机呢？"有七成学生回答是商机。毫无疑问，它是一个创新成果，但事实上，这并非一个商机。我们应该问问自己以下问题，来确定创新成果能否转化为商机：

1. 我们可否使其价格更有竞争力？

2. 有多少人会买？购买意愿能持续多久？（持久度）

3. 我们需要拿出多少成本将其打造为盈利商机？（持续性 / 合理性 / 创造价值能力）

4. 超市愿不愿意放弃现有的购物车？它们会不会觉得现有购物车虽不是最佳，但也凑合能用？（创造价值能力）

现在距离 IDEO 的视频已经过去十多个年头了，我向同意购物车是商机的学生提问：当下他们是否在超市里见过这些购物车。只有寥寥几人表示见过那么一两次。比如，一些手推车虽然有四个万向轮，但并非所有人都青睐这样的设计，尤其是那些特别享受推着行李车走下伦敦希思罗机场扶梯的人。这样的行李车让他们看上去像喝醉的水手，丝毫没有半点英姿飒爽的国外游客的形象。

  如果我是 IDEO 的商业企划负责人，我肯定不会将这款购物车推向市场，因为这样的设计在十多年前并不具备大多"商机"的特征，而现在有些部分的设计倒是流行了起来。比如，我曾在欧洲和美国的一些商店见过手持扫描仪。或许，比起购物车的创新，手持扫描仪的设计更具商业价值。以上就是创新阶段之一：重塑过程。创新者需要在商机评定阶段多花心思，不断改进最初的创意，再将其推向市场。如果 IDEO 真的想要将创新购物车商业化，当务之急便是收集超市老板和员工们的反馈意见，根据意见重新修改设计之后再请顾客们试用，询问他们对该创新购物车定价的想法。然而，IDEO 仅仅调查收集了改进意见，并没有进一步征求客户的购买意向。请记住，能越快得到潜在客户的反馈意见，你就有越大的机会完善商机，从而成功将其推向市场。

  我饶有兴致地想，如果当时接受五天内打造一款新型购物车挑战的不是 IDEO，而是一家大型购物车制造公司，那又会是什么样的情形呢？想必你也可以猜到如下情景：设计部门紧急召开会议，决定接下来五天的工作安排，当然这还是在设计部门已经获得公司许可进行这一项目的前提下。事实上，在获得许可前通常会先召开一个经理层会议，市场部会就该项目的价值进行讨论，然后拿出几个严格缜密、成本高昂的营销策划方案。最后，项目是否进行还需交由公司 CFO 一锤定音。当然，这是最坏的一种情形了，因为繁复的业务规则和业务流程浪费了大量时间。遗憾的是，现在有许多企业都是如此。商机稍纵即逝，一番耽搁拖延之后，到你手中的创意已物是人非，还需要负担高额的成本。

速度是创新之魂，爱迪生深谙此理。IDEO 也是如此，从口号便可略知一二。想象一下，一个商机的诞生需要设计部、工程部、客户部、财务部和生产部通力合作。请注意，这里我特意用的是"商机"一词，而非"创意"。一些企业已经建立了类似于通力合作的创新机制和流程，大大加快了创新速度。当然，这需要你手上拥有各种人力资源，要实现这一点难度也不小。

若你身处创新过程不紧不慢的环境之中，就急需创新柔道助你一臂之力。在这样的环境中，要学会走捷径或是绕开阻碍，这正是创新柔道大师所擅长的。

吉姆·雷普向市场部提出越野吉普车创意时遭到拒绝，如果他就此止步，那么我们可能就见不到牧马人卢比肯系列的诞生了。他知道市场部是一块难啃的骨头。除此以外，在他的创新之路上还有许许多多类似的阻挠。于是他当机立断，找来了对自己的创意表示赞同的同事们。大家一拍即合，决心就在自家的车库里打造出理想中的越野车。在未得到公司批准的情况下，趁着公司野营测试新车的时机，雷普将新造的吉普车也带上了跑道，其优异的表现让公司高层十分震惊。没有人比雷普更清楚速度的重要性，他不愿坐以待毙，眼睁睁看着自己的创意遭到官僚主义的无情扼杀。

通过商机评价阶段，确定了你的创意可以转化为商机之后，请迅速开始行动！经过谨慎充分的评估，就可以着手将创意公布了。要将耗费心血的结晶公之于众，有些创新者可能会舍不得。然而，如果没有人青睐你的创意，愿意掏钱为其投资，你的创意也就只是一纸空文而已，没有用武之地。不过，有一点需要注意，那就是如果你的创意遭到否定和拒绝，但你十分笃定创意的潜力，那么请找来五个欣赏你创意的人，或者找一位愿意为此花钱的客户来证明创意的价值。毕竟盈利才是王道，这条定律在商机评价阶段同样重要。

快速找到突破口

无论何时，当你能够找到突破口，或者能够主动创造机会时，不要犹豫，赶紧行动！机会的大门随时可能关闭，甚至在分秒之间你可能就会痛失良机。克里斯·克拉克洪是我的学生，他在美国海岸警卫队工作。作为一名创新柔道大师，他最近却在推广自己能够拯救士兵生命的战场态势感知技术发明时遇到了麻烦，急需一位至两位海军上将的支持。如果是你，你会怎么做？总不可能径直走进办公室说："长官，你好，我有一个绝佳的创意！"即使在会议上见到上将，如果有下属在他身旁，你也不太方便直接上前沟通。如果这个创意足够重要，你当然可以私下相约见面，不过请留意你顶头上司的脸色。

克里斯是怎么做的呢？他参加了一年一度的海军警卫博览会。在博览会期间，上将会参观数个创新展位，这样一来，他就有了和上将相遇的机会。在展位处与上将见面可谓绝佳时机，对方的下属不在身边，自己也能找到几位上司在星巴克休憩的空当。后来，一位上将想要前往卡特里娜飓风区，作为飞行员的克里斯便主动请缨，驾机送上将前去。当然，克里斯的确是热心助人的好人，但他更重要的目的是争取这位高官成为自己创意的支持者。在路上，上将欣然接受了克里斯的提议，不过短短几分钟，克里斯就为自己争取了丰厚的回报。机会的大门无处不在，克里斯看到了一个，没有半点犹豫，抓住了这个机会。然而，许多创新者在相似的社交场所，却没有利用好机会。创新柔道大师会下意识抓住这些稍纵即逝的机会，为自己增加成功的筹码。

第六章 以智取胜

宁可后悔，好过遗憾

你们大概都听过这句古老的商业箴言："宁可做了后悔，也好过事后遗憾。"诚然，此话不适用于所有情况，冲动之下违法乱纪只会给你惹来一身麻烦。不过，当你身处非理性组织，而又致力于创新时，先斩后奏则是创新柔道中的一条上策，不妨一试。沃尔特·普拉曾经在一次任务中用了先斩后奏这一招，因为没有时间等待上级命令，他决定立即展开救援行动，结果成功拯救了士兵的性命。他积极行动，找到了决策机制上的漏洞，没有让官僚主义阻挡自己的脚步，而是勇敢做出了决定。不是策略部署，也没有一味等待上级命令，沃尔特和他领导的海豹突击小分队的迅速行动，挽救了这名士兵的生命。当第一次请示上级命令无果后，沃尔特决定不再让繁复的规则拖了后腿，先斩后奏才是上策。

了解可以求助的对象也同样重要。在孩提时代，我就懂得哪些请求可以找母亲，哪些应该找父亲商量，以获得更高的成功率。自然，家庭内部事务得寻求母亲的许可，要出外冒险就得征得父亲的同意。比如，母亲总是很担心我和小伙伴骑着自行车出去玩耍，通常会拒绝我的请求，而父亲对此就宽容得多。因此，这个时候，我一定会避开母亲，而是问父亲可不可以骑车去公园玩耍，路上会穿过几条快速公路，答案自是不必多言。待母亲发现我上路时也为时已晚了，不悦的她也只好向父亲发作，而我已经成功到达公园，玩得不亦乐乎啦。运用速度技巧时，你还得学会分辨不同的求助对象。当领导者们为谁的权力更大而争吵不休时，你可以抓住这个时间空档迅速把自己的事搞定，待他们争出个所以然，你已经欣然达成了目标。

让创新扎根

海军官员每一年半到三年就要更换工作岗位。这短短的时间内,他们对复杂组织的情况都还没有摸清,更别提要改革创新了。快速轮岗制度是培养领导者的绝佳方式,但对组织改革和维护革新成果却不太有利。所以,通常的情况是,一个新上任的长官希望自己的命令迅速下达,哪还顾得上前任长官留下的东西,除非前任离职前和现任做好了充分的交接工作。幸运的是,还有一些中层干部会在组织中待上较长时间,不过他们觉得维护改革成果困难重重,于是索性不管,专注于自己的分内之责。这种现象不止在海军内部,在所有领导层更迭频繁的盈利组织中都屡见不鲜。

明智的海军长官知道,要想改革组织且让改革效果持久,就要迅速行动,让改革根深蒂固地植入组织。麦克·维塔莱(Mike Vitale)海军准将接到任务,负责从波士顿到关岛沿线的海岸警戒装备的安装工作,这可不是一件轻松的活儿。任务进行到一半时,他受命对当前的工作方式进行改革,从而提高工作效率。海军装备指挥中心(CNIC)资源丰富,麦克的主要职责就是探求如何在高质、高效、高速完成任务的同时尽可能节约成本。他开始培训下属学习创新,但他知道自己最多只有三年时间,如果不能让创新在组织中深入贯彻,自己的努力到了继任者手中可能就会付诸东流,他并不想看到这种情况发生。

于是,麦克想出了一个办法,他带领团队借鉴了工业中的零售模型,升级了电脑和IT系统。这样一来,他们便可以在仪表盘上看见CNIC的全球信息,同时他们还外包了一些之前只能海军才能完成的职能。麦克和他的团队深知,安装好IT系统远远不够,他们要确保其表现足够优异,这样即使自己调职了,系统也不会被轻易替换。快速出击为你的创意找到支撑体系,可以有效助力创新成功,并保障创新的持续性。当沃尔特为了挽救士兵的生命时,他决定不为复杂而冗长的流程和资源分配所阻碍,而是果断采取行动。这样一来,即便是顶头上司也难以阻止。

创新柔道技巧之六:推拉制衡

在柔道运动中,我最喜欢的招式之一就是扫堂腿。这一招十分有难度,需要找准时机,但却威力无穷,可以助你将对手掀翻在地。当两人近距离对峙,对手欲向你出击时,你便以迅雷不及掩耳之势出脚攻击对方下盘。由于对手全身的重量都由双脚支撑,这一招扫堂腿会让他立即失去平衡,重重倒在地上,就如我在本部分开头展示的图片那样。然而要找准时机绝非易事,不过当对手失衡倒地时,要制服他就容易多了。

推拉制衡也是创新柔道的核心技巧之一,在对付创新之路上的阻挠者时尤其奏效。还记得前文说到,约翰·基尔卡伦将"傻瓜"系列出版的第一本书送给了曾对他百般阻挠的CFO吗?这就是推拉制衡技巧的绝佳范例,这样做可以激起老板对他的举动进行更深入的思考。

推拉制衡技巧能暂时困住对手,给你充分的时间展示创意的价值,获得优势地位,这正是创新柔道的精华所在。在这个例子中,基尔卡伦的送书之举,让CFO"失衡",给自己争取了喘息之机，CFO 的反对态度也有所缓和。你可以通过以下几种方法让对手失衡。

突袭

我告诉学生，我喜欢在我过生日或是圣诞时收到惊喜，但我可不想在平时工作中收到什么"惊喜"。同样，"突袭"对于企业来说通常意味着消极的结果，比如企业失去了一个大客户，或是一船货物失联，再或者有员工提出辞职，诸如此类的突袭往往是"惊吓"。不过，突袭也可能带来积极影响，对于企业创新者来说更是帮助创新的有力工具。创新者如果能用更小的成本为企业创造更大的利益，这绝对是企业会欣然接受的"惊喜"。

一位上过我培训课的创新者曾经策划了一场"突袭"：在公司对他的创意犹豫不决时，他出人意料地找来了一位愿意投资的客户，从而让公司的态度发生了一百八十度大转弯。如你所见，正面的突袭可以帮你争取时间，甚至助你清除创新之路上的重重阻碍。我的另一位深谙创新柔道的学生则将他的老板带到另一个行业的某家公司里，向他展示自己被拒的创意在这家公司的表现。通用汽车公司新成立了"土星"部门，试图创新生产线，将其由单人负责一项工作的模式改革为团队流水线工作模式。有人担心将此创新引入汽车行业会威胁工会，因为它的出现将改变工人的工作内容，还有可能冲击传统的按劳分配模式。于是，通用汽车公司邀请主要工厂负责人和工会代表到日本及欧洲参观新技术在当地汽车行业的绝佳应用。工会代表惊讶地发现，在工会力量十分强大的德国，生产线创新不仅没有带来不利影响，反而给工人的工作增加了趣味性。旅程结束，工会欣然同意帮助公司推广"土星"创意。读罢，你是否感受到"突袭"技巧在推广创新上发挥的重要作用了呢？

吉普牧马人卢比肯系列越野车之父吉姆·雷普的创新经历也是一个例子。市场部的冷嘲热讽没有浇灭雷普的创新热情，他找来了同事中的几个吉普狂人，开始尝试在他们的车库里偷偷制造越野车。研发的条件自然十分艰苦，他们用的零件一半来自二手市场，另一半则是从公司吉普车上偷偷卸下的。就这样，他们带着一手组装的创新吉普车来到了越野实验场，一举击败了当时克莱斯勒公司最好的吉普车和其他私人改造吉普车，在赛场上大放异彩。当然，这一切都尽收公司高层眼底，他们百思不得其解，这辆其貌不扬的吉普车为何能称霸全场。就这样，雷普给了公司一个大大的惊喜，同时也给自己长久以来的梦想打开了大门——大规模制造牧马人卢比肯系列越野吉普车。一群狂热爱好者的努力终没有白费。雷普同时还使用了多重创新柔道技巧，我将在第八章详细介绍。

● **少许诺，多践诺**。许多创新者常常会犯下这样的错误：连必要的准备工作都没有完成，就滔滔不绝向别人大谈自己的创意。殊不知在别人眼里，你可能就是唠唠叨叨、让人不知所云的疯子。没有真凭实据，只有空口吹嘘，你的热情就可能招致对方的反感。为什么要在八字还没有一撇时就急于向他人展示创意，导致负面效果呢？投资者最怕听到推销者慷慨激昂、空口承诺。对创新者来说也是如此。对自己的创意过于狂热，却懈怠商机评估的重要工作，到头来创新者只会沦为开空头支票的人。

只顾许诺，不顾践诺对企业来说是"惊"不是"喜"，会让别人认为你是吹牛大王，无疑会让以后推广创新更加困难。然而，对大多数企业来说，少许诺、多践诺则是一个大大的惊喜，因为要做到这一点太难了。如果企业许诺太多，一旦不能兑现，反而会给客户留下更差的印象。创意需要证据来表明它的价值，因此在准备工作到位前切忌高调张扬、大吹大擂。

- **全面审视新的创意**。我曾出席过数不清的创新展示会，其中不乏一些十分出色的创意，但很多人都忽视了一个重点：自我审视。大多数人都听过著名的曲棍球棒效应。创新前期，首先要大量投资，但暂时无法盈利，但在未来几年会带来大量收益。许多创新者会借用这种趋势来推销自己的创意，说服投资者进行投资。

在柔道比赛中，当你使出扫堂腿时，你从下方发起攻击，从而让对方失去平衡。在推广创新时，你也要如此，全面审视自己的创意，做一个严厉的批评者。唯有如此，才能最大限度地避免他人的挑刺。你先找到创意的不足和缺陷，将其标记出来，先进行自我检讨。这不仅表明你正处于商机评估阶段，还显示你已经对可能存在的问题进行了充分的思考，拿出了相应的解决之道，从而避免了批评家们的猛烈炮火，这可以增加人们对你的信赖。

在所有创新讨论会或创新展示会上，我见过最尴尬的一幕莫过于台下的人提出了反对意见，毫无准备的讲解人一个字都说不出来。这显得他们准备工作不足，会给企业带来消极影响。要想避免被对手杀一个出其不意，就要自己先下手为强，做好万全准备。

- **出其不意**。有时，"突袭"在战胜创新之路上的重重阻碍与人为阻挠上会带来让人意想不到的效果，不过在此之前你需要深思熟虑，并进行缜密计划。我在前文曾提到了KCI公司，该公司曾找我为其高管进行战略计划培训。公司致力于研发一种创新产品V.A.C，该产品可以通过抗生素成分和负压隔绝细菌技术，避免伤口感染，从而拯救数万生命。除此以外，KCI还生产医疗台面产品，如机械床等。不过，当时的KCI已经准备好将全部精力投入V.A.C推广事业当中，因为这是公司的独家产品，任何人需要该产品时，只能找KCI进行购买。

对客户来说，V.A.C 的确是效果奇佳的良品，但客户友好度却不够，而这是 KCI 一手造成的结果。这并非因为该公司不在意客户，而是因为员工疲于应付当前激烈的市场竞争和同行的寻衅滋事。一些同行处心积虑想要搞垮 KCI，甚至还公开起诉 KCI 有垄断某类商品的嫌疑。

按照我的培训惯例，我会先针对企业内部经理和课程参与者展开需求调查，也会走出企业之外，采访一些客户。调查发现，客户群体对 KCI 的产品较为满意，对其服务却颇有微词。然而，内部员工却认为他们的服务没有什么问题。当我们将这样的结果向公司高层展示时，员工对客户的批评意见予以否认和反驳，市场部的反应最为激烈。因此，我们意识到，我们需要证明问题的严重性，令他们心服口服。还有一个更棘手的问题：如果对手能够提供更优质的服务、建立更好的客户关系，那么 KCI 的优势地位将不保，并将在竞争中败下阵来。

显而易见，长久以来的业内霸主地位麻痹了 KCI 的创新神经，服务不佳也让它失去了大批潜在客户。因此，KCI 需要一次彻底的改革，围绕新产品和客户服务进行创新。针对以上情况，我们团队为四天的培训精心设计了课程，还请来一位医生当特邀嘉宾，他喜爱 KCI 的产品，却对公司的服务极其不满。我们请医生站在局外人和消费者的立场上直言看法。我们本以为医生会委婉地进行批评，没想到他一上来就是大声呵斥，抱怨自己已经受够了 KCI 的种种行为。他越讲越气，情绪有些失控，到后来几近咆哮。在他离开之后，公司团队指责我们："你们是怎么回事？怎么会请来这样一位傲慢无礼、憎恨我们公司的嘉宾呢？"显然，面对突如其来的指责，公司的第一反应是怪罪他人，而不是反省自身的问题。不过，一通发泄之后，一些员工也开始冷静下来，指出他们也曾听到过客户有类似不满和抱怨。尽管批评不太中听，但他们确实需要这样一个机会让自己反思一下公司在产品、客户服务以及客户关系上存在的问题。

面对暴露出的种种问题，KCI 的领导者下决心要彻底整治，最终让客户评价发生了巨大逆转。他们从外部引进人才，聘请新的 CEO，在新科技上大举投资，还收购了一家基因工程研究公司，用于研发新型治疗产品。

正如你所见，我们团队的做法的确有些冒险，但这样的冒险是绝对值得的，因为如果 KCI 继续对种种问题坐视不理，将招致大祸。

当你读到拉斯·萨博的故事时，你会发现，他也用了"出其不意"之招，帮助公司成功收购了一家战略意义重大的创新公司。拉斯在使用创新柔道时大胆创新，取得了惊人效果。正是他的故事激发我撰写这本书，为迷茫的创新者们指点迷津。

力量的转换

● **减少阻力，增加推力，化阻挠者为助力者**。许多企业创新者向我抱怨过创新停滞不前的情况。创新启动刚有起色时，半路杀出个程咬金，阻挠创新进程。也许这些阻挠不能直接扼杀创新，但会拖住你的后腿，让你进退不得，陷入停滞。进退不得的状态对创新者来说可不是好事，因为拖的时间一长，大多数人会对你的创意失去兴趣，创意往往最后无疾而终。

在这种情况下，你需要削弱反对者的势力，为你的创新注入动力。为此，我们不妨学习前人的经验。德裔美籍心理学家库尔特·勒温（Kurt Lewin）（1890—1947）被后人认为是社会心理学之父。他提出了探讨力量平衡情况的力场分析法（Lewin, 1951），这个理论经过了时间的考验，奠定了当代力场分析法的理论基础。尽管他的学说主要讨论的是如何引发和持续变革，但创新者也可以借鉴其理论精髓，使自己陷入停滞的创新乘风破浪。

勒温认为任何组织都处在一对相反作用力的影响下：一股是驱动力，刺激组织进行变革；另一股则是阻碍组织进行变革的制约力。根据这种看法，领导者若致力于组织革新，便应仔细分析影响变革的这两股力量，在以下三种选择中找出最合适的方案：当两股力量势均力敌时，组织处于中立的状态，要想推动组织革新，需要注入驱动力，或是减少制约力，再或者促进制约力转化为驱动力。勒温将此总结为力场分析法，图6.2向我们展示了这一理论的经典应用。图中，组织管理层需要仔细分析两股力量，这些力量用箭头来表示，通过箭头粗细长短的变化来控制力量对比。

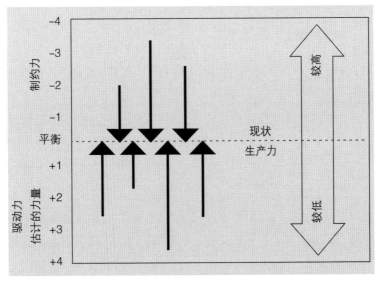

图6.2　力场分析理论模型（驱动力和制约力处于势均力敌状态）

这个模型也适用于改变创新停滞不前的情况，但需要从另一个角度来审视驱动力和制约力。若你身处"奥兹国"型企业，这个模型则更为适宜。你要找到理性力量及其相关推动力，比如对新产品的需求或者组织市场份额下降，这肯定是刺激新产品发展的驱动力。不过，制约力及其相关阻碍力量有时也合乎逻辑。比如投资成本有限、生产力不足，或者员工质量不高。这就是勒温的力场分析法的使用方式。

想要通过创新柔道推动创新，你首先要将制约力分成以下两个集合：绊脚石和拦路虎。绊脚石指的是体制的阻碍因素，而拦路虎则代表创意的阻挠者。你的分析难免会带有主观因素，不够理性。因为无论是分析组织的运转情况还是判断创意受阻的情形，都是根据你的个人看法得出来的。在列出所有朝向期望状态发展的驱动力时，首先要把自己算进去，接着是公司内外那些支持你或是对创意表示赞同的人。之后，你可以大概估计一下这些推动力的大小，在图6.2中用箭头的粗细长短来表示。根据估算情况，选择最合适的创新柔道技巧应用于以下三种不同情形：增加支持者（可以是公司的CFO或一个客户）、削弱反对者的力量，或是将制约力转化为驱动力。

这些技巧将有效地缓解局势，为推动创新争取时间。勒温也曾提出，变革过程分为解冻、改变和冻结三个阶段。他提出了一系列理论，指导组织管理层鼓励员工创新，引导创新走向正确路径，并维护创新成果。不过，勒温的变革过程理论对企业创新者来说用处不大，因为创新难以笼统地划分阶段。尽管在商机评估阶段有明确的步骤，你也需要不断了解新情况，适应新变化及其产生的影响。在解冻阶段，勒温的学说可供创新者参考借鉴，上文探讨的突袭技巧便是绝佳的例子。这个技巧将助你寻找突破口促进创新。你所要做的就是抓住转瞬即逝的突破口,为创新打开新局面。推拉制衡是创新柔道中的重要技巧,所有创新柔道大师都会想方设法让对手失去平衡,为自己争取足够的时间展示创意的价值,从而走向成功。

创新柔道技巧之七:转向

转向与推拉制衡有所不同。运用转向技巧,对手的实力或是力量未有丝毫减损,但却离你越来越远,你改变了对手的施力方向,为己所用。

大学柔道课老师有时会在课上讲到街头群殴。我也一直思考在实战中,我该如何用柔道来自卫。如果有人拿刀逼近我,或者想要用拳头对付我,再或者用别的利器对我发起攻击时,我该如何是好?勤加练习柔道招数能否让我可以更好地保护自己?面对种种疑问,老师决定给我们每个人一个机会,模拟以上场景(当然没有武器),向我们演示如何见招拆招。我从老师那里学来的第一条经验是,当有人拿着匕首向你靠近时,千万不要向后退或转身躲开。面对这种情况,大多数人的反应是后退几步,立马转身逃开。如果你真能跑得比凶徒快,这倒是不错的一招。否则,你就是将整个背部留给了对方,极有可能背部中刀。从旁躲开则聪明得多,只要勤加练习就有更大的把握躲开攻击,这是因为对方全力径直朝你的方向进攻,如果你从旁躲开,他就不得不临时改变方向和力道再次向你发起攻击。然而,从物理学上来说,他肯定没有你的速度快,因为你启动的时间更早。当对方准备转身向你袭来时,提早就位的你便有了充裕的时间抓住他的手臂或肩膀,将他控制住,然后猛地一拽,他便失去平衡跪倒在地。当然,要想成功运用这招,你需要大量练习,模拟对方从各个方向向你袭来的情景,找准不同时机和具体招式加以应对。不过总体而言,转向是十分奏效的一招,可以打乱对方的阵脚,你便有机会将他制服在地,或者争取到逃脱的时间。

在创新柔道中,转向也是极为有效的防御招数,当你的创意遭到对方猛烈的直接攻击时尤为如此。施展转向技巧有许多方式,以下是一些行之有效的办法。

佯攻

在体育运动中,佯攻这一招式屡见不鲜:足球运动员常常需要使用假动作带球过人;篮球运动员假装起跳投篮,诱使对方的防守球员扑了个空;棒球运动员佯装盗垒,其实是为了摆脱投手。佯攻的目的就在于"骗过"对手或组织,假装在做某事,真正的目的则另有所在。在足球比赛中,"虚晃过人""假射实传"都是广为流传的战术安排。这些佯攻招数的真正目的在于,不按常理出牌,迫使对手临时调整重心和精力,从而给己方增加优势。创新柔道大师也需要佯攻来为自己的创意赢得机会。拉斯·萨博伪造了一篇贸易杂志文章,诱使老板迅速采取行动实施他的创意。吉姆·雷普和他的同事制造了一辆吉普车,给公司高层带来惊喜,最终得以让吉普牧马人卢比肯系列面世。

佯攻当然也有一定的危险性,因为人们都不喜欢被欺骗的感觉,这会让他们觉得自己很愚蠢。不过,考虑到这招会给公司和创新者带来巨大利益,因此还是值得一试的。就如在体育比赛中,佯攻虽好用,但效果持续的时间不长,而且不能频繁多次使用,否则就会失灵。篮球运动员用得太多，对手便不再上当；棒球运动员若是用得太频繁，不仅没有效果，还会给自己招致出局的恶果。所以，佯攻只可作为缓兵之计，偶尔使用会有意想不到的惊喜，过多使用则会起到反作用。

泰坦尼克号的故事

通过佯攻，你可以为创意争取更多时间，因为大家会以为你放弃了创新，正在忙别的事。如果担心创新会受到干扰，不妨一试。鲍勃·巴拉德（Bob Ballard）是举世闻名的海洋学家，也是一位伟大的创新家和探险家，他最著名的发现莫过于在大西洋海底探寻到泰坦尼克号的遗骸。曾有众多探险爱好者尝试寻找沉睡海底多年的泰坦尼克号，唯有鲍勃成功了。我有幸在一次会议上听到鲍勃的演讲，他的渊博知识、高瞻远瞩和对海底深处的远见卓识，令我深深折服。不过，我们最为震惊的是，他竟亲口透露了在当时还视若机密的信息：他的本意并非寻找泰坦尼克号的遗骸。当时的鲍勃正在为美国政府工作，他接到命令要搜寻两艘沉没的核潜艇。当时，关于泰坦尼克号的传说传得沸沸扬扬，尤其是在俄罗斯，自然就将人们的注意力全部吸引了过去。他告诉我们，当时找到泰坦尼克号，纯属意外发现，因为他的主要任务是抢在他国之前找到两艘沉没的核潜艇。如果让俄罗斯知道核潜艇遗骸的存在，肯定会派人在附近四处搜寻。以上例子便是佯攻的绝妙运用。作为泰坦尼克号的发现者，鲍勃受到了各界追捧，也少不了受到令人厌烦的媒体的百般滋扰。不过这毕竟是一件好事，应付起来也相对轻松。要知道，如果大家知道他正在搜寻的其实是满载核炸弹的潜艇，那结果便不可同日而语了，媒体不会轻易放过他，环境学家也有的忙了。

电磁轨道炮的故事

美国海军上尉鲍勃·海因（Bob Hein）曾运用七大创新柔道技巧，成功帮助突破性武器系统"电磁轨道炮"项目筹集资金，这其中就用到了转向技巧。这确实是一个科技奇迹了。过去数百年间，无论是革命战争时期的步枪，还是战舰上的甲板枪支，枪炮都用于执行法令。在第二次世界大战中，有许多美国轮船沉没，倒不是因为被敌舰击中，而是因为船上的军火库着火引发大爆炸。这种类型的武器容易触发爆炸，船舰如同揣着炸弹在水中航行，一不小心意外发生，或是基地组织的恐怖分子击中弹药库，可想而知后果将会多么严重，数百名水手的生命将危在旦夕。第二次世界大战时，如果日本俯冲轰炸机投下的炸弹正巧击中船上的弹药库，整艘船将在顷刻间灰飞烟灭。鉴于以上种种情况，运输和保存炸药可以说存在很大的危险性。过去数年间，不计其数的船员因为火药走火或是保存不当而受伤，甚至失去生命。

其实电磁轨道炮可以解决这些问题。与传统枪炮发射弹药的方式不同，电磁轨道炮由两条平行导轨组成，弹丸夹在两条导轨之间。两轨一旦接通电源，电流会经一条导轨流向弹丸，再流向另一个导轨产生强磁场。磁场与电流相互作用，从而产生巨大的能量推动弹丸发射。尽管电磁轨道炮的概念首次亮相令全场沸腾不已，但反对的声音也不小。这些反对者一是因为对新鲜事物有排斥心理，二是担心将此投入生产并加以应用将带来巨额成本。比如，训练方式需要改变，轰炸模型需要更换，与沿用了数十年的传统弹匣相比，新科技还有待验证。除此以外，还需要费时费力改装军舰，为新科技运用创造理想条件。

这项发明最早由海军研究局提出，但没有资金资助。缺少研究海军武器的人员，电磁轨道炮的创意将止步于此。能否获得资助取决于 OPNAV（Office of the Chief of Naval Operations，海军作战部长办公室）的意见，确切地说，是由名为 N86 的组织来决定。该组织负责水上舰队的相关工作，总部位于五角大楼。如果 N86 否定了电磁轨道炮的提议，那么这个创意将被扼杀在摇篮之中。正如我此前提到的，五角大楼内部门林立，"城中有城"。若是你没有去过，很容易迷失其中。在每一座"城"中，都存在一定程度的公司政治和官僚主义。因此，想要创新，仅仅依靠逻辑是远远不够的，你需要创新柔道来助你一臂之力。

鲍勃·海因舰长的努力

在海军研究院举办的高层领导座谈会上，我第一次见到了鲍勃。我在台上讲演我的创新柔道作品时，问台下是否有人在组织中尝试过使用创新柔道。曾接受过创新柔道培训的学生大多没有举手，有人压根儿就没尝试过，有人则羞于承认。鲍勃则不然，他迅速举起手说："我有一些故事想要与大家分享。"当听到他的故事与电磁轨道炮有关时，我顿时来了兴趣，因为海军研究局正是我的赞助方。我知道研究局对这项发明进行了资助，但我从未跟参与资助的领导接触过，并没有深入了解此事。鲍勃是帮助电磁轨道炮项目获得投资的关键人物，也许并不是那么简单……

鲍勃公开承认自己使用过创新柔道是因为他雷厉风行，然而由于海军每一年到三年就要更换工作岗位的轮岗制度，他没有太多时间去改革。鲍勃轮岗至五角大楼的 OPNAV 工作，帮助海军作战部长处理各项工作。在这样一个海军中枢机构工作，需要与五角大楼其他优秀同事展开合作，与不同军种和庞杂的政府部门打交道，对于年轻军官来说是锻炼的大好机会。五角大楼的员工大多是现役军官，已经干了多年的文职工作。当然，他们日常处理的都是军机要务，考虑到五角大楼的复杂多变和丛生的公司政治，这绝非一件轻松的差事。

然而在这样的环境中，鲍勃看起来如鱼得水、游刃有余。他热情地讲述了他与电磁轨道炮的故事。当他了解到这项发明后，感到十分兴奋，想要将其纳入海军装备中。这样一来，电磁轨道炮就可以获得一笔资金支持，尽管他很快意识到并非所有人都支持他，但他并没有打消这个念头。事实上，大多数人都对电磁轨道炮表示反对，理由五花八门：花费太大，改革过于激进，现有产品并没有什么问题……如此种种。因此，鲍勃受到了拦路虎的百般阻挠，按逻辑行不通，他只好搬出杀手锏——创新柔道。

尽管电磁轨道炮不需要火药，却需要大量电能来制造导轨极化反应。然而当时还没有这样的动力供给系统。所以如果鲍勃想要让电磁轨道炮在军舰上广泛应用，就需要大量资金用于升级动力系统。当时绝大多数军舰上只装有内燃发动机和三个燃气涡轮发电机为整艘军舰提供动力支持。电磁轨道炮需要消耗大量的电能和电容器，然而军舰上的电力产能已经饱和。内忧外患交加，让电磁轨道炮创意寸步难行。鲍勃清楚自己必须要想办法解决动力问题，才有可能让这个伟大的发明投入使用。但他知道 OPNAV 的人对改良船体以及对电能进行投资根本提不起兴趣。他需要打出情感牌，通过转向技巧，让 OPNAV 的态度来一个一百八十度大转弯。当时海军高层直接下达了一个命令，要在接下来的六年时间内，将燃料使用量削减6%。有句职场箴言说得好："老板感兴趣的就是我感兴趣的。"想要减少燃料使用量，一个好办法便是加大电能的使用率，比如将军舰原有的电力设备从 3 台增加至 5 台，同时减少柴油机的使用。如此一来，既可以解决电磁轨道炮的动力问题，又可以削减燃料使用，可谓两全其美之策，OPNAV 何乐而不为呢？以上便是利用转向技巧逆转形势、推动创意前行的绝佳例子。

电磁轨道炮有巨大的优越性，它不仅可以让船只运行得更加良好，还极大地降低了危险系数。于是，鲍勃不仅成功地让电磁轨道炮创意吸引了大家的注意，更重要的是，他挖掘出了创意的额外价值——节能，从而赋予了电磁轨道炮两大优势：作战安全和节省长期成本，因此顺理成章获得了投资。此外，他还将电磁轨道炮创意当作一种手段，从而实现其他目标，比如节省燃料等。这也不失为伴攻技巧的绝妙例子，当然前提是树立了正确的心态。

推拉

斜分反馈圈

最近，我受托帮助 OSD（国防部长办公室）小组进行创新。面对预算削减的形势，OSD 下定决心要进行内部创新，提高行政效率。和大多数刚步入"创意收集"阶段的组织一样，在目的尚未明确时，OSD 就制定好了改革框架和流程。因此，当小组成员在明确意图阶段困惑迷茫之际，他们发现我的理论十分有帮助。我们需要明确的问题是，成员们是在寻找削减成本的创意，还是为了降低风险，或者两者兼而有之？明确意图阶段让你清楚自己真正追求的是什么，这与之后的创意评估和商机认定阶段环环相扣，是十分关键的一步。

OSD 小组对改革创新工作热情高涨，跃跃欲试，因此他们首先满足了具备激情的要求。有了动力和智力支持，我丝毫不怀疑小组工作会取得不错的进展，也会想出一些不错的创意等待下一步探讨。不过，尽管小组做出了巨大的努力，其他同事却并没有这样的热情。毕竟这是政府部门，是一个官僚机构，讽刺怀疑、愤世嫉俗的言论从来不会断绝。因此，这个组织的困难不在于缺少创意，而在于如何取信于员工：组织真心诚意希望他们积极贡献创意，并且会尽最大的努力去实践它们。

我在本书中多次谈到创新之路上的重重挑战，却极少提到如何规划具体的创新实施过程。我曾见到许多创新者有着良好的开局，却打出了一手烂牌，原因在于他们没有获得反馈意见的有效途径。如果创新没有达到预期效果或者步入歧途，人们往往羞于承认自己的失败，因此便没有人敢于立即叫停，要是这个创意是由自己参与提出的，那就更是如此了。同样，在实践阶段也需要不断地完善创意，你会发现自己最初的创意还不够成熟，而要根据现实情况不断调整。

然而，一旦创新得到了领导层的同意，就很少再有人去考量这一切，花心思继续完善自己的创意。一旦事情看似迈入正常轨道，箭在弦上、蓄势待发，人们便不愿再去检查潜在问题。著名的"挑战者号"航天飞机计划失败便是一个血淋淋的教训。斜分反馈圈可反映创新的发展形势。如果能在创新过程中引入这种反馈圈，将对创新带来巨大帮助。

在确定意图阶段完成后建立斜分式创新，效果是最好的。它可以看作创新圆基础阶段的一部分内容。因此，斜分式创新可以为创新团队创造一个颇为有趣的双行道。在其帮助下，你可以实时监测到创新在各个环节的运行表现。这是因为斜分反馈圈汇集了来自多个层级、不同职能部门的代表，为成功提供了多个角度的判断标准。与此同时，它还可以帮助你向公司展现令人眼前一亮的成绩，甚至在创新出现问题时也能及时给你预警。

创新的规模越大、影响越广，斜分反馈圈的作用就越明显。在范围较小的单位进行小功能上的创新时，斜分反馈圈（见图6.3）也能派上用场。创新者如果能将意见反馈给支持创新的领导层，则效果更佳。通过反馈圈，创新者和领导层可以了解到创新过程中涌现出的重重阻碍与人为阻挠，及早采取措施应对，避免被动的局面。

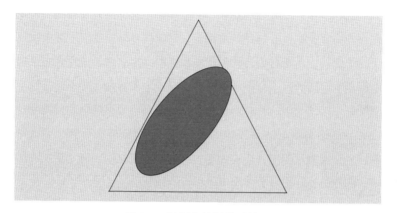

图 6.3　组织中的斜分反馈圈

为了更好地理解斜分式创新，请把三角形想象成等级森严的组织，椭圆形代表创新团队建立了斜分反馈圈。该模型从公司各个层级和不同职能部门的角度，为你提供全面的反馈意见。在代表公司的三角形中，处于对角线位置的椭圆形没有触及三角形顶尖部分，这意味着创新团队无须担心创意受到顶头上司的阻挠。斜分的几何特性赋予了创新团队接触各个层级、不同职能部门的天然优势，高高在上的老板则接收不到这样全面的信息。

同时，椭圆形与三角形中间的部分重叠范围最大，代表创新团队能广泛接触到公司的中层员工，这个群体既是奇思妙想的主要来源地，也是阻挠者横生的温床。斜分反馈圈的精妙之处就在于，创新者能够获得全面的关于创新进展的第一手资料。高层领导者高居金字塔尖，与中层员工的日常交集甚少，除非他们肯花时间和精力亲自巡视、监督公司各个部门，否则获取信息的渠道十分有限。当然，领导层也会通过下属呈交的报告来了解公司近况，不过很多下属深谙报喜不报忧的一套，选择将他们"精挑细选"后的信息上报。这样一来，领导者获得的信息可以说是少之又少。

然而，几乎没有大规模创新的企业采用这种斜分反馈圈。与我合作的一家大型企业便是一个例子，它仅仅在企业中层干部中组建了一个团队，负责搜集各种创意。我在前文提到过，创意大多来自中层员工，因此这本是一个不错的主意。但实际情况却不然，这个团队处于困境之中。并且由于缺少向企业高层反映意见的反馈圈，问题一直没有得到解决。在小组会议上，大家要么迟到，要么早退，甚至根本不出席，会议内容也无非是浪费时间、毫无意义的讨论。即使如此，也没有人向组建小组的领导反映情况。

在挑选人才组建斜分反馈团队时，你需要谨记以下几点：

1. 成员必须要在员工中拥有较高的声望。
2. 选择直言敢谏、不惧怕领导的成员。
3. 成员要对探索高效、高速、低成本的工作方式充满热情。
4. 选择不安于现状、勇于创新的人。
5. 禁止对外透露小组会议内容，禁止将会议讨论内容向自己的顶头上司汇报并征求他的同意。
6. 小组会议后，不能深究意见或观点的提出者（与小组外的同事私下聊天时，不能透露会议中不同成员各自的观点）。
7. 每月至少开一次会，不能无故缺席。
8. 每次会议后，每个成员都要进行总结。
9. 让小组会议尽量有趣一些。

在创新受阻时，运用斜分反馈法，可以有效削弱反对势力。斜分反馈法有领导层的支持，能够反映真实情况，获得最全面的信息。一家大型零售食品生产商曾拜托我进行创新培训，希望借此为公司开拓新的商机。参与这一历时数月课程的员工都是从公司中精挑细选出来的员工，他们既有饱满的创新热情，又有企业家精神。这个团队的成员有来自战略部署部门的精英，有前途无量的斯坦福大学的毕业生，还有财务文员，无疑符合我所说的"斜分反馈圈"型创新团队的标准。团队致力于开发新的商机，在前景大好的创意遇到重重阻碍与人为阻挠时，还可以直接向高层汇报。这样一来，就无须再费尽心力提前预测可能遇到的困难和阻挠。有了这一技巧，我们便不再惧怕反对势力，这可比无凭无据的预测好多了。

运用斜分反馈法还有一个更为重要的目的。许多公司领导者高呼想要创新，但他们是否真正愿意去除阻碍创新的"路障"呢？斜分反馈法便是检测你的领导是否真心诚意想要创新的试金石。当创新遇上阻碍时，我们可以先看看公司的态度如何，是否愿意采取行动为我们的创意保驾护航。如果公司迟迟不行动，我们便可以放弃了，因为这说明公司绝非真心想要创新。

我经常向客户推荐斜分反馈法，因为它可以快速检验公司创新的诚意。如果管理层拒绝帮助清除障碍，便无须再和他们多言，投资也可以立即撤回了。既然公司不是真心实意想要创新，我们也没有必要号召员工积极参与，否则只会给他们徒增失望。

下一页是创新柔道的简要指南，可以帮助你快速回顾一下所有的创新柔道技巧及其相关策略，当你看到下一章的故事时，可以试着想一想主人公使用了何种创新柔道技巧，并活学活用助力自己的创新之路。当然，你需要根据组织的不同情形，量体裁衣，探索最为合适的技巧。尽管下面四位创新柔道大师都运用了杠杆借力技巧，但具体实践方式却略有不同，因此你也需要灵活变通。

创新柔道七大技巧一览		
自律	**杠杆借力**	**转向**
☐ 做好准备	☐ 借力企业价值观	☐ 佯攻
☐ 保持激情	☐ 借力客户	☐ 推拉
☐ 创造商机	☐ 借力竞争对手	
☐ 耐心	☐ 借力高层领导者	
☐ 自控	☐ 借力公司战略	
	☐ 借力非正式组织	
	☐ 借力老板权威	
周旋	**寻找突破口**	
☐ 在反对者身边周旋	☐ 寻找"软肋"	
☐ 全方位审视创意	☐ 削减成本	
☐ 依靠团队作战	☐ 提升效率	
☐ 提升品牌价值	☐ 用数字说话	
☐ 测试/原型产品	☐ 利用"缝隙"	
快速出击	**推拉制衡**	
☐ 将创意转化为商机	☐ 突袭	
☐ 不害怕失败	☐ 少许诺，多践诺	
☐ 迅速行动	☐ 全面审视创意	
☐ 快速找到突破口	☐ 出其不意	
☐ 宁可后悔，好过遗憾	☐ 力量转换	
☐ 让创新扎根		

在每个创新柔道大师故事的最后，我都会总结他们使用的创新柔道技巧及其相应策略。我不会面面俱到，而会挑出最为重要的技巧进行详述，有些策略则一笔带过。不过，当你读到本书时，不妨试一试，你能否将这些隐藏的策略如数找出，并且牢记于心，待到

合适时机加以运用呢？接下来的四位创新高手并非使用了所有的技巧，你也可以另选其他策略。但你要相信一点，这些都是帮助你将创意转变为宝贵商机的有力武器。在附录 C 中，我简要列出了一些计划工具，帮助你因地制宜，根据创新之路上的不同困境，合理运用不同的创新柔道技巧。

Part Three

第三篇

在创新之路的重重阻碍中成长为黑带大师

Becoming a Black Belt

本书第三篇，我将展示几位现实中的创新柔道黑带大师，他们都在各自的组织中成功推动了创新。他们善于找到组织症结，并对症下药，综合运用多重创新柔道技巧克敌制胜。

史蒂夫·帕吉格在金佰利工作，金佰利是一家"迷宫"型企业。尽管创新柔道在这种企业环境中的作用并不明显，但他仍设法运用了其中一些技巧，帮助自己成功实现了"妈妈企业家"的创意。

沃尔特·普拉是海豹突击队成员，身处军队/政府环境，面临的是"丛林"型组织环境。这种组织中，复杂性和非理性问题都异常严峻，没有创新柔道的帮助将寸步难行。只有做好万全准备，才能避免在复杂多变的"丛林"中迷失方向，落入狩猎者的圈套。沃尔特发现运用创新柔道技巧，可以有效化解创新之路上的重重阻碍，当创新陷入停滞不前的困境时尤为如此。如果没有创新柔道相助，沃尔特恐怕只能眼睁睁看着挽救无数生命的创新就此夭折。

吉姆·雷普是戴姆勒－克莱斯勒公司的一位前工程师，更是吉普牧马人卢比肯系列车型的幕后创造者。当意识到自己身处"庇护所"型企业环境中，种种迹象表明创新无门时，他只好应用创新柔道寻求成功创新。在"庇护所"型企业中进行创新，如果没有掌握好自我保护策略，无论如何努力，创新也将难以为继。

最后一位创新柔道大师是来自伊顿公司的拉斯·萨博，他向我们展示了在"奥兹国"型企业中，创新柔道同样有用武之地。在我所遇见的人中，他是最善于化解创新之路上重重阻碍的一个。尽管他的举动风险不小，但回报对公司和他本人来说却异常丰厚。

第七章
穿越奥兹国

在黄沙中前行

"奥兹国"型企业（见图 7.1）复杂性与非理性问题都不是很严重，因此相对来说更有利于创新活动。但这并不意味着创新活动就能一帆风顺。它只是表明在"奥兹国"型企业中，按逻辑行事是行得通的，公司政治相对而言也并不那么严重。在这里有支持自己的

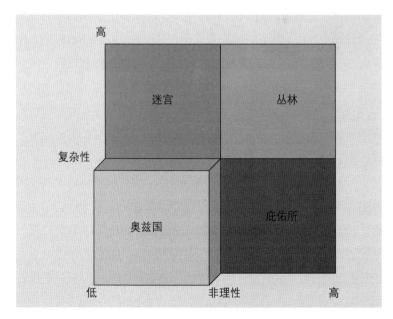

图 7.1　"奥兹国"型企业

领导，遇到的阻碍也会比在其他类型的企业里更少一些。有时，在其他创新环境中，也可能会具备一部分"奥兹国"的特征，以此减轻企业的非理性和复杂性。但这种形态的企业环境也会十分复杂，需要员工具有明确的战略目标、极高的参与度以及对企业的热忱。在第十一章中，我将展示一些打造"奥兹国"型企业的长效方法。即便身处"奥兹国"型企业之中，你依然需要创新柔道技巧的帮助，拉斯·萨博的故事便是一个例子。

漫漫长路

拉斯·萨博是伊顿电器公司的业务发展经理，该公司有着明确的组织体系，因而拉斯知道关键的决策者是谁，他也可以与其进行直接沟通。更重要的是，伊顿公司还致力于创新。拉斯面临的挑战在于公司决策时间较长，难以抓住创新的时机。在创新过程中，拉斯虽然没有遇到阻碍他的拦路虎，但由于公司极度厌恶风险，造成领导层决策时间过长，最终沦为创新的绊脚石。通过运用几大创新柔道技巧，拉斯得以成功实现了创新。"奥兹国"与其他三种企业环境不同，无须组合运用多种创新柔道技巧，而只需要有的放矢，选择特定技巧，从而实现创新。这正是拉斯成功的秘诀。

拉斯的故事十分特殊，不具普适性。首先，他对创新柔道技巧有着独到的见解，同时他还具有强烈的冒险精神，敢于给公司决策者"下套"。不仅如此，他还大胆地当面揭露真相，可谓有勇有谋。幸运的是，拉斯在公司人脉甚广，上下级关系也处理得游刃有余，因此他的"计谋"能够得以侥幸成功。请注意，你未必能依样行事，但你可以学习拉斯对于推拉制衡技巧、突袭技巧和转向技巧的巧妙应用。借助这些技巧，伊顿公司的新产品走上了正轨。

"奥兹国"一览

拉斯·萨博,伊顿电器业务发展经理[1]

虽然拉斯长得并不像个牛仔,但他是地地道道的西部硬汉。每当他感到压力时,便会用靴子轻轻点地。拉斯生于怀俄明州的夏延,他的父亲教给他许多人际关系方面的处世之道。

父亲令我印象最为深刻的一点是,他是个绝佳的倾听者,能与各个阶层的人打成一片。无论是工厂工人、牧场主还是渔猎部部长,他都能与之相谈甚欢。他在门罗商业机器公司上班时,就向这些人售卖自己的产品。

我父亲来自科罗拉多州的普韦布洛,所以他有着典型的西部思维。在我小时候,父亲在谈生意上似乎没有花费太多时间。这是因为他极其善于有效利用时间。他热爱钓鱼,春秋季时常远行去钓鱼,他的生意也都和钓鱼相关。父亲不愿乘坐飞机,他都是驱车前往各地进行渔具销售,每年行驶里程高达数万英里。每次他都会尽可能地带上我一起远行。

在观察父亲与他人交流的过程中,我逐渐意识到建立积极的人际关系有多么重要。我们时常驱车经过农场,父亲会下车并上前敲门问好,与农场主或是农场主夫人交谈,询问他们附

---

[1] 离开伊顿公司以后,拉斯加入了哈伯研究公司,成了一名顾问。现在,拉斯是贝塞麦联盟的合伙人、董事长,同时也是商业战略主管。在过去的25年职业生涯中,拉斯与各大企业均有合作,为他们的创新业务出谋划策。拉斯本身既有接触客户的经验,又富有众多领域的创新实践经历,因而能在公司政治中独善其身。

近哪里适合钓鱼。怀俄明大学是他的大客户，有时他会来到学校的生物中心，向他们寻求一些建议，或是去渔猎部，询问工作人员哪条小溪里能钓到鲑鱼。人们会说"您去找瑞恩·普莱特（Ryan Platt）先生试试，也许会获得帮助"。

这些经历给当时只有六七岁的我留下了深刻的印象。每当与人们交谈时，父亲总会坐下来认真倾听对方的话语，以示尊重，人们也会因此把我父亲当成自己人。父亲还十分注重细节。例如，每当离开农场时他会特意将大门关好，这样奶牛们就不会跑出来了。通过这些小事，人们逐渐建立起对父亲的信任。

我时常回忆起这些事情，这都是父亲教给我的宝贵财富，我称之为"聊天的艺术"和"倾听的艺术"。父亲常说："不去尝试，你就永远不知道结果会怎么样。"我之前不理解这话的含义，直到自己过了而立之年，开始回顾职业生涯取得的大小成就时，才逐渐明白其中蕴含的深刻道理。

父亲给予拉斯的教育为他日后在销售、商业开拓与咨询领域的成功打下了坚实的基础。尽管拉斯后来离开了西部，并先后在爱默森电气公司、伊顿公司等知名企业任职，但他始终保持谦逊、低调、可靠的品质。如果拉斯向你做出一个承诺，你大可放心，因为他有诺必践。

同时，拉斯的眼中也闪烁着狡黠的光芒，似乎提醒你要小心他那些善意的恶作剧。正是因为这一点，我才要在书中特意展示拉斯的故事。我与他相识是在一次培训会上，当时，正是他顽皮的天性与灵活运用创新柔道技巧的能力吸引了我。

拉斯毕业于马奎特大学，拥有工程学和神学双学位，这显示出他求真务实，善于钻研。毕业后，拉斯就职于法国的利莱森玛公司，负责该公司的北美分销业务。

那时我 26 岁，在我看来，拜访公司董事长，直截了当地讨论问题是再平常不过的事情。这不就是你应该做的吗？我想不出比这更好的法子了。我可能生来就适合这么做吧。你知道的，那个时候我想赚钱嘛。

于是，我逐渐掌握了独特的技能，以了解销售渠道、经销商以及他们的行为方式。当时，利森莱玛迫切地想要打开北美市场，于是花费大约 2 亿美元收购了当时美国第四大电力传输经销商——加利福尼亚州国王轴承（King Bearing in California）。这家公司本身运营状况良好，但在收购之后，法国公司采用自己的管理方式和商业模式，使其经历了业绩滑铁卢。

利森莱玛的人想到，"这有个来自怀俄明州的小伙子，他长于加拿大，那些经销商好像还蛮喜欢他的。或许我们可以让他负责那些产品的销售"。于是，他们便委派我担任欧洲产品经理，在收购的公司内任职，又派给我一个销售团队。我为法国人工作，又很懂美国人的心理，因此我们的营业额蒸蒸日上。

最终，利森莱玛与爱默森电气公司合并。拉斯起初就职于爱默森的销售渠道管理部门，后由于他极善人际交往，善于发现商机，于是便升迁至公司的战略部门任职。

以前试过这条路，行不通

在创新的过程中，我曾无数次听过这句话。此话一出，大半创新者的激情都会被浇灭。表面上看起来，这句话似乎有几分道理。

但如果仔细思考，你就会发现这次创新与以往的尝试存在区别：创新团队不同，创意略有不同，现实环境也有变化。所以，即使你听到这句话，也不要马上失去信心。

不过，你免不了会听到这句话，因为除非你能证明你的创新与之前相比大有不同，或是你能有效利用创新柔道技巧，否则你很可能遭遇创新阻力。拉斯·萨博便是利用创新柔道技巧，成功地在伊顿公司内研发了新产品——家庭遥感（home insight）。现在在家得宝、劳氏公司等的零售商店里均有销售。

身为伊顿公司的业务发展经理，拉斯始终致力于拓展公司的组件业务。他颇具创新精神，总是喜欢在未知的领域探索绝妙创意。拉斯合作能力强，擅长人际交往，因而得以与公司内外众多利益相关者交流创意，包括伊顿的同事、咨询公司、外部研发机构、工业设计公司……拉斯的成功主要得益于他的八面玲珑，而身为公司业务发展部门的经理，也使得他能够招揽各有所长的人才，共同为产品服务创新而努力。

有一回，拉斯的创新团队提出了一款家用新产品构思。这款产品继承了伊顿既有产品的优势，但仍需要大量投资，以开发新的功能。这款产品拟起名为"家庭的心跳"。借助先进的遥感技术，人们可以通过该产品实时监控家里的情况。这款产品需要在家中特定位置安装遥感器，还需要通过电脑读取数据，将数据传输给用户。

出门前有没有关灯？家中是否有小偷？浴室里是不是漏水？屋里的温度会不会过低以至于冻裂水管？回家前能不能提前打开空调，这样回家时屋里就会很凉爽？在创新构思环节，想到新产品能够解决这一系列问题，创新团队兴奋不已。

我看着热烈讨论的团队成员，说道："我们想要设计的产品要比现有产品更加复杂,需要断路器和负载中心。"这款产品需要在车库或地下室里安装一种箱式装置,可以通过电子保险丝实现连接。例如,一旦发现自己忘记关掉熨斗,你即可通过这种装置将其关闭。我又提出建议,或许我们可以通过创新来扩大产品规模。当时,我们掌握了 VPMG 数据模型资源,于是我向团队提出:"玛雅公司或许可以帮助我们充分挖掘产品的潜力。"成员们表示赞同,并提出要就此详细讨论一番。我曾与玛雅公司有过合作,很欣赏该公司开发产品的方法:他们从三个角度审视新产品开发——工程、设计以及人的因素。

于是,我请来玛雅公司的首席技术官与其他几位同事一起参与讨论。根据用户需要监控家中实时情况的实际需求,我们提出了这款产品的设计理念。产品外观是一个仪表盘,方便用户随身携带,配有住宅警示灯。这个绝佳的创意令团队成员异常兴奋,大家携手合作,不断完善设计,最后将其命名为"家庭的心跳"。有了这款产品,用户就仿佛掌握了家中的脉搏,可以时时监测家中的情况。团队认为这一概念具有发展潜力,但也充满挑战。这一装置的价格要控制在 300 美元之内;要设计出样品,方便客户在零售商店见到实物,这样才能激发他们的购买欲望。安装难度要降到最低,这样才能方便男女老少的使用。该产品还要配备一些基础小件,如即用即贴的传感器等。产品与用户的连接也要设计得足够简单等。

接下来,伊顿选取了部分样本用户进行实验,检测这一创新的实际使用情况究竟如何。检测结果显示,该产品广受好评,拥有极大的发展潜力。尽管如此,伊顿公司内部仍有很多人对该创新项目持反对意见。原因在于这款家居产品较为新颖,过去有人尝试过开发类似产品却以失败而告终。

> 人们都说:"哇,这个创意很不错呀!"但我们此前从未打入家居产品市场,公司曾经有过几次尝试,但是因为缺少渠道,都以失败而告终,因此决策者多少有些顾虑。其他公司也曾试水,但无一例外都没有成功——在20世纪90年代末,IBM曾尝试推广过一款名为"智慧家庭"的产品,意在打造一款智能家庭中心。IBM为此投入大量资金,请工程师进行设计。然而由于最终的产品过于复杂,受到了市场的冷遇。也就是说,这笔耗资500万美元的实验最终失败了。自那以后,家居公司都对此心生忌惮,纷纷表示:"我们再也不搞这个了。"没有一个人敢站出来说:"我们去试试吧。"

因此,这一项目受到公司的冷遇,迟迟没有进展。不过,样本客户测试的结果却令拉斯大为振奋,他坚信这个创意蕴含着真正的商机。

> 我向团队提出:"这个项目的确有风险,但它潜力无限,我们不能就此放弃。"我一心想要实现这个项目,因为直觉告诉我这个选择没有错。因此,我必须想出一些特别的办法来克服创新之路上遇到的阻碍。

拉斯虽然已经拥有了合适的团队,却难以更进一步。现在,摆在眼前最大的挑战是如何证明这个创意是真正的商机。这就需要一笔可观的投资。

> 当时,我与玛雅公司的CEO尼克(Nick)关系很好,我

时常去他的办公室找他。我太喜欢那个地方了,如果可以的话,我恨不得在尼克的办公室里办公。一天,尼克对我说:"过来,我给你看个东西。"接着他拿出了玛雅公司设计的"家庭的心跳"三维模型,模型外观是一个遥控钥匙的形状。"你觉得这个设计如何?它的传感器怎么样?"尼克拿着塑料制的设计模型问道。我说:"这个嘛,挺有意思的。"尼克接着又问:"那这个怎么样?"他拿出一本杂志,封面上正是一款类似于"家庭的心跳"的产品。"这回可是真有意思了。"我说道。

这本杂志是怎么来的呢?此前,我曾告诉尼克:"我有一个办法能够拿到投资。你从一开始便参与了产品的设计,所以肯定对我们的产品再熟悉不过了。你去写一篇两页的假文章,想办法把文章登在《大都会家居》里面,标题就叫'利维坦公司正式发布家庭的心跳'。"没错,"家庭的心跳"正是我们正在筹划的新产品。《大都会家居》这本杂志是行业风向标,家居行业的每位高管每天来到办公室的第一件事就是翻阅这本杂志。

于是,尼克让员工买来几份《大都会家居》,用相机拍下封面并用小刀把封面裁下来,接着用电脑 PS 软件改掉封面标题,再将新封面粘回杂志上。我请他们做了三本封面经过 PS 的杂志,然后把这三本杂志分别放到了伊顿公司的总经理、市场经理和产品线经理的办公桌上。接下来我就要告诉他们:"利维坦公司又把我们打败了。"

我周六把杂志放到了几位经理的书桌上,因为他们周日早上一般都会到办公室。我对我的主管朋友保罗(Paul)说:"我来提醒你一声,我们的总经理戴夫·塔尔曼(Dave Talman)今天早上肯定会大发雷霆,他会到你这边来,说一些让你找律师之类的话。"我对我的上司比尔·凡阿斯达利（Bill Van Arsdale）说："你得帮我一把，这次我要糊弄塔尔曼一回。"塔尔曼是我的最大目标，因为正是他掌握投资与否的最终决定权。

不出所料，看完杂志的塔尔曼暴跳如雷。他抓起电话，拨通市场部经理的号码大吼道："玛雅公司这帮卑鄙小人！赶紧找律师来，这不就是我们的设计吗，肯定是有人剽窃了我们的创意！"他怒发冲冠的样子令人胆战心惊。不过大家也都习以为常了，因为他素来就是这种雷厉风行、看重结果的人。他紧急召开小组会议，痛批手下员工能力不足，导致错失良机。

到了周二，塔尔曼再次诘问："怎么回事？换个律师问问看我们的设计能获得多少专利。"尼克给我打来电话说："拉斯，事态有点严重了，现在大家都把这件事当真了。"

我安慰了尼克一番，告诉他无须担心。我和市场部经理鲁弗斯（Rufus）素来交好，便决定先告诉他事实的真相。我直接走进他的办公室，看到他正要给律师打电话。我一把按住他的手说："鲁弗斯，这是个玩笑。"鲁弗斯看着我说："你搞什么鬼？"他忽然明白了我的计划，痛骂我真不是个省油的灯。我告诉他："你就睁一只眼闭一只眼，别管这件事了吧。"这件事也只是搁置了一天而已，第二天就传遍了整个公司，只有塔尔曼还被蒙在鼓里。

不过拉斯的计划还远未结束，为了获得投资，他还得继续给这一出剧本添油加醋。

到了周三，律师的事情还没有任何进展，所有人都在拖后腿，塔尔曼已经忍无可忍了。于是，他决定亲自出马，提出要见尼克一面。我和尼克、塔尔曼及鲁弗斯一起约在墨西哥餐厅见面。塔尔曼来了以后，我故作生气，质问尼克："怎么回事？怎么会这样？是不是有你们公司的人剽窃了我们的创意然后卖给了利维坦公司？"

尼克明白了我的意图，配合我说道："我不知道啊，我也很疑惑，杂志上有利维坦公司这款产品的咨询电话，我打过去了，你猜怎么着？"

我立刻问："尼克，到底是什么情况？"随即转向鲁弗斯问道："你知道电话号码是什么吗？我们也拨一下这个号码试试。"鲁弗斯随即准备拨号过去，塔尔曼说："我来听电话。"然而，大家忽然发现号码是800开头的，不是别的，正是伊顿公司的客服电话！电话拨通后，听筒里传来"欢迎您致电卡特拉汉莫。欲知更多产品信息，请拨1-800——" 当时，伊顿公司正处于品牌转换期，经营的产品名称就是卡特拉汉莫。

塔尔曼听后，一脸不可置信地说道："活见鬼了！"他还以为是利维坦公司使了什么阴谋诡计，将客户电话转接到了伊顿公司呢，毕竟他一口咬定是利维坦公司剽窃了我们的创意。

听到他这么说，我觉得是时候告诉他真相了。我说道："戴夫，这是个玩笑。"他一开始没听清，所以我又重复了一遍："这是个玩笑。" 听罢没多久，塔尔曼便反应过来了。他做梦也没想到是这个结果，毕竟他身居要职，基本上没人敢开他的玩笑。

他又好气又好笑地看着我说："你小子敢耍我，总有一天我要你好看。" 说罢，他便开怀大笑起来。后来，塔尔曼回到办公室，开了一张50万美元的支票给我们，用于模型制作与实物研发。后来，"家庭的心跳"顺利上市，现已在百思买等公司进行销售了。

与此同时，遥控钥匙的外观设计也成了"家庭的心跳"的关键组成部分。用户可以将传感器放在家中任意位置，只要激活遥控钥匙，它就会自动识别传感器，运行各种不同功能。该产品可以连接一百多种不同的传感器，你可以随心所欲地选择所需功能，例如调控室内温度、湿度等。之后你只需要激活传感器，就能实现相关功能。

现在，拉斯的故事已成为伊顿公司的传奇。

创新柔道技巧应用总结

总体来看，伊顿公司属于"奥兹国"型企业。拉斯与伊顿公司、玛雅公司内部员工都保持着良好的联系和沟通，而他所策划的这场恶作剧实则是一种"休克疗法"，令决策者遭受冲击，并意识到自己的失误，从而转变态度、支持创新。换作"庇佑所"型或是"丛林"型企业环境，如此公开的甚至是令人下不来台的恶作剧就不一定行得通了。而且拉斯承担的风险也将大大增加。在"庇佑所"型企业中，如果有人说"要你好看"，那他可能就不是在开玩笑了……不过，拉斯的例子仍然具有启发性，因为他成功地运用了几种创新柔道技巧，从而达到了理想的效果。下面我们来分析一下。

推拉制衡

能够成功给塔尔曼"下套"，最终实现创新，拉斯和他的伙伴们颇为骄傲。其实，在"假杂志封面事件"之前，塔尔曼还坚信"家庭的心跳"不是一个值得投资的项目，毕竟它存在不小的风险，而且先前的类似项目都失败了。塔尔曼做梦也没有想到，这样一个不被看好的创意竟会遭到其他公司剽窃,因此拉斯的计谋便一举奏效了。然而,其他公司就没有这么走运了,它们的犹豫不决导致错过了稍纵即逝的商机,最终被竞争对手甩在身后。

杂志上的假新闻不仅出其不意,而且令人震惊。对于公司领导来说,在杂志上浏览行业新闻是一种消遣,但如果从上面得知,你的竞争对手要将本属于你的商机投入市场,那就不可相提并论了。尤其是这件事很可能涉及行业剽窃行为,塔尔曼当然会大发雷霆。洞悉一切的拉斯巧用推拉制衡技巧,成功唬住了塔尔曼。

力量转换。我在前文中提到,当组织处于平衡状态时,若想引发改变,需要增加驱动力,或是减少制约力(勒温)。虽然测试结果显示拉斯的产品很有市场潜力,但组织依然迟迟没有给予资金支持,为了给创意制造"推动力",拉斯不得不使用这个"恶作剧"。

想要成功创新,拉斯需要想方设法为创意增加驱动力,还需要用上玛雅公司专业技能的帮助。塔尔曼拥有投资的决定权,但是他出于避险心理而迟迟没有批准投资,于是拉斯便将塔尔曼确定为自己的目标。拉斯和塔尔曼关系很不错,对他十分了解,知道他是个开得起玩笑的人,因此才决定策划这一场"恶作剧",而且对结果胸有成竹。

> 如果我的上司是另外一种性格,那么这个恶作剧可能就不会成功了。塔尔曼本身是个情绪化的人,我正是利用了这一点让计划奏效。如果换作一个波澜不惊的老板,这项计划根本就行不通。正因为塔尔曼本身冲动而富有激情,因此我只需在合适的时机激他一下,就有机会达到预期的效果。

杠杆借力

拉斯之所以能够成功,还有一个原因就是他巧妙地借用了竞争者之力。通过一份虚假的杂志报道,拉斯让塔尔曼以为有竞争者窃取了公司的创意,还借此大出风头。拉斯清楚,大多数高层领导者都有很强的好胜心,不喜欢输掉竞争。他抓住这一点,利用"假杂志封面",成功让塔尔曼意识到,如果不迅速抓住这个商机,这一创意的确可能被同行抢占先机。

转向

"假杂志封面"的报道令塔尔曼大为愤怒,他一门心思要请律师来解决问题。这时罗斯将真相告诉他,原来一切都只是个玩笑,塔尔曼势必会在震惊之后松一口气。为了发泄先前的愤怒,他全力支持这个项目,从而促使该创意一举成功。在这里,拉斯便是运用了转向技巧。

快速出击与寻找突破口

拉斯是一个极富洞察力的人,他很快意识到可以利用《大都会家居》杂志来成就自己的计划。因为他知道,参与决策的关键人物都会阅读这本杂志。因此,《大都会家居》就是拉斯的突破口。拉斯迅速行动,进入这个突破口,再利用玛雅公司的帮助,顺理成章地实现了自己的计划。

创新柔道七大技巧自测

再次阅读上文,寻找我没有在总结中提到的创新柔道技巧,并在前面打钩。

创新柔道七大技巧一览		
自律	**杠杆借力**	**转向**
□做好准备	□借力企业价值观	□佯攻
□保持激情	□借力客户	□推拉
□创造商机	□借力竞争对手	
□耐心	□借力高层领导者	
□自控	□借力公司战略	
	□借力非正式组织	
	□借力老板权威	
周旋	**寻找突破口**	
□在反对者身边周旋	□寻找"软肋"	
□全方位审视创意	□削减成本	
□依靠团队作战	□提升效率	
□提升品牌价值	□用数字说话	
□测试/原型产品	□利用"缝隙"	
快速出击	**推拉制衡**	
□将创意转化为商机	□突袭	
□不害怕失败	□少许诺,多践诺	
□迅速行动	□全面审视创意	
□快速找到突破口	□出其不意	
□宁可后悔,好过遗憾	□力量转换	
□让创新扎根		

第八章
走出迷宫

"迷宫"型企业（见图 8.1）环境复杂性很高，但非理性问题却并不十分严重，ABB、通用电气公司便是最佳的例子。通用电气公司有明确的财务目标，且恪守企业价值观，因此其善于解决非理性问题。例如，在通用电气公司如果有员工违反企业价值观，即便其工作能力再强也会遭到解雇。作为通用电气公司的顾问成员之一，我可以证明这一点。当然，通用电气公司也不是完全不存在非理性

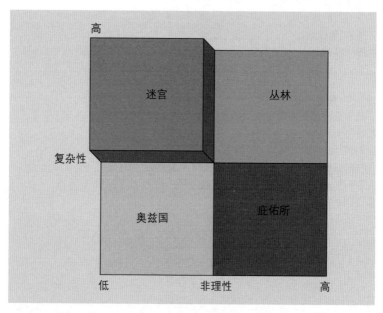

图 8.1 "迷宫"型企业

问题，但由于公司内部成员皆致力于完成绩效任务，无心参与公司政治斗争，所以非理性因素影响甚微。

对于身处"迷宫"型企业的创新者来说，其面临的挑战不在于如何解决非理性问题，而在于如何从复杂的人际关系、组织结构、非正式关系网中开辟出一条创新之路。复杂的组织通常会选用矩阵结构来完成日常工作。然而在其运行过程中，局势往往会变得更加错综复杂。亲身接触过矩阵结构的人一定能理解在这种环境下工作的难度。虽然矩阵组织结构在运行过程中往往效果良好，但其公司权限、个人责任、最终责任存在固有的模糊性，可能会导致多重问题。大多数矩阵组织中，你都需要向至少一位"实线上司"和一位"虚线上司"汇报工作。理论上来说，"实线上司"更具权威性，但同时你也要向"虚线上司"示好，因为他也会影响你的绩效评估。

内部存在种种令人费解的问题是复杂型企业的一大特征，要想领导这样的组织更是难上加难。因此，新员工想要跟上工作节奏，需要花费大量时间摸索公司内部情况。光是想方设法搞懂公司内部数量庞大的缩略语就够让新员工焦头烂额的了，他们根本无暇再去探寻复杂性出现的原因。在军队和国防机构工作，日常对话少不了大量的缩略语。如果不能准确理解其意，交流会受到不小阻碍。在军事领域我也算新人，尽管已经下了一番苦功琢磨出不少缩略语，但还是免不了有些漏网之鱼。每当有人提到我不理解的术语缩略语时，我会立即询问对方该术语的含义。不懂就问固然是个好习惯，不过也要注意把握询问的次数，不要让人觉得你是一个什么也不懂只会问东问西的讨厌鬼。有趣的是，许多用惯了缩略语的老手们也常常说不出全称是什么。

在复杂企业中，经验老到的前辈比比皆是，他们会教你如何克服种种复杂性以顺利完成工作。同时,他们也是缩略语方面的行家。当我还在学习心理学时,老师曾让我阅读了一篇关于训练老鼠走出迷宫的文章。在迷宫中,有些老鼠能很快地找到出口,有些则迷失其中,尤其当知道出不去会受到惩罚时,老鼠逃出迷宫的速度更是惊人。虽然这个比喻可能并不恰当,不过,在复杂企业中一头雾水的员工不正像困锁在迷宫中晕头转向的老鼠吗?

我之所以说创新柔道技巧在"迷宫"型企业大有用武之地,不是为了让你大搞权术斗争,而是为了助你获得更多支持,从而开辟创新的康庄大道。在创新之路上免不了出现阻挡你前行的拦路虎,这倒不是因为他们缺乏创新意识,而是因为他们身居高层,你很难接触到,更别说向其展示你创意的无穷潜力了。在此情况下,运用创新柔道中的杠杆借力、寻找突破口和快速出击技巧,将有效助力你走出泥沼,实现创新目标。

虽不合常理却并不会适得其反

面对不同的企业环境,你需要准备不同的应对之法。就"迷宫"型企业而言,有些策略可能看似不合常理却能收获意外效果。在下一个故事中,主人公史蒂夫·帕吉格将向你展示,人人称道的"网罗人才"和"团队合作"策略有时可能并不适用于创新。几乎没有一本创新指南书籍告诉你这一点,因为这些书大多存在一个共同的问题:不分青红皂白就对创新一概而论。曾分别就职于宝洁和金佰利的史蒂夫可以说是创新者中的佼佼者,他的创新经历告诉我们,"网罗人才"不仅不能帮助创新,还可能会拖它的后腿,在"迷宫"型企业尤其如此。正如太多的厨师可能会搅坏一锅汤,在创新才刚刚起步时,就急于网罗各种各样的人才一起行动,产生的结果可能往往令人失望。这一点听上去有悖于常理，因为通常说来，团队合作能集思广益，它对创新应该是有百利而无一害，但实际情况可能并非如此。

"迷宫"一览

史蒂夫·帕吉格，金佰利公司发展创新部门高级总监

养育孩子和创新

2013年5月6日，达拉斯。身为人母的喜悦心情能否激发灵感？值此母亲节之际，哈吉斯公司鼓励富有创意的母亲参与哈吉斯"妈妈企业家"项目，向天下母亲分享自己的奇妙创意。每年约有4 000万新生儿降生，数千万夫妻成为新晋父母。有超过84%的"妈妈企业家"表示，在为人母后她们都产生过一些奇思妙想。在此背景下，"妈妈创业"应运而生。它旨在帮助妈妈们实现创意。如今，该项目即将迎来四岁生日。

母亲节的脚步悄悄临近，今日起即可登录网址www..HuggiesMomInspired..com申请参与项目。哈吉斯将选出12位创新者，给予每人1.5万美元的资助，帮助她们实现创新，从而为天下母亲送去福音。我们还特别邀请来著名作家、广播电视名人，同时也是BSM媒体创始人的玛丽亚·贝蕾（Maria Bailey）对获胜者进行创业指导。

"虽然项目成立的初衷是帮助妈妈们进行创新和创业，不过只要你有好的母婴护理创意，不论是谁都可以参与我们的项目，并获得资金资助，"哈吉斯高级品牌经理凯莉·史蒂芬森（Kelly Stephenson）说道，"我们敞开大门，欢迎新成员加入项目大家庭中。我们将怀着满腔热情帮助你们进行创业。"

立即申请：

- **对象**：面向所有拥有母婴护理新颖创意，年满21周岁的美国公民。
- **如何申请**：登录网址 www.HuggiesMomInspired.com，填写申请表，详述你的创意和商业计划。
- **时间**：2013年5月6日至7月31日。
- **项目优势**：获胜者将赢得1.5万美元奖金，项目还会向获胜者提供创业指导方面的帮助。

历届创业成功的例子：

在过去三年的时间里，项目成功帮助了32位成员创业，并成功推出了一系列新颖的产品，包括方便婴幼儿洗手的水龙头配件和方便母亲换尿片的壁挂式尿片分发器等。

劳拉·列维（Lauren Levy）是往届的获胜者之一，她的创意是帮助宝宝快速换衣的智能磁铁纽扣。在项目奖金的帮助下，她的企业赢来了春天，生意红火，每年的营业额都要翻两番，现在已经在15个国家有了3 000多家分店。

罗米·塔尔米娜（Romy Taormina）是2011年度的优胜者，她的获奖创意是帮助孕妇减轻晨吐的针压腕带。这个特殊的腕带如今已在全国近1.3万家店铺中出售。

欲知更多获奖者的创业故事、了解项目具体内容，请浏览哈吉斯网站。获奖名单预计在2013年秋季颁布（转载需经过金佰利公司许可）。

以上是金佰利"妈妈企业家"项目的广告。公司广邀全国的妈妈贡献自己的创意，资助她们创新创业，以达到开拓全球市场的目的。史蒂夫·帕吉格正是"妈妈企业家"的幕后缔造者，谈及项目

的目的时,他说:

> 金佰利希望通过这个项目来帮助"创新妈妈"进行创业,为她们提供资金和资源,帮她们树立创业信心,并与大家分享成功创业的经验。试问,天下又有谁比妈妈们更了解母婴用品的需求呢?

2010年,哈吉斯投资了25万美元用于资助12位获奖者进行创业。这12项母婴用品发明中既有防溢训练杯,也有在接种疫苗时帮助安抚幼儿情绪的小物件。项目领导人还承诺将为她们继续提供资金支持,并邀请金佰利内部和第三方的专家为她们提供创业指导。这个项目无疑大获成功,现在已经进行到第四个年头。可以想象让这样一个创意在金佰利这样极其保守的大型组织生根发芽是多么不容易。

开放式创新

"妈妈企业家"的例子折射出的是近年来的流行趋势之———开放式创新。开放式创新(Deloitte,2009)是一种新的经营理念,它基于"在越发复杂和挑剔的当今世界,仅靠企业内部贡献创意已经远远无法满足需求"的观点而生。因此,我们必须改变过去"以己创新为荣"的心态,而须"以拓展创新来源为傲"。事实上,这正是宝洁提出的口号,它甚至要求新产品的创意要有80%来自企业外部。现在,许多企业纷纷效仿,要求员工尽可能地拓展渠道,广泛收集民间创意,正所谓"好创意不问出身"。近年来日益崛起的互联网也为这一理念创造了绝佳条件,无论是五花八门的社交软件,还是不受地域限制的即时交流工具,都使得沟通变得更加方便。如今,一系列组织争相推广开放式创新,如美国卫生与公共服务部、海军研究局和中情局等组织，都希望借此拓宽创新和解决问题的渠道。

事实上，海军研究局可谓开放式创新的先行者。在专家的帮助下，研究局已经推出了一款多人网络联机战争游戏MMOWGLI。游戏中数千名玩家为了得分，纷纷就如何解决一系列军事难题贡献自己的智慧。海军也意欲效仿这一集思广益的方式来获取灵感，它不需要面对面开会，就可以解决问题。

"妈妈企业家"则是开放式创新的又一成功典范，它为金佰利提供了源源不断的鲜活创意，提高了哈吉斯品牌的知名度，给公司带来良好的商业前景。最重要的是"妈妈企业家"为公司员工提供了接触潜在客户的绝佳机会，方便其获取第一手信息。这比起在公司电脑桌前纸上谈兵更有意义。

价值主张

"妈妈企业家"是由史蒂夫提出，在公司创新团队的帮助下共同打造的品牌项目。谈到这一项目，史蒂夫说道：

> "妈妈企业家"是哈吉斯旗下的品牌，公司通过支持富有创造力的妈妈进行创业，为公司不断开拓新的商机。公司每年都会各拿出1.5万美元分别投入各个项目中，还计划在未来几年投入更多资金。公司投资的第一轮种子基金已达25万美元。仅在美国，未来几年时间这一数字将增长至每年50万美元。届时，公司将支持项目走出美国本土，扩展至世界范围。
>
> 我们希望将项目奖金作为种子基金，促进创意生根发芽。公司不会干预妈妈们的创新进程，而更多的是扮演指导者和建议者的角色，以帮助妈妈们更好地掌握创业经营之道。我们会

定期举办交流会,了解妈妈企业家们的经营状况,为她们提供指导意见,同时还会将市场情况反馈给她们。

由于创业的妈妈们大多不是商业人士,因此在展示创意方面经验不足。只有少数妈妈已经有了明确的商业计划,大多数妈妈们的创意成熟度参差不齐,尚待补充完善。考虑到这一点,史蒂夫降低了要求。

商业计划成熟度不一。超过半数的创新妈妈都已获得专利申请,或者已经建立了初步的网络销售渠道。不过还有不少妈妈仍停留在"我仅有一个创意,目前可以展示草图,但还没有商业计划"的阶段。针对这一情况,我们会搜集这些成熟度不一的商业创意,然后开始进行商机评定工作,看看这些创意是否具有以下能力:

- 提升哈吉斯品牌价值——帮助妈妈们减轻带娃负担,创造和谐的亲子关系。
- 创意源自妈妈们照顾孩子时所产生的灵感。
- 创意应能满足潜在客户的需求。
- 创意必须要有新意,能够拓宽公司的发展领域。哈吉斯还只是初生的品牌,涉及的领域还比较少。

"妈妈企业家"们可以自由选择与金佰利合作的模式。一些妈妈希望拥有创意所有权,通过与公司合作来扩大经营规模。在此情况下,金佰利只享有股份。另一些妈妈希望把自己的创意独家出售给金佰利,轻松获得一大笔资金,创意的开发和运营由公司全权负责,且优先购买权也归金佰利所有。

金佰利长年致力于为客户带来优质产品,因而在客户分析方面掌握了不少技巧。通过支持妈妈们进行创业，金佰利获得了与客户群体进一步接触的宝贵机会。正如史蒂夫所言："拿出资金支持妈妈创业项目是一项有百利而无一害的投资。它支出很少，却为公司自身和客户带来十分丰厚的回报。"

金佰利将通过本项目获得丰厚的回报，包括以下几个方面：

1. "妈妈企业家"项目可以帮助公司获得第一手的市场信息。项目只需少量投资，便可获得可观回报。当前，公司资源几乎全部倾注在哈吉斯尿片业务上，这样不仅花费巨大，还占据了其他项目的资源。如果仅使用少量资金投资妈妈创业项目，则能以最小的成本探索市场机遇，积累丰富经验。在此基础上，我们便能够做出最理性的决策，静观其变或积极参与。

2. 公司只需同创业的妈妈们签订简单协议，就能实现低成本经营。我们会向妈妈们做出承诺，对创意绝对保密，且知识产权归她们自己所有，唯一的要求是当妈妈们想要出售业务时，金佰利享有优先购买权。除此以外，公司也可以认购股份或全额购买其创意。事实上，公司看重的是创意的未来。日后，当妈妈们想要出售经营权时，金佰利能获得优先购买的权利。

3. 获得打响全球知名度的宝贵机会。

4. 公司可以充分利用妈妈们的创业激情。妈妈们作为创新者，会对她们奉若至宝的创意倾注全部热情和心血。这样一来，金佰利无须再花工夫调动大家的激情。大多数创业妈妈都迫切地希望与全世界的母亲分享自己独到的育儿经验和奇思妙想，而公司需要做的就是利用手中的资金和资源，帮助创业的妈妈们实现这一目标。

我第一次见到史蒂夫是在金佰利策划的全球营销大学大会上，会上我受邀担任创新话题的主讲嘉宾。自2006年加入金佰利，短短几年时间内，史蒂夫已经成为公司发展和创新部门的高级总监，成就不小。从他的职务便可知他对企业创新有独到的研究。事实上，他之前在宝洁任职近二十年，这段工作经历使他具有丰富的创新经验。他已经掌握了一系列在大型复杂企业创新的技巧。通过大获成功的"妈妈企业家"项目，他的创新"全垒打"上又添上了浓墨重彩的一笔。

熟悉金佰利的人，一定不会对其旗下舒洁、斯科特纸业、哈吉斯、高洁丝、得伴感到陌生。除了以上产品，金佰利还广泛涉猎医疗卫生领域，产品包括一次性外套、乳胶手套、消毒液等。金佰利公司成立于1872年，总部现位于达拉斯，在世界范围内拥有57万名员工。

然而，"妈妈企业家"项目与金佰利的传统品牌却大相径庭。公司首次超越自身，向天下母亲们寻求创新之机。从将锅碗瓢盆制成玩具，到提出防小儿坠楼栅栏的创意，妈妈们可以说是创新的生力军，没有人比她们更了解母婴的需求何在。新手妈妈们在日常带娃时，在婴幼儿安全措施、清洁整理方面颇有心得，甚至会心生奇思妙想，而且乐于将这些经验和方法拿出来与大家分享。史蒂夫和他的团队很快意识到了这一点，他们坚信帮助这些富有创造力的妈妈进行创业对金佰利来说可谓绝佳商机。除此以外，利用公司的资源，让妈妈们的创意走出国门，帮助天下的妈妈们，这无疑也是一件大好事。

史蒂夫式创新：留给创新者的宝贵经验

在与史蒂夫见面时，我问他如何能先后在两家大型知名企业复杂的环境里实现成功的创新，他的答案与创新柔道中的几大技巧不谋而合。他在大型组织创新上见解颇深，也乐于与我分享一些心得。史蒂夫为人谦逊、厚道踏实，但在朴素低调的外表之下隐藏的是满溢智慧的灵魂。他的大脑始终保持高速运转，不仅在构思精彩纷呈的创意，还思考着如何智胜重重阻碍，让创新之花在公司绽放。可以说，史蒂夫是头脑清醒、不易迷失的智者。令人不禁感叹，在"迷宫"型企业进行创新对他而言是多么契合的一件事。

当史蒂夫同我畅谈他非凡的创新之路时，我打趣道："你都可以出一部创新指南书了。"他已经将多年的创新经验浓缩成几条建议，言辞简练却充满力量，能令创新者们受益无穷。史蒂夫最引以为傲的是在"迷宫"型企业成功创新的能力，比如，他在金佰利这样一家不同产品、品牌、职能、地域交织在一起的大型复杂企业中开辟出了创新之路。在企业价值观和重视客户的传统影响下，金佰利看重数据分析，大多数决策也是基于数据而生，受官僚之风影响较小。当然，这并不意味着金佰利不存在公司政治。事实上，没有企业可以做到尽善尽美，金佰利奉行企业价值观的优良传统使它不致于走上"庇佑所"型企业的道路。

在谈话即将结束时，我问史蒂夫，他在金佰利和宝洁两段创新之旅中是否学到了什么经验，他的回答再一次震惊了我。他正是利用创新柔道中的几大技巧帮助公司进行创新，给公司创造了巨大的经济效益。

接下来，你将看到史蒂夫对于创新柔道技巧的巧妙应用。

1. **获得高层支持**。在宝洁，身为中层领导者的史蒂夫有幸获得定期向前 CEO 雷富礼汇报工作的机会。雷富礼十分重视创新，而史蒂夫的职责正是帮助公司创新。因此，他常常参与 CEO、CFO 和 CIO 在场的定期会议。史蒂夫表示，这几位高层都是伟大的领导者，自己十分庆幸能在他们手下工作，不仅是因为与他们工作能够让自己受益匪浅，更重要的是，在创新时能够得到他们的帮助。要知道，对于创新者来说，没有什么比这更幸福的事了。

到了金佰利，史蒂夫再次获得幸运女神的眷顾，他的上司托尼·帕尔默是一位具有远见卓识的领导者，意欲打造出专业团队为金佰利的创新出谋划策。帕尔默不仅是市场营销和品牌战略方面的行家，在创新上也颇有建树。在他的支持下，公司发展和创新团队得以成立，专门负责探索不同的新领域以引领公司的创新。不过，建立了团队并不意味公司就能顺理成章地实现创新，最终成功与否，还得依靠团队的力量。

2. 意欲创新时，不要急于建立创新团队。 开始时，我对史蒂夫其他的经验都十分赞同，唯独这一点我有些不敢苟同，因为听上去十分不合情理。不过，随着史蒂夫慢慢讲下去，我渐渐意识到这条建议对"迷宫"型企业来说可谓灵丹妙药。作为创新专家，我常常受组织邀请对其已成立的创新团队进行培训。通常来说，流程是这样的：公司想要在某一产品、服务或是品牌上进行创新，就顺理成章地建立一个团队负责此事。之后该团队就会按 7I 创新模型中的各个步骤，一步步走下去。

史蒂夫则认为创业家之所以能成功，是因为他们深知要在时机得当之时，挑选有价值的成员加入自己的团队。因此，在创新的初始阶段，你自然不知道到底什么样的成员会有助于自己的创新大计。此时，你需要对身边的人进行一番考验，看看他们的反应，了解他们的创业激情，再决定是否向他们伸出橄榄枝。如若不然，根据职务、职能和社会地位找来的成员可能成为阻挠你创新的拦路虎。因此，不要急于建立团队，而要根据你的创意来挑选合适的成员。

金佰利没有指定任何一个团队负责"妈妈企业家"项目。事实上，我们没有一个固定的团队，而是由几位专家自愿参与完成的。我们的团队组建模式是"自愿加入"形式，一次加入一名成员。没有人是上司指派来的。当项目需要协助时，我会打电话联系相关部门，获得专业意见和建议。此时，相关部门会推荐对项目感兴趣的员工，我便会同该员工取得联系。于是，该员工就算是加入了团队。这样看似松散的团队却力大无穷。因为所有人都是洞悉了项目的价值而自发参与进来的，绝非受到命令和指派。这样的团队模式与传统的模式大为不同：当我需要专业意见协助时，会向专家寻求帮助。通过这一过程，我结识了一群对创意热情高涨，愿意无偿提供帮助的朋友，他们自然而然成为我的团队成员。大多数组织会为了达到某种目的建立团队，我则不然，我是在合适的时间遇到对的人。

3. 做决策时要保持头脑清醒。有时我们会邀请某些人参与决策，并不是因为他们能做出什么重大决策，而是因为我们身处官僚组织而不得不为之。我有一个同事，他从事公司改革顾问多年，会让学生制作错综复杂的利益相关者图谱，以防他们漏掉任何一个有利害关系的人。不过，利害关系可不一定意味着决策权。

就此，史蒂夫提出了一个大胆的建议——创新时，不要过分在意利益相关者，真正重要的是能够左右决策的人。与此同时，你需要清楚在创新的不同阶段该如何运用好他们的决策权。事实上，史蒂夫反对出于政治原因邀请企业的相关人士参与决策，因为这些人不仅无法做出决策，还会造成决策效率低下。当然，你可以让其他人知道这件事，不过不要对他们抱有太大希望。史蒂夫清楚，自己的做法有些大胆，可能会带来消极影响，但他愿意冒险。没有什么比让一个绝佳创意得以实现更重要的了。在"迷宫"型企业中，报复行为不像在"庇佑所"型企业和"丛林"型企业那样普遍。

你可以迅速拟定具有决策权的高层名单。这里有一个技巧，你需要找来名单上三四位举足轻重的领导者，获得他们的支持，这比起一个人单打独斗要有用得多。因此，请抓紧时间确定这几位重要人物，在必要时加以利用。之后，我也会按照公司规定告之反对者们创意的进展情况，不过我不需要在意他们的反应，因为此时我已经获得重要人物的支持，早就成竹在胸了。

你需要清楚以下几点：到底向谁寻求支持？有什么合理的理由说服他们？他们的决策权大小如何？你可以向关键决策者们讲述你是如何设法让自己的创意一步一步开花结果的，并听取他们的建议。有人曾建议道："我们创新时无须大张旗鼓，默默努力才是真。"我认为所言极是，要想加快创新进度，就应该改变鼓动人人参与的传统，而是仅仅招揽真正需要的人才。

4. **谨防百般挑剔的上司**。难搞的上司是创新之路上的又一大阻碍。这样的上司会对你的创意指手画脚、百般刁难。如果你不照他们的意见做，他们就拒绝将你的创意上报。创新绝不能一蹴而就，创新者需要经历"设计原型产品，遭遇失败，不断改进"这样的过程，从而迅速发现创意存在的不足，并加以完善。然而百般挑剔的上司并不明白这一点，他会挑出一大堆毛病，目的在于拖延时间，搞垮你的斗志，让你最终放弃。如果你的顶头上司恰好就是这样的人，请听从史蒂夫的建议，要么想方设法寻求高层的帮助，要么就秘而不宣，私下不断调整完善创意。在此过程中，你需要全力探寻可以证明创意价值的证据，待时机成熟再将其公布。试想，当有了真凭实据而非空口之言时，百般挑剔的上司也将哑口无言。

在创新起步阶段，如果遇到百般挑剔的上司，更是麻烦不小。他们会要求你拿出一份像模像样的创意，否则便拒绝支持。然而，对于起步阶段的创意而言，这绝对是一个无理的要求。如果我能拿出一份言简意赅的商业计划，那么我将获得更多支持。

5. **与企业战略相联系**。尽管史蒂夫团队确实接到命令要进行创新，但说起"妈妈企业家"项目，他还是十分谨慎地表示：尽管与传统品牌相比有了较大变化，"妈妈企业家"仍是哈吉斯品牌战略的一部分。它有助于提升公司品牌价值。自从金佰利将品牌经营战略融入公司血液以来，如果某项业务无益于公司品牌价值的提升，将难以见到曙光。尽管"妈妈企业家"项目可能会给金佰利的发展带来新纪元，但如果只是将其定位为创新业务，而不能为提升哈吉斯品牌形象作出贡献的话，这一项目也恐将寸步难行。既然品牌是金佰利的灵魂，那么史蒂夫就必须利用这一点大做文章，好让自己的创新之路一帆风顺。

尽管我们都有信心能得到公司的肯定，但还是希望让这个创意尽善尽美，以获得更多的认可和欣赏。想要最大限度地提升创意，你就需要了解公司内部员工对创新的想法。若想获得员工的广泛认可，你就得找准时机，采用得当的方式将创意呈现在他们面前。

6. 创新时需要借助高层的拉力，同时也需要基层的推力。身处"迷宫"型企业环境，想要让创意被接受从而顺利推进，这一过程就像推着石头上山。目的地就在前方，但你还需要借助杠杆的推动力，一鼓作气攀上顶峰。你若此刻松懈下来，受重力影响的大石便会一举下坠，令你前功尽弃。史蒂夫认为，创新时你需要借助高层的拉力，同时也需要获得基层的推力。

我花了半年时间来思考这个创意。创意的初步构想由我一人完成，不过当创意需要进一步的具体内容时，我会寻求其他人的协助。在廖廖数人的通力合作之下，创意得以生根发芽。

我所擅长的地方就在于借助基层的力量进行创新，再利用高层的推动力，让创意畅通无阻地通过中级领导层。正是凭借这一点，我成功实现了创新。

7. 宝洁素有"一页备忘录"的企业文化。顾名思义，就是尽量精简表达提高效率。在这样的文化熏陶之下，史蒂夫也养成了好习惯。再重大的创意也可以浓缩提炼，写在一页纸之内。宝洁此举意在提醒创新者，如果不能精炼表达创意内容，那么就意味着你根本没有把握好创意的精髓，那又何必浪费时间呢？当史蒂夫进入金佰利时，公司盛行这样一种说法："想要用PPT（演示文稿）来展示创意无异于自寻绝路。"这意味着史蒂夫需要做出巨大调整。当市场总监托尼·帕尔默离开可口可乐公司、初入金佰利之时，带来了"一页纸"的精简原则。谁能想到，取得空前成功的"妈妈企业家"计划，竟精简为一页纸的内容。当然帕尔默也有其他材料，可以随时展示,但却很少用到。

我的新老板托尼刚刚就任时,我就递给他一张备忘录,上面写着我的创意。他十分惊喜地说道:"谢天谢地,我终于找到了能长话短说的得力员工。"同时,准备好这样一张"备忘录"要抓紧时间,因为它不仅有助于理顺思路,也可以帮助他人理解你的创意。

8. 不要让资源匮乏挡住你前进的步伐。关于创新的一条真理是,即便你有取之不尽的时间和用之不竭的资源,也不一定能成功创新。时间和资源的匮乏常常是创新的催化剂。这并不代表资源于创新无益,而是人们往往是因为缺乏了某种资源才会滋生创意。当你想要打开酒瓶却苦于没有开瓶器之际,你可能会灵感乍现,用身边的物品成功打开酒瓶。试想,如果你时时随身携带开瓶器,你怎么会产生新的奇思妙想呢?在创新中,资源就如同"开瓶器",因为缺少了资源,才能催生出绝妙创意。史蒂夫在宝洁时,在公司建立了内部风险投资小组,专门负责向董事会进行工作汇报。一次,小组成员有了一个绝佳创意,却因缺乏资源而一筹莫展。

成员将创意整理成项目计划书,呈送给董事会,向公司高层进行展示,言明创意蕴藏巨大商机,想要投入实践,但缺乏足够的资源。我们找来一位公司的供应商,说明来意之后,他表示愿意拿出500万美元支持孵化创意。在这笔资金的帮助下,我们研发出产品,将其推向市场,获得巨大反响,给供应商交出了一份满意的成绩单。这是一次伟大的创举,在难以依靠公司内部力量落实创意的情况下,我们开创了一个让供应商参与的新模式。

9. **不受流程的束缚**。我相信许多美国企业都认为流程十分重要，自精益六西格玛问世以来，重视流程之风便席卷商界。人们只在乎是否按部就班地完成各项流程，而对其效果好坏却不甚关心。现在市面上有许多书，详述创新的流程，却对如何正确评价流程的效果避而不谈。虽然这些书能帮助我们厘清思路、了解创意的进展，但请谨记，创新绝不能只为流程而不问效果。

当我写这部分内容时，在华盛顿召开的一个创新峰会刚刚结束。参会代表大都是政府科技部门赫赫有名的人物，我自愿加入了"攻坚小组"，探讨正确评价创新的方法。小组中许多人认为可以将专利数量作为评价手段，我则认为不然。虽然专利数量可以视作评价智力资本的标杆，但绝非衡量进展的砝码。想要衡量创新进展情况，应该审查有多少专利转化成了创意，并且付诸实践，创造了真正的价值。用这样的标准衡量，创新将会是实实在在的成果，而如果将专利数量看作标准，那么得到的只是一纸空文。

更重要的是，史蒂夫相信，繁复的流程会在无形中扼杀大家的创新热情。但如果向大家展示实实在在的创新成果，不仅能够调动大家的创新激情，还可以获得更多来自高层的支持。

10. **有时激情等同于过度自信**。在本书中，我已经多次提到了激情之于创新的重要性。没有激情作为支撑，你和你的队友很难有动力去克服前方的重重阻碍与人为阻挠，最终到达胜利的彼岸。不过史蒂夫提醒道，要注意不要过度外露你的激情，因为在别人眼里，这可能是过度自信的表现。金佰利的氛围相对比较保守，员工奉行谨言慎行的准则，因此你激情满满的样子可能被看作自负张扬，从而引来种种质疑。

最近，我接到了一位创业者的来电，他想要向我华盛顿的上司展示自己的创意，问我应该如何是好。他的创意的确令人眼前一亮，但他过度自信的样子，让我有些扫兴。看他这志得意满的样子，要不是有我在中间，他可能会直接去找我的上司说明情况。和这样过度自信的人打交道令我感到几分害怕，避之唯恐不及。

创新柔道技巧应用总结

身处"迷宫"型企业，创新者面对的挑战不小，不过也不必灰心丧气，毕竟"迷宫"型企业在多数时候还是遵循逻辑的。比如，在金佰利，史蒂夫还是成功找到了决策者，言简意赅地向他展示了创意的优势。与此同时，他没有让不具有决策权的人挡住自己创新的脚步，因为他坚信已经获得了高层和基层足够的支持，相关准备也已经万全，反对者的阻挠已不足为惧。

不过，尽管已经万事俱备，他仍需借创新柔道技巧的"东风"，助自己乘风破浪直至成功实现创新。

让我们一起看一看他所使用到的创新柔道技巧。

借力使力

非正式组织关系网

在"迷宫"型企业中，你可以相对轻松地辨别出真正的决策者。通常来说，相较于"丛林"型企业，"迷宫"型企业中的职权体系十分明确，掌权者也都负责可靠。在错综复杂的"丛林"型企业中，真正的权力中心绝非一眼即明，也许他们的头衔与实际拥有的权力并不匹配。史蒂夫则一击即中，准确地找到了金佰利真正的掌权者，借助高层力量获得他人的支持。这便是一个通过杠杆借力寻求更多支持的绝佳例子。史蒂夫为自己争取到的支持者越多，他成功的筹码就越大。

高层掩护 / 高层力量

对于大多数创新者来说，没有什么比获得组织高层的支持再好不过的消息了。金佰利最近上任的市场部经理十分热衷于创新，因而对"妈妈企业家"计划也颇感兴趣。创新过程中，史蒂夫曾遇到许多反对者，但在这位经理的协助下，他获得了众多来自高层的支持，反对者便也不足为惧了。

快速出击

将创意转化为商机

史蒂夫迅速将自己的创意从一个模糊的概念落实为一份清晰而准确的商业计划，并言简意赅地浓缩在一页备忘录中。他没有像无头苍蝇一般，急于带着创意的半成品寻找支持者，而是花时间将自己的创意浓缩成一份清晰易懂的文件。它不仅展示出了创意的精华，还提供了相应的商业案例。你不妨也尝试一下，之后就会发现，能做到这一点其实并不容易。为此你需要做一系列研究，与他人交流，并寻找可以承载创新的技术等。我希望创新者们都能学习史蒂夫的这种方式，因为这样做可以极大地提升创新的效率。事实上，很多创新者正是因为办事拖延，没有及时整理出简洁易懂的商业计划，或是对自己的创意缺乏深入理解，而导致创新最终流产。

推拉制衡

与"丛林"型企业或"庇佑所"型企业环境不同，推拉制衡技巧在"迷宫"型企业中应用得并不是很多，但史蒂夫却应用了勒温的力场分析理论，借助组织高层的拉力和基层的推力抵消了组织中层的阻力。因为创新对中层的影响最大，所以最有可能在中层管理者中遭遇到最大的阻力。

自律

史蒂夫还应用了创新柔道中的自律原则。他经过一番考察，确定了真正的决策者，向其展示商机，还花费时间和精力寻找组织中潜在的支持者。为了同金佰利低调保守的企业文化相适应，他始终保持自律，从不过分高调张扬，而是将热情控制在一个合理而持久的范围内，以达到最佳效果。

在史蒂夫的例子中，其他几个创新柔道技巧并没有派上很大用场。与拉斯·萨博不同，史蒂夫无须用到休克疗法。事实上，休克疗法在金佰利或宝洁很可能行不通。他也没有盲目使用寻找突破口和周旋技巧，而只是有条不紊地对症下药，寻求致胜之法，最终得以一举成功。

创新柔道七大技巧自测

再次阅读上文,寻找我没有在总结中提到的创新柔道技巧,并在前面打钩。

创新柔道七大技巧一览		
自律	**杠杆借力**	**转向**
□做好准备	□借力企业价值观	□佯攻
□保持激情	□借力客户	□推拉
□创造商机	□借力竞争对手	
□耐心	□借力高层领导者	
□自控	□借力公司战略	
	□借力非正式组织	
	□借力老板权威	
周旋	**寻找突破口**	
□在反对者身边周旋	□寻找"软肋"	
□全方位审视创意	□削减成本	
□依靠团队作战	□提升效率	
□提升品牌价值	□用数字说话	
□测试/原型产品	□利用"缝隙"	
快速出击	**推拉制衡**	
□将创意转化为商机	□突袭	
□不害怕失败	□少许诺,多践诺	
□迅速行动	□全面审视创意	
□快速找到突破口	□出其不意	
□宁可后悔,好过遗憾	□力量转换	
□让创新扎根		

第九章
攻克庇佑所

"庇佑所"型企业（见图 9.1）官僚之风盛行，勾心斗角、各自为政的现象频繁出现，加之"这不是我们的创意"的观念根深蒂固，想要在这样的环境下创新可以说是难上加难。正如我在前文所提到的，非理性问题不是公司有意造成的，而是由于组织结构不合理和领导方式不当等原因共同酿成的恶果，"庇佑所"型企业也是这样形成的。

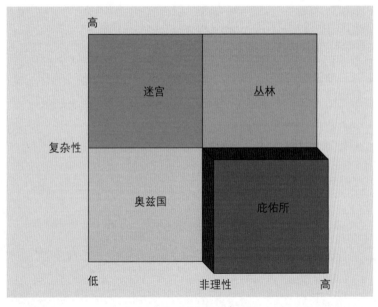

图 9.1 "庇佑所"型企业

第九章 攻克庇佑所

尽管身处"庇佑所"型企业之中，吉姆·雷普仍然巧施创新柔道技巧，在戴姆勒-克莱斯勒公司实现创新。我曾多次为克莱斯勒公司做过培训，与它的员工相处十分愉快，但也不免对他们心生几分同情——在克莱斯勒这样的"庇佑所"型企业中工作本就不易，而跨公司内部的合作就更困难了。早在第一次为克莱斯勒做培训时发生的小插曲就让我意识到了这一点。当时，课堂上遇到了技术性问题，需要尽快解决。然而负责和我联系的那位HR却不在办公室。我十分焦急，于是向同一间办公室的另一名HR求助，询问她可否帮忙。她却断然拒绝，表示这不是她的职责范围，然后便埋头去做自己的工作了。好在课堂上有几位学生是工程师，在他们的帮助之下，问题得到了解决。这一次的经历绝非什么偶然事件。我很快意识到，在这里必须找对求助对象才能获得帮助。除此之外，当时的克莱斯勒公司官僚政治风气盛行。到底谁有资格参加培训？让基层管理者参加培训会不会冒犯级别更高的管理者？诸如此类的问题，我们反反复复讨论了多次。我们甚至还曾为会议地点争论不休，只因一位经理为了凸显自己的地位要求到他的办公室开会，然而在另一位经理的办公室开会则要方便许多。

尽管存在异常严重的非理性问题，但克莱斯勒还是当之无愧的汽车行业领军品牌之一，一手打造了吉普牧马人、克莱斯勒300、道奇蝰蛇等著名车型。不过，意气风发的克莱斯勒公司也曾马前失蹄，包括K型车在内的几款车型受到了市场冷遇。在克莱斯勒众多产品之中，牧马人常年保持着良好的口碑，可以说是业界常青树。写罢雷普创新的故事，我也心动不已，去买了一辆吉普牧马人卢比肯系列吉普车小试身手。这辆车带给我超乎想象的驾驶体验，毫无疑问是我驾驶过的最佳吉普车型之一。我不禁暗自庆幸，还好我写的不是玛莎拉蒂的发明故事，不然可要"大出血"啦！

吉姆·雷普是一位工程师，更是一位杰出的创新柔道大师，正是他一手打造了赫赫有名的卢比肯系列吉普车。若非雷普和他的"吉普狂人"团队不懈努力，巧用寻找突破口、突袭、自律、杠杆借力、转向五大创新柔道技巧克服重重阻碍，这款让克莱斯勒引以为傲的热门车型恐怕将无缘面世。你是否正苦于公司内无人支持你的创意？雷普的故事将给你带来宝贵的经验。

虽然克莱斯勒公司是"庇佑所"型企业的典型代表，但这并不能否认它的辉煌业绩。这家传奇汽车业巨头历经百年沉浮，如今依旧傲立于汽车行业，坐拥标志性的城乡系列吉普车、道奇卡车和独一无二的道奇蝰蛇等著名车系。然而，同其他大型组织一样，公司政治生态复杂、部门林立、各自为政等问题愈演愈烈，日益侵蚀着这家百年传奇企业。但是，这并不意味着在"庇佑所"型企业中就无法诞生优秀的产品，只不过，这需要创新者花费更多的时间和心血来克服重重阻碍。雷普的故事告诉我们，在部门林立且各自为政的大型企业常常会滋生"这不是我们的创意"观念，从而引发非理性问题，阻碍创新的脚步。

"庇佑所"一览

吉姆·雷普，吉普品牌工程师

在为克莱斯勒公司设计的培训课上，我结识了雷普。这门课程针对的是公司的高级管理层，意在培养公司上下的创新意识和创业精神。在其他的大型企业中，创新常常遭到其他人的怀疑，在这里也不例外。一些员工提出，公司规模庞大，规章制度繁复，导致经理人常常忽略他们的创意，他们自己也可能因为惧怕风险而不愿尝试。

第九章 攻克庇佑所

因为耳边从来就不乏诸如此类的抱怨,我便常常留心公司创新者的成功例子,以此来证明想在公司内部成功创新并非走投无路。雷普的创新经历就是这样一个绝佳的例子。作为克莱斯勒大获成功的卢比肯系列的创造者,HR 向我推荐了雷普作为培训课的特邀发言人。

雷普是一个十分优秀的人,他热情洋溢,精力充沛,仿佛对万事万物都具有探索精神。他不惧困难,不畏强权,敢于向公司不合理的等级制度发起挑战。与此同时,酷爱吉普车的他联系了志同道合的同事们一起组建"吉普狂人"团队,并一手打造了美国历史上最负盛名的吉普车型——牧马人卢比肯系列。[1]

雷普找来了对极限越野感兴趣的同事们,组建了"吉普狂人"俱乐部,私下进行越野车的研发工作。他们驾驶着自己制造的极限越野车,到令人胆寒的山地进行实验,为了征服一块巨石,车身上留下累累伤痕,挡泥板撞落,变速器也被撞坏。不过,在"吉普狂人"眼中,这些都是卓越的功勋。在俱乐部中,雷普是灵魂人物。同时,他也在机动车制造业耕耘多年,经验丰富,能力卓越。

在我看来,雷普是非常厉害的创新柔道大师,所以把他的故事写进了本书。卢比肯系列得名于加利福尼亚州境内最险的一段山路,它可能是史上最令人称道的越野车。然而,若不是雷普和他的同事成功运用了创新柔道技巧实现创新,惊艳世人的卢比肯系列恐怕将无缘面世。卢比肯吉普车不仅具备普通吉普车的功能,还拥有出色的减震装置、特殊设计的四轮驱动、重载变速器等一系列设计,让驾驶者尽享翻山越岭、上山入地的极限乐趣。

---

[1] 雷普现在是克莱斯勒公司吉普车研发部门经理。他与吉普车结下了不解之缘,脑中源源不断诞生出改良吉普车的奇思妙想。

创新柔道：战胜创新之路上的重重阻碍与人为阻挠

但是，仅有好的创意是远远不够的，还需要创新者通过运用多重创新柔道技巧，克服创新之路上的重重阻碍与人为阻挠，将一纸空文转化为实实在在的创新成果，这正是雷普的故事给予创新者的启示。

雷普毕业于俄亥俄州的鲍林格林州立大学制造工程学专业。毕业后他几经辗转，跟随老板来到克莱斯勒公司，负责吉普车产品的制造研发。雷普本就是一个十足的车迷，拥有好几辆吉普车，因此他欣然接受了这份工作，全身心投入于吉普老牌牧马人系列和后起之秀大切诺基系列的研发工作。

20世纪90年代末，雷普主要从事第一代大切诺基研发工作。后来他参与研发了第二代大切诺基，还负责吉普牧马人系列研发的部分工作。1996年，克莱斯勒推出的吉普牧马人系列在汽车市场上大放异彩，然而由于公司将战略重点转移，这个老牌劲旅渐渐衰落下来。此时，雷普却主动请缨担任牧马人研发总监。对于这个令人不解的决定，他解释道：

> 我想要回到牧马人工作岗位上去。牧马人曾红极一时，现在却日益式微，原因就在于未引起公司足够的重视。克莱斯勒公司对大切诺基和切诺基车型十分上心，制订了一揽子计划，可为什么不愿投入同样的精力在牧马人上呢？我是一个不折不扣的车迷，这个问题一直困扰着我。我想要让公司重新对牧马人项目重视起来，因此我申请回到牧马人项目的工作岗位。我们常常打趣道，牧马人就像个没娘疼、没爹爱的继子，没有人关心、支持，导致它日益式微，在过去三年时间里业绩平平。

于是，雷普召集了几位"吉普狂人"，大家一起探讨牧马人在质量和性能上出现的问题，意在帮助提升该车型的客户满意度。雷普甚至让团队成员住进实验室，这样他们就能心无旁骛地投入牧马人的研究之中。在雷普心中，还有一个远大的梦想，那就是打造出一款高端高性能但价格相对亲民的牧马人越野车型。出于直觉和多年越野车驾驶经验，雷普相信这种车型十分有市场。那时，许多人会特意买老旧的越野车，再花 3 000—12 000 美元对其进行改装，以满足翻山越岭的需要。然而这些车主大多是业余吉普爱好者，在组装时难免会犯各种各样的错误，导致一系列问题产生。比如安错零件，或者改装失误导致车体安全性降低，再或者改装后的越野车性能远远不及期望值，甚至有些车主使用了不合尺寸的轮胎，使得吉普车的操控响应迟缓。

鉴于以上情况，如果能推出一款与改装后性能相当的越野车，且以更低的价格出售，岂不是两全其美？而且根据雷普多年的工作经验，只要将合适的零件进行合理组装，制造出这么一款优秀的吉普车绝不是痴人说梦。雷普相信克莱斯勒公司完全有能力打造出这样的车型，最大限度地提升安全保障。

着手行动

在一个星期五下午的三点半，"吉普狂人"俱乐部看似普通的一场例会彻底改变了他们的未来。提起这次不平凡的会议，雷普回忆道：

> 下午三点半，我们正在开例会，探讨如何能提高牧马人的销量，并就此提出可行的措施和计划。当然，这肯定少不了一些老生常谈的营销手段——推出一些优惠活动，比如春季特惠，或者通过一些营销手段提高市场知名度，促进销量提升。
>
> 到了下午五点半，我们讨论的都是一些中规中矩、乏善

可陈的修改内容。此时，一位成员突然说道："我们可不可以试试打造自己心目中的吉普车呢？" 此话一出，一语点醒梦中人，我们迅速改变了讨论方向，着手列出创新型吉普车所需的系列零件，比如四轮驱动锁等。有位叫戴夫·雅吉（Dave Yeggee）的团队成员也是车迷，他至少拥有七八辆吉普车，远超于我。我和他一拍即合，开始讨论各自改造吉普车的方式。我俩之间有着颇为有趣的平衡：戴夫属于理想主义，而我倾向于现实主义。"那咱们整理汇集一下各自的创意，就开始行动吧！我们要多考虑现实因素，寻找折中的办法。"

半小时之后，我们就列好了创意清单，从头到尾读了一遍，不约而同发出狂笑："好家伙！就算天塌下来，克莱斯勒也不会支持我们搞这个的！" 因为根据清单，打造这样一部吉普车需要花费至少100万美元。于是，大家笑着说："好吧，那咱们就自己搞！"就这样我们结束了这次会议。

伟大的卢比肯创意就这样诞生了，不过，大家都很清楚，要想使创意得以落实，需要跨越重重阻碍，克服种种困难，就如同驾驶吉普车经过陡峭崎岖的山路一般。一方面，创意难以得到克莱斯勒内部的支持，也就意味着缺乏战略计划和资金；另一方面，一些工程师会极力阻拦，声称他们才是了解此车是否有市场价值的人。然而这些所谓了解市场的人接触客户的机会却屈指可数，不过只是每年参加"吉普越野营"罢了。

此时就是创新柔道技巧大显身手的时刻了。雷普和他的团队明白，在非理性问题严重的克莱斯勒公司里，讲道理是行不通的。更重要的是，他们虽拥有满腔热情，却缺乏有力的证据来证明自己的创意蕴藏巨大的市场价值。除此之外，在部门林立、各自为政的克

第九章 攻克庇佑所

莱斯勒公司,要想克服重重阻碍实现创新,他们需要运用自律、突袭、杠杆借力和寻找突破口多重创新柔道技巧。

我们知道,想要让创意获得一线生机,就要设法得到公司高层的支持。我和戴夫决定要私下打造出这部越野车,让人眼前一亮,充分展示它的价值。我们常常开玩笑称这部车为"杂交原型车"。它虽其貌不扬,却拥有普通吉普车无法匹敌的优异特性。我们收集了必要的零件,一半从公司"借来",另一半自掏腰包从市场购得,我们做了很多事,全身心投入这部车的研发制造过程中。戴夫用了一周时间,在自家车库为新车制造了一个变速箱;另一名成员在车库中打造出了四轮驱动系统。我们越做越起劲,将所有零部件带去俄亥俄州托莱多市的一家工厂进行组装,因为在这里,我们可以随心所欲打造我们的原型车。

我们白天都还有工作要做,所以与新车有关的一切只能在工作之余紧锣密鼓地进行。有时,公司会有各种各样的活动,我们忙得不可开交,只好挤出业余时间。我们常常下午五六点时开始工作,一直忙到晚上九十点钟。周六我们也会聚头,一待就是八九个小时。机械师一有空就会过来帮忙,团队中的一位工会的成员也尽力相助。在大家的通力合作之下,我们的新车研发工作在不为人知的情况下有条不紊地进行着。与此同时,我们也时不时向经理提出建议:"我觉得这是一个好主意,如果我们能……"我们深知这款车将会受到客户的欢迎,但要向管理层展示这一点绝非易事。通常情况下,你会身着正装向领导者绘声绘色展示一番你的创意,然后便会听到领导泼来冷水:"你的创意的确有趣,不过太过疯狂,谁会这么做?我现在已经拥有了世界上最好的越野车,哪还会有更好的呢!?"不过,我们的创意的确能够让现有的吉普车更上一层楼。

幸运的是,有一个突破口摆在了雷普和团队的面前,利用这个机会便可知道,该创意究竟是潜力无限的商机还是这群车迷白日做梦。"吉普越野营"是一年一度的吉普盛会,广大吉普爱好者将汇聚一堂,向最崎岖的山路发起挑战。这样的盛会能够吸引数千名爱好者参与,克莱斯勒公司高层也会到场。这样的盛会使工程师们有机会与潜在客户直接交谈,同时也为他们直接获取客户反馈创造了绝佳机会。

我们想出的第一个主意就是制造了这些"杂交原型车",我们申请前往卢比肯赛道,在会上科普一些吉普车知识,将一些老款车型运到赛场,如牧马人和大切诺基。之后再悄悄地将我们研制的"杂交原型车"混在这些车当中。当然,它的外观与普通牧马人无异。但只要坐上去驾驶一番,人们便会忍不住赞叹:"哇,这部车运行流畅,驾驶体验简直太棒了!其他车上坡上到一半就上不去了,而这部车上坡却毫不费力,这是为什么呢?"见时机到来,我们就会解释这部车采用了特殊的变速器和差速器以及尺寸更大的轮胎,此外,我们还使用了重量较轻的轮胎,从而大大增强了吉普车的爬坡能力。

寻找突破口、快速出击和杠杆借力

雷普是一个社交能力很强的人,能与公司上下打成一片。通过与前往"吉普越野营"的克莱斯勒高层交流,他很快意识到:高层对越野驾驶也很感兴趣。此外,"吉普越野营"所在的地点山高路远,去程要花一天时间,扎营留宿一晚,第二天再开回公司。

第九章 攻克庇佑所

> 当高层抵达赛道时，看到越野车十分激动，因为他们之前都没怎么接触过。后来他们很快就注意到了我们的"杂交原型车"。如我们所料，高层交口称赞道："这部车简直无所不能，这是什么车？"晚上扎营时，我们得到了一个很好的机会，在这远离公司纷扰的山谷里，我们围坐在火堆旁，边喝酒边向高层介绍我们的创新吉普车。

雷普认为新员工对他们的"卢比肯计划"更容易接受，于是找来市场营销部门的一位新员工，邀请她一起前往参加"吉普越野营"。这名女员工精心打扮了一番，踩着高跟鞋如约而至。雷普告诉她不能中途下车，不然就可能掉进泥沼无法脱身，她心生怀疑，不过当雷普将计划告诉她之后，她转而决定支持他们的创意。

"吉普越野营"之行可以说是雷普创新计划的转折点。在赛道上，雷普的"杂交原型车"显示出极佳的性能，让众人眼前一亮，大家纷纷询问雷普如何购买这部车。还没有上市的商品已经先有了客户。这样一来，没有人能够再轻易质疑雷普的创意。克莱斯勒领导层最终为雷普的创新吉普车开了绿灯，全力支持该创意落地。事后证明这对公司而言绝对是一个再正确不过的决定。"吉普越野营"之行也让雷普收获了宝贵的客户反馈，这对于公司尤其是市场营销部门而言也十分重要。同时，雷普还注意到卢比肯系列的潜在客户是两批截然不同的群体，除了雷普这一批"吉普狂人"，还有其他人也对此车型感兴趣。

> 有两种人对我们的车感兴趣——一种是对卢比肯车型的优点十分了解，购买的目的是实际使用；而另一种人则是富家子弟，仅仅出于炫耀的目的而购买："这玩意儿太酷了，我一定要买下它。"第一种人有助于卢比肯系列建立品牌形象，第

二种人则是良好的品牌形象带来的效益。

耐心和自律

尽管已经获得"通行证",雷普的创新之路却绝非就此一帆风顺,摆在他面前的是重重阻碍与人为阻挠。

公司特意举办了一个创意启动典礼来确认量产车型的具体配置情况,于是公司上下都知道了这个创意,反对意见扑面而来。"这个所谓的创意我们可做不了,你们也做不了!你们是疯了吗?"这样的念头一定闪现在许多工程师和律师脑海中,他们颇为恼火。你得将这些人划分为不同群体,逐个击破。你需要做好他们的思想工作,向他们解释清楚你的创意。你还要拿出充分的证据表明你的创意行得通,还要有良好的口才,不断与这些人进行一对一的沟通。

同时,你也要给他们宣泄情绪的机会,要认真倾听他们的意见。如果他们暴跳如雷,你要有技巧地指出他们的错误,证明自己的观点。面对种种偏见,摆出数据是最好的办法。所以我们要多做实验,摆出实验数据来回击种种质疑。与你唱反调的人随处可见,比如工人会质疑轮胎尺寸不合适、车的高度不合理;一些工人提出车的高度会导致安全气囊弹出,因此创意是行不通的。律师则认为生产越野车风险太大,而越野车在常规公路上行驶时,又无法改变差速器的性能。

如我们所料,公司上下众人提出了种种反对意见,我们没有惊慌失措,而是沉着应对一个个问题,逐个击破,让创新工作有条不紊地开展起来。

就这样,我们成功踏上吉普车的创新大道。这一路走来,

第九章 攻克庇佑所

我们付出了巨大心血,单单是完成一个零部件的研发,工作量都十分惊人。毫不夸张地说,越野车创新不比攀登珠穆朗玛峰轻松多少。越是接近投产阶段,我们越不敢掉以轻心,每天工作12—14个小时,忙得不可开交,刚解决完一个问题,另一个难题便接踵而至,我们甚至连停下来喘口气的功夫都没有。为了在期限内完成工作,我们还牺牲周末的时间连轴转,经过大家的不懈努力,各项工作都圆满完成,没有任何一项延误。是什么支撑大家投入全部心血?是创新的激情!在激情的引领之下,我们不仅是在完成工作,更像是在看着自己的孩子茁壮成长。

团队亲如一家、彼此通力合作之下终于使项目成功落地。就像看着自己的孩子呱呱坠地,没有什么比这更让人觉得幸福的事了。有传言说我们的吉普车看起来奇形怪状,但事实是,我们的新车在外形上与原有车型无异。当然,如果你仔细观察,也会发现一些微小的不同。但是在测试时,我们并没有指出这一点,我们只说自己是玩吉普的人,没有承认自己其实都是工程师。我们习惯于隐去自己制造商的身份,让自己的车混入其他车型中。

在四驱车杂志中有各种各样的传闻,出于商业机密我们不能泄露信息——如果想要让自己的产品成功上市,你就得学会保密。不过,在产品正式出厂一年半以前,还是有杂志对此进行了报道。他们隐约感觉到我们在搞事情。当然,我们什么也没有说。这是公关部的职责,不是我们研发部的。我们提供技术支持,但并不负责宣传工作。我们始终对这项计划守口如瓶,没有透露半分。

两年之后，在犹他州举办的越野赛上，卢比肯系列车型终于正式亮相。公司市场营销部门预计首年销量不超过3 000辆。在如此不被看好的情况下，卢比肯系列表现抢眼，取得了1.2万辆的傲人成绩。好在雷普瞒着财会部和市场部，私下让供应商准备好至少供10 000辆车使用的零件，不然克莱斯勒公司肯定要悔不当初。雷普团队对自己一手打造的卢比肯信心满满，因而才敢冒此风险。

创新柔道技巧应用总结

让我们从创新柔道的视角重新审视一番。在雷普的创新之路上，既有绊脚石，也有拦路虎。正是通过有效运用多重创新柔道技巧，雷普才得以一路过关斩将，成功实现创新。从他的故事可以发现，几乎没有人支持他的创意，市场营销部门甚至站出来反对。显然，在"庇佑所"型企业中，"这不是我们的创意"和"各自为政"的观念早已深入人心，因而在听到雷普的创意后，众人的第一反应就是反对。不过，雷普面临的最大阻碍还是来自公司的非理性问题。大型企业通常实行专人负责专事的专业化分工组织形式。否则，你将会面对让所有的人做所有的事，而人们相互之间产生冲突或推诿的情况。专业技术人员通常要在学校接受长时间的培训之后才能胜任会计或生产岗位，而市场部门的员工则往往是在工作中通过不断与客户进行接触来提升自己的能力。

按职能划分的目的在于促进分工合作，增强专业性和协调性。然而，现在雷普遭遇的窘境是：市场部的人仅仅因为"他只是一个工程师，怎么会懂客户需要什么？""我们对客户的了解可是基于大量的数据调查和分析，雷普这样的'车迷'凭借个人经验和直觉就能推测潜在客户，简直荒唐极了！"这样的观念就将雷普极富价值的创意拒之门外。所谓创新，就是走一条前人没有走过的路，也就自然意味着缺少令人信服的数据来展示它的价值。因此，你需要通过创新柔道技巧，动之以情、晓之以理，让人们接受你的创意。现在，我将详细分析在雷普成功创新的背后，运用了哪些创新柔道技巧。在"庇佑所"型企业进行创新，面对拦路虎不分青红皂白的阻挠，你很容易丧失信心，因此你需要格外注意恪守自律原则，同时要毫不动摇地坚持自己的路。在缺少支持的情况下，雷普没有放弃，而是坚定不移地在私下开展自己的创新计划，与此同时，他坚信"摆出数字再谈创新"的准则，通过数据来展示创意的价值，最终实现目标。

自律

充分准备。早在成立之初，卢比肯小组就预料到前方会有重重阻碍。在那场意义非凡的会议上，几人不约而同地自嘲大笑，认为公司绝不可能拿出资源为这样一辆吉普车大举投资。后来，他们也开始向公司同事宣传这个创意。不过他们知道空口无凭，即使说得天花乱坠也是没有用的，他们需要的是实干，通过行动来展示这是一个潜力无限的商机。在"吉普越野营"活动中，数位吉普车爱好者兴冲冲地围着雷普打听"杂交原型车"，这充分表明卢比肯能够吸引可观的潜在客户。与此同时，雷普团队还有力证明了卢比肯的性能远胜于当时市面上的越野车，甚至克莱斯勒的产品，而且在价格上比改装吉普车要亲民许多，可以说是物美价廉，这样的话，克莱斯勒何乐而不为呢？

为了克服"庇佑所"型企业存在的种种问题，成功实现创新，雷普团队做了大量研究，制订了周密的计划。

- 完善设计

- 打造"杂交原型车"
- 在赛道上测试其性能
- 利用"吉普越野营"展现其优势
- 将反对者分而治之,逐个击破
- 事先预测反对意见,用数据予以回击

充满激情/保持耐心。从那次意义非凡的周五会议到卢比肯正式投入生产持续了两年多的时间。没有非凡的激情,雷普团队很难挺过这场旷日持久的拉锯战,更别提最后酣畅淋漓的大胜了。有了饱满的激情,再加上周密的制胜计划,为胜利奠定了基石。此外,充足的耐心也是不可或缺的。面对反对者的百般刁难,雷普团队没有抱怨,而是耐心地向一个又一个反对者进行解释,摆出数据晓之以理,最终化质疑为支持。

自我克制。在创新之路上,面对重重阻碍,创新者免不了有灰心失意的时候,这个问题在复杂性高的企业和非理性问题严重的企业还不太一样。在复杂性高的组织中,创新者必须擦亮眼睛,洞悉能够影响创新大局的人物。只有利用好关键人物,方能顺利创新。然而,组织中错综复杂的人事关系时常让创新者迷失方向,难以找出关键人物。在非理性问题严重的组织中,这更是难上加难。幸运的是,雷普是一个头脑清醒的创新者,在克莱斯勒工作多年的他,拥有丰富的经验,对企业了如指掌。加之拥有良好的自控能力,他带领团队成功度过了灰心失意的时期。不过,在非理性问题严重的企业中,创新者免不了因创新受阻而感到灰心丧气,比如因迟迟无法找到"突破口"而焦躁不安,或因"这不是我们的创意"观念深入人心而感到无力,甚至对上司毫不讲理断然拒绝的行为而感到失望。在这样的时刻,雷普也要花心思鼓励团队走出阴霾,帮助他们重振旗鼓、继续努力。

杠杆借力

高层掩护。早在创新之初,雷普便清楚,没有高层的帮助,他们的创意恐怕难见光明。于是,团队计划邀请高层亲临"吉普越野营",向他展示创新吉普车的优越性能和超高人气,有了高层的支持,团队的创新便不再是名不正言不顺之举,绝大多数中层领导也不敢再执意阻挠。短短三天的"吉普越野营"之旅显然是一个绝妙的"突破口",为雷普团队的创新打开了新局面。通过本书你会发现,创新柔道大师大多长于寻找或是创造突破口。你还记得海岸警卫队的创新者克里斯·克拉克洪吗?他主动提议驾机护送领导到卡特里娜飓风灾区,从而为创新赢得了高层支持。组织高层可以给予你"高空掩护",助你的创新一臂之力。不过你需要谨记,利用这一战术的前提是保持正确的心态,秉持正确的动机——为企业谋利而不是为了一己私利。

客户。客户无疑是你可以借力使力的重点对象之一。雷普对创意的满腔热情可能会令人钦佩,但却缺乏信服力。于是,雷普团队策划了"吉普越野营"之行,在众人面前展示了越野车翻山越岭毫不费力的优越性能,在场数百位潜在客户立即对新车显示出浓厚的兴趣。让公司高层,尤其是市场部的反对者看到这一切,胜过了千言万语。

推拉制衡

突袭。决定私下打造"杂交原型车"是雷普成功创新的重要转折点。首先,通过一步一步摸索和打造,团队成员对创意有了切实的体会和把握,这是文件图纸或是观看视频所无法具备的优势。因此,建造原型产品对于创新来说十分重要。在亲自动手之前,你甚至也说不清自己要的到底是什么。通过打造"杂交原型车",团队成员对已经取得的进展和尚待完善的地方有了清晰的认识,了解了打造这样一台越野车所需的成本,明确了车子可以实现的优势性能。比如,一些改造价格高昂而收效甚微,但对轮胎等地方进行改造成本很低却效果惊人。

整个造车行动秘而不宣是雷普成功的又一重点。如果一上来就高调宣布自己的创意,准备不足的创意可能会立即遭到反对者的猛烈攻击,最终无疾而终。通过秘密打造原型车,雷普团队为自己争取了足够的时间来证明创意的价值。之后,团队通过"吉普越野营"之行展示了创意的优越性,成功惊艳了众人,大大减小了创新阻力。这一招"突袭"是雷普团队计划的重中之重,取得了惊人的成效。

休克疗法。 雷普团队最大化地运用了休克疗法。他们将新车外形做得与原有车型并无二致,但性能却大有不同,而这些都是在"吉普越野营"上才揭晓的。只有这样,这款新车型才能最大限度地吸引观众的注意力。许多组织会特别准备专家小组,来保持新产品的隐蔽性。对于半成品来说,往往会遭到更多的反对,也更容易因此而夭折。就像有些新生儿会被留在医院观察一段时间,确保其能够健康成长。雷普的车库便起到这样一个作用。

力量转换。 在上一章,我提到了勒温的力场分析理论,他指出创新者可以通过以下三种手段推动创新:增加创新驱动力、减少创新制约力、促进制约力向驱动力转化。即使在公司批准雷普团队生产卢比肯系列后,公司内部各种唱衰的声音也不绝于耳。

通常情况下,实际数据在"庇佑所"型企业中的作用十分有限,但在雷普的创新经历中,实际数据却扮演着不可或缺的角色。这是因为数量庞大的测试数据有力地证明了卢比肯系列的卓越性能。比如，律师认为生产高端越野车会让公司承担很大的安全风险。但雷普摆出了清楚直观的数据，说明只要设计合理，注重车体重量、平衡、预防翻滚等细节，安全风险将大大降低，从而说服了律师。

转向

佯攻。佯攻是雷普运用到的又一大创新柔道技巧。当管理层误认为雷普正疲于应付市场部的刁难时，他其实正全身心地投入于打造他的创新吉普车之中。当市场部误以为雷普团队正在细枝末节之处做小的修改时，他其实正在策划大的革新。就这样，雷普采取佯攻手段，骗过了那些反对者，让他们放松警惕、麻痹大意，为自己的创新大计争取到宝贵的时间。

推拉。通过推拉技巧转移反对势力的注意力，可以减弱反对力量，甚至可以将其力收为己用。雷普选中了市场部的年轻员工，让她的态度发生一百八十度大转弯便是利用了这一技巧。这位初出茅庐、涉世未深的新员工起初对雷普的创意十分怀疑。雷普团队先是载着身着职业装、踩着高跟鞋的她驶往山路，大挫其傲慢气势。之后让其"失衡"，再让她亲眼目睹新车在"吉普越野营"上受到的追捧，一步步改变其观念。最后让她彻底转变为自己的支持者。再多的数据和影像资料都无法撼动她的态度，一次亲身经历才是说服她的有力砝码。

创新柔道七大技巧自测

再次阅读上文,寻找我没有在总结中提到的创新柔道技巧,并在前面打钩。

创新柔道七大技巧一览		
自律	**杠杆借力**	**转向**
□ 做好准备	□ 借力企业价值观	□ 佯攻
□ 保持激情	□ 借力客户	□ 推拉
□ 创造商机	□ 借力竞争对手	
□ 耐心	□ 借力高层领导者	
□ 自控	□ 借力公司战略	
	□ 借力非正式组织	
	□ 借力老板权威	
周旋	**寻找突破口**	
□ 在反对者身边周旋	□ 寻找"软肋"	
□ 全方位审视创意	□ 削减成本	
□ 依靠团队作战	□ 提升效率	
□ 提升品牌价值	□ 用数字说话	
□ 测试/原型产品	□ 利用"缝隙"	
快速出击	**推拉制衡**	
□ 将创意转化为商机	□ 突袭	
□ 不害怕失败	□ 少许诺,多践诺	
□ 迅速行动	□ 全面审视创意	
□ 快速找到突破口	□ 出其不意	
□ 宁可后悔,好过遗憾	□ 力量转换	
□ 让创新扎根		

第十章
制胜丛林

"丛林"型企业（见图10.1）是最不利于创新的企业环境，因为它高度复杂，且非理性问题严重。当然，这种企业环境并不是人为有意创造的。毕竟在这里你难以得到帮助，可能要花上一年时间才能搞清楚真正的决策者。政府及其相关机构具有与生俱来的政治性与复杂性，是典型的"丛林"型组织。军队也是如此，由于其特有的政治属性，复杂性与非理性问题都在所难免。

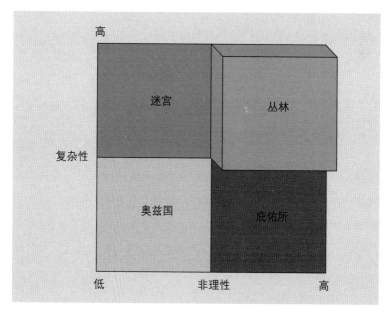

图 10.1　"丛林"型企业

各行各业中，有千千万万的人能力卓越、甘于奉献，不断寻求高效、快速且成本低廉的创新工作方式。然而，"丛林"型组织环境却会让人们逐渐丧失创造力。如果身处"丛林"型组织，你会被其复杂性和非理性搞得焦头烂额、疲惫不堪，甚至丧失工作积极性。如果你想要打破规则，则很可能陷入麻烦之中。若是在拥有这种企业环境的私营部门，不尊重规则的人会遭到解雇；若是在"丛林"型环境的政府或军队中，不遵守规则的人甚至可能会有牢狱之灾——因为在政府里面，许多规则本身就是法律。因此，如果既不能破坏规则，又想要追求创新，你就需要得到创新柔道技巧的帮助。即便是在这种险恶的组织环境中，依然有创新柔道大师借助组织的规则实现创新。沃尔特·普拉与来自海岸警卫队的克里斯·克拉克洪便是这样两位创新柔道大师。克拉克洪更是以一种合理、体面的方式利用规则，保全了大局。

除政府组织之外，许多私营企业也是"丛林"型组织。安然公司便是一个例子。安然公司规模庞大，运作复杂，员工业绩压力极大，公司内众多高层参与做假账，最终导致公司倒闭，股民哀鸿遍野。这便是一个非理性问题的例子：公司因为一心追求眼下的短期利益而甘愿拿未来做赌注，最终一败涂地。

几乎每家公司都存在非理性问题，而且问题会随着时间的推移而越发严重。因此对于历史悠久的大型企业来说，非理性是其固有问题。在前文中，我曾提及格雷纳（1992）的著作，他谈到企业早期会表现出宿醉效应或碎片效应。企业不断发展，其原先的运作模式对现有发展不仅早已没有借鉴意义，反而会成为它长远发展的桎梏。可以说，非理性是美国企业的固有问题，只是对于不同企业而言，非理性程度有所不同。

尽管"丛林"型企业问题丛生，但仍有人借助创新柔道技巧克服了组织中的复杂性和非理性，成功实现创新。对于企业而言，这样的创新者堪称无价之宝，但企业却往往忽视了他们的重要性。沃尔特·普拉便是这样一位出色的创新大师，他曾是海豹突击队队员，现在是RMGS公司[1]的首席财务官，同时也是一位私人管理顾问。

当我寻找军队中的创新柔道技巧应用实例时，许多人向我推荐了沃尔特。事实证明，沃尔特是个绝佳的人选，他同我分享了许多在"丛林"型组织中，特别是政府和军队中应用创新柔道技巧的深刻见解。对于身处私营部门的创新者来说，这些方法也同样适用。

"丛林"一览

沃尔特·普拉，前海豹突击队队员，RMGS公司首席财务官

自1962年成立以来，海豹突击队已然成为一支坚实可靠、训练有素、无论个人能力还是集体作战水平都无比强大的海军队伍。突击队成员要经过堪称全世界最为艰苦的作战训练，才能成为心理素质和身体素质都十分过硬的作战人员。在正式成为突击队一员之前，士兵们会来到位于加利福尼亚州圣地亚哥市的海军特战中心进行集训。训练为期六个月，涵盖心理与体能基础训练、三周的跳伞训练与十五周的强化训练，训练合格的士兵方可获得代表突击队成

---

[1] RMGS公司专门向美国国防部、国土安全局和国防威胁降低局提供服务。2013年的调查显示，它是美国发展最快的5 000家私营企业之一（排名第144位）。沃尔特除为RMGS公司的首席财务官外，还身兼沃尔特·普拉咨询公司总裁与私人顾问，负责向客户提供商业运营建议。

员身份的三叉戟徽章。

　　海豹突击队是一支战斗能力极强、善用多种作战方式的武装力量，在海外战场所向披靡。海军特种作战司令部范围主要包括位于加利福尼亚州圣地亚哥市的海军特战1组和3组，以及位于弗吉尼亚州诺福克市的2组和4组。司令部在全球范围内部署海豹突击队、海豹武装车队及特战船队，以满足指挥部作战训练、演习、应急和战时要求。海军特战队共有约5400名现役成员，其中包括2450名海豹突击队成员与600名特种作战队员（SWCC）。特种作战队每天都会接到来自世界各地的救援请求电话。

　　在遇到沃尔特之前，我从未结识过任何海豹突击队的队员。毫无疑问，他是美国军队中最出色的士兵之一。首先，有资格参加海豹突击队新手训练的士兵绝非普通人，而这些出色的士兵中仅有大约1/5的成员能通过新兵训练考核。即使通过了新兵训练考核，他们还要经过其他艰苦卓绝的培训，才能成为海豹突击队的一员。这些士兵们都是长跑健将、游泳高手，他们头脑聪明，身体强健。不过沃尔特认为，顽强的心理素质要比强大的身体素质更为重要。海豹突击队有一点十分厉害：队员们能排除一切干扰，心无旁骛地完成任务。对于突击队队员来说，寒冷、缺乏睡眠、伤痛、敌人都是任务的一部分，而他们唯一的目标就是顺利完成作战任务。

　　沃尔特在海豹突击队任职27年后，离开了部队，开始从事个人咨询业务。但他的心从未离开过海豹突击队。他曾说过，一朝加入海豹突击队，就将永远是突击队的一员。现在，他专为美国特种作战中央指挥部提供产品及解决方案咨询服务。由于其特殊性，军队会在挑选产品时附加很多要求，而沃尔特正是他们需要的人，因为他自己曾是部队中的一员，可以成为政府、军队等特殊组织与私营公司之间的联络和协调人，帮助部队寻找与作战任务相关的产品和技术。

第十章 制胜丛林

谢谢你，劳埃德

沃尔特出生于南卡罗来纳州的布福德市，他的父亲是一位退役海军上校。在父亲的影响下，沃尔特从小便知道，军旅生活始终伴随迁徙，军人要懂得适应不断变化的新环境。在沃尔特年少时，劳埃德·布里吉斯（Loyd Bridges）主演的《海底追捕》(*Sea Hunt*) 给他留下了深刻印象。受该片影响，沃尔特立志成为一名潜水员。父亲鼓励他遵从自己的内心，并告诉他美国海军有一支名为海豹突击队的特种作战部队，成员们精于潜水，且英勇善战。沃尔特对此颇感兴趣，并在高中时决心成为一名海豹突击队队员。

> 父亲曾是海豹突击队的一员，他时常向我讲述他们的赫赫战功，这激发了我对海豹突击队的好奇心。从此我便一心想要成为其中的一员。1975年，我考入杜克大学，成功入选海军预备役军官训练营的奖学金项目，在此之后顺利加入了海豹突击队。在学期间，我就读于工程学专业，毕业时获得了动物学学位。我热爱足球和滑雪，善于游泳，但在加入突击队以前并未获得真正的潜水许可，只是曾与几位朋友相约一起潜过水。

沃尔特于1979年毕业，这一年他收到了训练营的入营通知书，如愿开始了海豹突击队的专业训练。沃尔特能加入训练营与好运气分不开：工作人员弄丢了他的申请书，他在主动向训练营打电话询问进度时偶然发现了这一点。

> 想要加入海豹突击队，你必须要有勇气和决心，同时还要有好运气。我始终没有收到申请的回复，便向人事代表打电话询问此事。一打电话我才发现，原来我的申请被弄丢了。幸运的是，父亲有位在海豹突击队的旧友，而这位纳姆·奥尔森

（Norm Olsen）先生是组建海豹突击队的关键人物。我向他寻求帮助以后，他给训练营写了封信，找回了我的申请。若是没有他的帮助，我肯定没有办法加入海豹突击队了。

作为美国大名鼎鼎的精锐部队，海豹突击队的成员需要满足哪些要求呢？沃尔特会告诉你，仅有强健的身体和非凡的耐力还远远不够。

要是把我放在今天的选拔条件下，我可未必能选得上。因为现如今，海豹突击队的竞争越发激烈，突击队的名声越来越响亮，申请人数也比过去多出许多。不过这 30 年来，选拔标准倒是几乎没有变过。用我们现在的话来说，突击队需要的是"肾上腺素狂人"。具有这种特质的人通常都热爱跳伞、攀岩、极限滑雪等运动。种种普通人看来疯狂而危险的活动，他们都喜欢。而对我来说，我最爱的是滑雪运动。海豹突击队的队员还要有充满智慧的头脑，他们的智商往往都高于一般人。除了上述条件以及出色的身体素质，海豹突击队的队员还有一点要求，那就是执行任务时要具有绝对的专注力。这一点高于一切。身体素质固然十分重要，心理素质才真正决定你能否通过考核，并最终成为一名海豹突击队队员。在考核中，严苛的体能训练会挑战人的心理极限。我相信，能够通过这一考核的人必然有着强大的心理素质，未来也能克服一切艰难险阻。他们会专注于眼前的任务，不会因为可能遇到的困难而分心。

许多队员比我强壮、比我身体素质更好，但他们的心理素质却稍逊于我。一直以来，海豹突击队的训练淘汰率都高达 70% 左右。有人尝试研究过降低淘汰率，但海豹突击队选拔成员的标准要求却始终没有改变，那就是要懂得利用强大的心理素质克服身体极限。用突击队教练员的话说就是"靠强大的内心解决问题"。海豹突击队的队员们都有这样一种非凡的品质,那便是排除身边一切干扰,全心全意地完成任务。他们可以将看似不可能完成的任务分解为一个个小挑战,一步步实现目标,正像俗语说的"不能一口吃成个胖子"。

作为海豹突击队的队员,不仅要具备超强的心理素质与身体素质,还要熟练掌握武器,懂得拆卸爆炸装置,掌握急救技巧,善于沟通等。小组内每位成员都各有所长,但所有人都要充分掌握上述全部技能,同时还要学习静脉注射、绑止血带、使用雷达通信等技能,以备不时之需。沃尔特具有卓越的领导能力。绝大多数海豹突击队队员都是应征入伍的,甚至有一些军官会为了加入海豹突击队放弃自己的军衔。

> 我的工作内容是充分发掘队员潜力。我可以迅速地评估出一个人的实力究竟如何,帮助其发挥所长。海豹突击队不太讲究上下级关系,成员们彼此信任,尽职尽责地完成自己的工作。作为一名领导,我十分依赖队员们的判断、知识和经验。他们各有所长,而我要做的是将这些人集合起来,利用他们的专长,带领团队完成任务。

海豹突击队的队员也会有退役的一天,或是因为年龄增长,个人体能或心理素质已经难以胜任高强度的任务,或是因为工作出色得以晋升。在沃尔特任职的27年中,他共执行约19次任务。他在海军工作的最后五年中,更换了四次工作岗位,其中第三个岗位是作为项目经理,为美国特种作战司令部提供服务。他的最后一份工作是为海豹突击队提供各种资源,需要在五角大楼的海军作战部长办公室工作。

丛林与创新柔道

海豹突击队的工作性质意味着队员必须始终保持创新意识。在秘密行动中,局势往往瞬息万变,队员们必须时刻做好随机应变的准备,根据实际情况调整计划。对于海豹突击队的队员而言,创新无疑是最为重要的品质。一旦队员们离开战场,获得升职机会,成为军队中的管理人员或是担任行政职位,其面对的环境会发生翻天覆地的变化。大多数担任管理职位的军官都会在五角大楼工作,这无疑是一种非凡的经历。但五角大楼却是一个复杂程度和非理性程度都很高的组织,这让许多人感到束手无策。五角大楼的环境之所以复杂,是因为这里是由多个政府部门和机构组成的办事机构,是美国国防部门的中枢之地。其非理性问题严重,是因为五角大楼的政治色彩浓厚。这里是政治斗争的温床,人们会为了国会中寥寥几个席位争得头破血流。作为政府的监察部门,国会上下政治斗争异常激烈,因而导致其非理性问题十分严重。

沃尔特曾就职于五角大楼,他对这里的复杂性和政治性可谓深有体会。离开战场走向官僚机构的士兵来到这里,往往会受到巨大冲击:在战场上,创新备受推崇;而在官僚机构中,创新却受尽冷遇。尽管如此,沃尔特仍然完成了非凡的创新实践。他并非一个规则破坏者,而是一个不折不扣的创新柔道大师。

在这类组织中,如果你过于离群索居,你的职业道路可能受阻。所以你必须要小心行事,选择适合自己的"战场",同时又不能逾矩。

沃尔特善于利用寻找突破口技巧,找寻规则中的"缝隙",不惧组织中的种种绊脚石或拦路虎,一次次成功实现了创新。在这一过程中，他并没有违反规则，而是利用自己对组织规则的深刻理解，合理利用规则与职权范围的"缝隙"，从而实现创新目标。

头盔曾救我一命

海豹突击队队员的装备是任务得以成功完成的关键因素之一，因而每位队员都十分了解装备性能，知道哪些装备好用，哪些根本不管用。在"9·11"事件前，沃尔特便意识到，海豹突击队使用的米奇战术头盔在性能上有问题：头盔防弹能力一般，综合通信能力也十分有限。对于执行高危险性任务的海豹突击队队员来说，这种头盔的防护效果收效甚微。当时，沃尔特所在的单位正好负责测试和升级海豹突击队队员头盔。

在"9·11"事件发生以前，所有人都觉得士兵头盔没必要升级换代，但我曾是特别行动小组的一员，因此很清楚他们的头盔防护性能远远不够。我们设计了一款新型头盔，对其进行了测试，结果发现，除一些异常值以外，新型头盔的防护能力是现有头盔的两倍到三倍。但几位测试人员却因为这一点点异常值而拒绝为新头盔发放合格证，并且不允许将其投入使用。他们对我说，新产品还有很多不足，还不能投入生产。我争论道，新产品的确还存在一些不足，但与现有产品相比效果却好得多，我们应该立刻投入生产。我认为，新头盔虽然并不完美，却也足够好了。与其浪费时间等待它最终达到一个完美的状态，不如争分夺秒将其投入生产，拯救士兵的生命。特种作战中央指挥部测试组主任坚决反对我的意见，禁止我在拿到检测部门的许可前将新头盔运往部队。就这样，我们便陷入了两难的境地。这位主任坚持说，头盔还不完善，我无权未经他首肯就擅自生产。他认为新头盔还需要继续进行测试。而我却认为这样做毫无必要。

我对他说,无论如何我都要将新头盔投入生产,我有权这么做。测试组主任大为光火,横加阻碍,说什么也不允许我生产新型头盔。与此同时,我不管三七二十一,还是以生产样品原型的借口开始了批量生产。因为原型生产没有数量限制,我便索性下令生产了几千个头盔,并迅速运到各地部队中去。正因为如此,当"9·11"恐怖袭击发生时,这种新型头盔已经全部到位,并立刻投入使用。

几年后,我参加了一个海豹突击队队员聚会,在派对上我遇到一位战友,他告诉我,正是这款新型头盔救了他的命。当时要不是我顶着压力将头盔运往部队,他很可能早已在战场上牺牲了。我没有告诉他,我就是将头盔运到部队的人。仅仅是听到他的故事,我便已经感觉十分欣慰了。

在这项投放新型头盔的项目中,沃尔特的确受到很大的压力。测试组主任甚至将二人的争执上报给上级领导,沃尔特倒是可以理解他的做法。后来,领导最终决定批准这个项目。当然,在最终决定下达之时,大批新型头盔早已在三四个月前就运往部队了。

沃尔特提到,在"丛林"型组织中,创新者不能过于依赖当权者的力量。

如果你每当遇到阻碍就想要寻找上级借力,那么久而久之这个方法将会失去效力。你必须学会判断身处的环境,根据具体环境选择合适的方法推进自己的想法。如果你始终按部就班地根据规则行事,你也许不会有什么风险。但是如果你经常逾越组织的规则,你可能会被他人当成一张厉害的"万能牌"。只有在必要时,才能使用你的关键武器。

对于这个新型头盔项目，我充满热情，甘愿冒着风险捍卫它。我知道这样可能对个人发展不利，但我认为自己有权坚持自己的想法，做出正确决策。如果他们发现这一决策有任何不妥之处，他们当然有权处置我。如果你袖手旁观不去冒险，顺从地听从官僚机构的安排，一切会容易得多。但是如果你对一件事情充满激情，坚信自己没有错，那么你就果断地行动吧。

议会代表团的访问

在上一个例子中，沃尔特展示出对于寻找突破口技巧的巧妙运用。当测试组主任与他产生分歧时，他找准时机迅速做出行动，直接将新型头盔运出。正如他所说，等到拉锯战终于告一段落，上级最终同意他的意见，已经是三四个月之后的事情了。而在那时，沃尔特早已将新型头盔运送到部队中了。正是因为沃尔特不惧阻碍，顶着压力提前做出行动，才使得士兵们大大受益。十分可贵的是，沃尔特善于寻找突破口，找准时机果断行动。同时，他毫无私心，始终为了大局利益着想。下一个例子也可以证明这一点。

不知怎么，我和手下士兵们接到了从圣地亚哥调往夏威夷福特岛某处驻地的命令。那里居住环境十分恶劣，我们只能住在第二次世界大战遗留下来的飞机库里。士兵们不仅与家人被迫分离，来到一处没有任何作战任务的荒凉之地，还要住在如此破败不堪的地方。这里的窗户摇摇欲坠，管道锈迹斑斑，油漆早已斑驳脱落。作为领队，我必须对士兵们的生活质量负责。一方面，这种恶劣的环境十分影响团队士气。另一方面，没有作战任务也令队员们十分焦虑。我曾申请资金支持想要修缮这里，却没有得到批复。有一次，议会代表团来这里进行参观访问，我立刻抓住这个机会。我本可以让他们参观一些相对体面的场所，但我没有，我领着他们来到驻地最破败的地方，告诉他们这就是士兵们日常生活的环境。我特意避开宽敞的办公室，带他们走后门的楼梯间。一位代表问我为什么不申请资金，我回答"我无权这么做"。

几个月以后的某一天，我在一艘驶离韩国的潜水艇"卡美哈美哈号"上接到了来自圣地亚哥的电话。当时我们还在水下，突然接到一封急电，命令我立刻上岸与上司通话。在电话里，上司气急败坏地问我："你和议会代表团的人说什么了？我要你把你讲过的话一字不差地写出来给我看看！你是不是向他们要钱了？"我告诉他，我没开口要钱。他不置可否，将我一通数落，随即挂断了电话。

后来我搞清楚了，原来是在一次海军特种作战指挥部会议上，这位上司的领导向一位四星上将夸耀我们的海豹1组有多么厉害，没想到上将问道："既然一切都这么好，为什么1组需要200万美元的预算？"领导一头雾水，而又十分窘迫，只好转头向他的手下——也就是我的顶头上司发难。我的上司对此也毫不知情，认为是我对议会代表开口要钱了，因此向我大发雷霆，这就是我接到那通电话的原因。不过，实际上我从来没有真正逾越规定，张口要钱，因此我没有违反任何规则。借助议会代表团的帮助，我们那一年获得了200万美元的修缮资金，第二年又再次获批100万美元。借助这笔钱，我们对驻地进行了修缮，还对作战船只进行了升级。此前，我曾在正式预算申请中申报过上述项目，却无一得到批复。幸运的是，我发现了一个无须打破规则就可解决问题的好方法。

第十章 制胜丛林

正如你所见,沃尔特并没有打破规则,也没有违反规则,但他有勇气挑战权力的界限。有时,两个人之间的权力界限并不明晰,存在一些"灰色"地带,我习惯称之为"缝隙"。这种不明晰的权力界限为创新者带来了机会,或许正是创新的突破口。任何一个组织,不管其官僚主义之风多么盛行,或是组织规则如何复杂,都无一例外地存在种种"缝隙"。对于非理性程度较高的组织而言,甚至可能存在自相矛盾的规则,这对创新者来说既是挑战也是机遇。

陷入绝境

沃尔特还有一个引人入胜的故事。在这次经历中,他面临与上一个故事相似的窘境,不过他依然坚持自己的选择,顶住压力果断行动,再一次利用了寻找突破口技巧。更关键的是,他和团队还因此挽救了一条生命。

彼时,沃尔特和他的团队仍驻扎在夏威夷。尽管他们成功修缮了军营,却依然没有得到任何任务指令。为了保持队员们的紧迫感和积极性,沃尔特一直在寻找作战机会。在圣地亚哥,队员们时常执行任务,来到夏威夷之后却突然闲散下来,很容易因此懈怠,这对海豹突击队的队员来说可不是什么好事。队员们会进行模拟演练,但演习却全然无法与荷枪实弹的战场环境相比。更麻烦的是,沃尔特及其团队在任务汇报方面也处在一个十分尴尬的境地:他们身处夏威夷的训练基地,但部队中的其他人与沃尔特的顶头上司全部都在圣地亚哥。因此,基地上级有权对沃尔特及其团队下达命令。

复活节那天,我接到一通来自太平洋指挥中心(PACOM)的电话,电话那头的指挥官问我:"你们会跳伞吧?"我给予他肯定的答复,因为跳伞本来就是海豹突击队的训练内容之一。

当时在基地上的其他部队都直接向 PACOM 汇报，而我和我的团队却要向圣地亚哥的特别作战指挥部进行工作汇报，我的顶头上司再向四星上将进行工作汇报，这一套流程下来十分不便。

我在电话里得知，有一个紧急情况需要援助：一位美国公民与女友驾着游艇在太平洋上航行，偏离路线后停靠在一个小岛上，这位男子在钓鱼时不小心将鱼钩卡在了脚上，结果由于他在岛上居民的污水池中行走而感染了。他向海岸警卫队发出求救信号，但该男子所处的位置超出了救援直升机的降落范围。海岸警卫队表示，他们的直升机可以飞到该男子的游艇上方，但没有救援人员知道如何使用降落伞。问题在于，海岸警卫队无权直接命令海豹突击队，突击队队员也不能擅自行动，而必须向上级指挥官，也就是向一位四星上将请示，得到批复后才能行动。这个任务要求我们在海面跳伞，登船，提供医疗帮助，再驾船前往最近的医疗点对伤者进行处置，或是驾船到达可以乘坐飞机的地点，将伤者送往医院。

沃尔特清楚，自己至少要获得顶头上司的批复才可行动。但是时间紧迫，伤者的感染情况严重恶化了。海岸警卫队预测，如果没有及时得到救助，伤者可能会在一两天之内死亡。

我首先联系了顶头上司，但一开始并没有打通电话。第二天早上他回拨给我时说道："你先待命，我得等待上级的指示。"我深知时间紧迫，人命关天，便请海岸警卫队向我下达海上救援指令（一般来说，海上救援指令代表下派救援船只与救生人员）。我知道海军有这样一项法规：如果收到紧急海上救援指令，你应当协助救援。

时值复活节，队员们在享受假期，因此我下令召回队员，

第十章 制胜丛林

命他们返回基地。我们打造了一艘橡皮艇，精心挑选了六位队员：两位善于跳伞，两位擅长急救，两位负责驾船。我们的计划是搭乘海岸警卫队的飞机，在伤者附近跳伞到达他身边，再将其送往最近的医院或机场。我们一边等待上级指示，一边着手准备行动。我们连夜准备，以便搭乘第二天一早第一班渡轮赶往主基地。我们将相关设备与行动队员一同送到渡轮上，再借助直升机将其运送到海上。这段路程要花费12个小时。我告诉队员们，要想尽一切办法对伤者实施救援。回到办公室以后，我接到了上司打来的电话，他告诉我："我很快就会拿到你们行动的许可了。"我告诉他，我们已经行动了，这是一次海上救援，我无须等待任何许可。但我的领导还是坚持认为我需要得到正式许可才能派出突击队队员采取营救行动。但我知道，六名队员已经出发，现在下令召回他们肯定来不及了。

沃尔特派出的救援小队成功在海上找到伤者的小船，并开始向圣诞岛方向行驶。两位救援人员立刻着手对伤者进行救助，他们为其进行了两轮药物治疗，但并没有见效。不得已他们只好采取了其他急救措施，最终有效控制了感染。而在整个过程中，他们还经历了两次可怕的太平洋风暴。

这件事后来甚至传到了科林·鲍威尔（Colin Powell）（时任美国国防部长）耳中，海豹突击队队员的英勇事迹还上了新闻头条。我的顶头上司命我赶到夏威夷，当我走下飞机时，立刻被涌上来的记者包围了。我们成功挽救了一条生命，也保住了他的腿。但直到这次行动上了新闻，身边所有人还是认为我不应该这么做。讽刺的是，伤者的女朋友后来还一直声称我们的突击队队员借了她一个牙刷没有还。

创新柔道技巧应用总结

- 自律
    - 做好准备
    - 自控
- 寻找突破口
    - 寻找软肋
    - 组织的敏感点——创造价值
    - 测试 / 原型产品
    - 利用"缝隙"
- 杠杆借力
    - 熟悉规则
- 快速出击
    - 快速找到突破口
    - 让创新扎根
    - 宁可后悔,好过遗憾

需要特别注意的是,与前面的例子相比,沃尔特对于创新柔道技巧的应用着力方向与使用目的等方面都有所区别。而区别的根源就在于所处组织环境的特殊性。"丛林"型组织环境的复杂程度和非理性问题都十分严重,对于官僚机构和等级制度森严的组织来说尤为如此。这类组织有着自己独特的工作节奏,某些创新柔道技巧在这里会失去效力,如突袭技巧、推拉制衡技巧等。例如,你绝对不能向机动车管理办公室的工作人员使用某种突袭技巧,否则若是不小心惹到他们,就很可能从此再也不能续签驾照了。在军队中,如若你打破规则或是逾越规则,那么你的工作甚至职业生涯都将受到限制或影响。沃尔特对于创新柔道技巧的运用自有衡量标准，十分明智，他的方法适用于"丛林"型组织。同时需要注意的是，沃尔特的出发点始终是为了集体或他人利益，而从未借助创新柔道技巧谋取私利。无论是借助议会代表团筹集资金还是派出救援小组拯救生命，他的行动都具有高尚的意义。正如他所说："你必须坚持你认为对的事情。"对他而言，无论是提升队员们的生活条件和水平，解救太平洋上陷入困境的公民，还是生产新型头盔保护士兵，都是值得冒险去做的事情。与前文中提及的比利·米切尔将军不同，沃尔特不会气急败坏地与当权者直接对峙，他往往会采取一种彬彬有礼的方式表达自己的合理诉求。下面我们来分析一下沃尔特对于创新柔道技巧的运用。

自律

沃尔特首先巧妙运用了自律技巧。因为所处组织环境是军队，而非商业机构，因此他对于自律技巧的运用并非体现在制订商业计划或是展示商机上，而在于他对组织规则与权力界限的充分了解。在此基础上，利用这种熟悉来寻找对自己有利的规定，以此帮助自己的计划顺利实施。在等级森严的大型组织中，人们在决策之际往往会将决定权交给上一级领导，以避免出现问题时自己遭到追责，降低风险。我们习惯于将这种做法称为"委托上级"。当然，这种做法有时的确是明智之举。但是也会有一些时候，你更应该坚持自己的选择，勇于承担责任，而不是一味保全自己，将决策权推给他人。

"海上救援"是海军的一条明确规定，具有法律效力，代表个人义务。这四个字代表的含义十分重要，与"解救受伤的帆船运动员"或是"驶往最近的医疗机构"不同，它没有十分明确的指示，因此涵盖范围很广。有了这条规定，沃尔特及其团队便有了正大光明的行动依据，也就可以在"擅自行动"的责令前免遭处罚。如果你想要创新，却恰好身处"丛林"型企业，那么你一定要好好了解组织的相关规则，尤其要掌握那些可以互相牵制的规则。花时间了解组织规则并不是什么有意思的差事，但却可以助你克服创新之路上的重重阻碍与人为阻挠，因此绝对是值得的。下面是沃尔特对组织规则巧妙应用的另一个例子。

> 我们将驻地旧址翻新之后，又接管了岛上另外几栋无人使用的楼房。几年后，海军决定重修罗德岛，却发现上面的房产已被我们海豹突击队占用了。海军想让我们搬出去，我回答："不行。法律规定，如果我们搬走，你们必须将我们安置到同样规格的地方去，不然就要提供同等规模基地的建造资金。"因此，他们在珍珠港划出55英亩[1]的土地以及两个码头作为"搬家"补偿，同时海军提供了1 500万美元的搬迁资金。但是，我们要求一切都不能比原来的条件差，因此他们还拨给我们额外5 500万美元修建资金。现在，那块驻地被戏称为"沃尔特的基地"。就这样，我们把一件糟心事变成了一件开心的事情：被迫搬离原址，但却得到大笔补偿金。我们当时的意见便是"搬家可以，但海军要付钱，不然我们就不搬"。

寻找突破口

由沃尔特的例子中可以看出寻找突破口对于创新的重要意义。如果你不能为自己创造创新的突破口，那么就要去利用现有情势，寻找机会。头盔的案例表明，创新者要清楚权力界限在哪里。尽管沃尔特当时面临阻碍，测试组负责人拒绝为头盔发放合格证明，但沃尔特认为自己有权做出决策，并勇敢地采取了行动，果断将新型

---

[1]　1 英亩 = 4 046.86 平方米。

头盔运往部队中去。沃尔特知道，在头盔完善测试中每多浪费一天，就可能有一位特战队队员因为没有戴上新型头盔而命丧战场。

这种权力间的突破口或是"缝隙"，以及在"丛林"型组织中常出现的"推诿上级"恰好为创新带来了机会。如果同事不想承担责任，将决策权移交给上级领导，势必会拖延时间。而创新者则可以借助这个空当迅速展开行动。创新者越快下手，阻碍就越来不及出现。无论是召回 3 000 个头盔，还是召回已经出发的海上突击救援队，都不是轻而易举的事情。

对于沃尔特来说，议会代表团来访也是一个突破口。正是借助这次机会，沃尔特成功筹到资金，修缮海豹突击队的驻地。一般来说，指挥官都会将部队最体面的一面展示给来访者，但沃尔特另辟蹊径，最后得以成功。

杠杆借力

沃尔特不仅了解规则，还将规则为己所用。他利用组织内对他有利的规则作为杠杆，消除了不利规则对他带来的阻碍，实现了更多人的利益。同时，在议会代表团的例子中，他并没有亲自开口要钱，因为这本身也是违法的。但沃尔特通过带领议员参观驻军基地破败的"后门"，借用议员们的权力成功筹到了修缮资金。

快速出击

对于创新而言，仅仅找到一个突破口依然于事无补，关键在于你能够迅速利用这个突破口开始行动。因此速度至关重要。在海上救援的行动中，沃尔特没有坐以待毙，干等批准救援的指令，而是迅速着手进行救援准备，迅速出发。头盔的例子中也是如此，沃尔特没有等待生产批复，而是让工厂迅速生产并向部队输送新型头盔。在众多创新柔道的例子中，你都可以看到速度的重要性。突破口往往来得快，消失得也很突然。对于创新者来说，"丛林"型组织的一个好处是，由于其复杂性与非理性，当权者往往很难迅速做出决策，而这个空当便是创新者可以利用的好时机。一旦创新者可以迅速抓住这样的时机，便可充分利用，迅速展开自己的创新行动。

创新柔道七大技巧自测

再次阅读上文，寻找我没有在总结中提到的创新柔道技巧，并在前面打钩。

创新柔道七大技巧一览		
自律	**杠杆借力**	**转向**
□做好准备	□借力企业价值观	□佯攻
□保持激情	□借力客户	□推拉
□创造商机	□借力竞争对手	
□耐心	□借力高层领导者	
□自控	□借力公司战略	
	□借力非正式组织	
	□借力老板权威	
周旋	**寻找突破口**	
□在反对者身边周旋	□寻找"软肋"	
□全方位审视创意	□削减成本	
□依靠团队作战	□提升效率	
□提升品牌价值	□用数字说话	
□测试/原型产品	□利用"缝隙"	
快速出击	**推拉制衡**	
□将创意转化为商机	□突袭	
□不害怕失败	□少许诺，多践诺	
□迅速行动	□全面审视创意	
□快速找到突破口	□出其不意	
□宁可后悔，好过遗憾	□力量转换	
□让创新扎根		

Part Four

第四篇

制　衡

Counterbalancing

许多时候，创新柔道是个不可或缺的天使。但理想状态下，我们本不需要应用它们。因为组织应像人类一样天生具有创新性，其中的阻力应当少之又少。一些企业或组织，尽管规模庞大复杂，却已经懂得如何系统地实现创新，因而它们不再急需这些技能。随着组织内部的复杂性降低，非理性因素减少，创新柔道也就变得不再那么重要，其效果也不再那么显著。但从长远来看，在一些已成熟或仍处于成长期的组织中，情况却截然相反。其内部结构纷繁复杂，管理仍旧一片混乱。因此，应用创新柔道七大技巧中的一个或多个，将有助于保持组织内的创新活力。

对大多数成熟的组织而言，正确地剖析其内部结构并不是一件容易的事，制衡策略可以帮助它们去除创新之路上的重重阻碍与人为阻挠。本书第四篇针对的对象不仅是创新者，也包括高层领导者。高层领导者的重要工作是建立持续创新所需的组织架构和企业文化。仅仅说"我们需要创新"显然是不够的，高层领导者还必须重视它，并为其建造相应的组织架构。

在第四篇中，你将学习如何寻找创新土壤、注入创新精神、构建创新文化以及开拓创新渠道，并将其作为制衡机制，以帮助传播、培育、保护和捍卫创意，使创意得以存续并创造价值。虽然许多制衡机制都涉及建立正式的组织结构和流程，但你仍然需要一些掌握创新柔道技巧的大师，来打破合理与不合理之间的界限。没有地方能完全摆脱"公司政治"。企业或组织总是把简单的事情复杂化，因此制衡策略需要合理地协调人员及业务流程。

在本书的结尾，你将看到有关海军少校克里斯·克拉克洪和美国海岸警卫队创新委员会的内容。和大多数军事或政府组织一样，海岸警卫队也有所谓的"丛林"，但海岸警卫队已经找到了正确的方法来构建创新体系，招募创新人才。尽管困难重重，海岸警卫队仍成功引入和保持了创新，这十分难得。在第四篇结尾，读者将要面对一个挑战——成为其他创新柔道弟子的 sensei（日语，意为尊敬的老师），帮组织建立更为持久的制衡机制。

第十一章
寻"龙"——制衡策略

寻"龙"

- 强大而敏捷
- 组织周密，有序灵活
- 兼具可控性和自主性
- 运行流畅，创造力强
- 有效高效
- 预算有限，注重商机
- 团结创新

每当和大企业的员工探讨如何才能更具创新思维时，我总是告诉他们，即使两件事情在逻辑上相悖，我们也需要理解并接受这一矛盾。你会看到几组矛盾，它们可以帮助那些想要提高IQ（innovation quotient，创新商）的大型企业或组织。我常说没有所谓的"开关"，能把那些大企业从创新破坏者转变成创新推动者。即便有这样一个开关也毫无意义，因为如果没有一定形式的管理层级、控制或预算约束，你将无法经营一家大型企业。但当那些看似良好的管理实践扼杀了创新时，我们就会意识到制衡策略的重要性。企业或组织必须接受这个事实——有时你会成为创新的典范，而有时却会显得非常愚蠢。这往往无法避免。然而，我们的秘诀是试图将这些矛盾的事物结合起来，使二者能够和平共处。本书稍后将讨论如何在"丛林"型企业环境中建立起一个"奥兹国"。"丛林"型企业环境的竞争仍旧存在，但"奥兹国"的建立能够起到相应的制衡作用。创新柔道也是一种制衡机制，但如果这是唯一的机制，从长远来看，它则会限制你在更广的范围内引入并保持创新。

什么是"龙"？

几年前，清华大学邀请我与一群企业高管讨论创新和内部创业。学校告诉我，大多数企业高管都不会说英语，并且也大多不懂如何才能让一家公司更具创新性。我不得不用一些比喻或类比来表达我的观点，于是我的一位中国朋友建议我试试用"龙"来做类比。这里的"龙"，是东方文化中的龙，而非西方文化中的龙。在西方文化中，龙会让我们想到喷火的食人怪兽。但在东方文化中，龙是受人尊敬的。它们强大有力，同时又非常敏捷。这是一个很好的比喻。从很多方面来说，企业内部的创新和创业思维是一种"创造龙"的过程——把规模庞大且重官僚主义的甚至像恐龙一样的企业打造成"龙"。

你会在武术中看到很多与龙相关的元素，包括由李小龙主演的功夫电影《龙争虎斗》(*Enter the Dragon*)。武术服装、会所甚至一些武术从业者的文身上，都有龙的形象。对于武术家来说，龙也象征着力量和敏捷的稀有组合。

因此，对于大多数希望引入并保持创新活力的组织来说，它们面临的挑战是建立某种能够"创造龙"的模式，能够将大企业所具有的规模、业务范围、组织结构和业务流程，与"龙"所固有的敏捷性和力量更好地结合起来。通常有四种方法可以使这种结合制度化。

- 寻找创新土壤（dragon dens）
- 注入创新精神（dragon serum）
- 构建创新文化（dragon cultures）
- 开拓创新渠道（dragon borrowing）

寻找创新土壤

包括英特尔、宝洁、金佰利和海岸警卫队在内的多个企业或组织利用这一策略，一直在努力减少创新之路上的重重阻碍与人为阻挠。这一策略也包括在原有的架构下创建一个新的架构，以有助于支持、培育和实施创新理念。这一章你将看到美国海军少校克里斯·克拉克洪和美国海岸警卫队创新委员会的例子。创新委员会展示了"创新土壤"与"创新精神"的完美结合，它是海岸警卫队的一个"创新温床"。创新委员会是一个正式的组织——可以直接向司令官办公室报告。它拥有创新柔道大师，如克里斯。它还拥有创新种子基金，同时也有具体的业务流程以推动创意落实。委员会的成员得知，他们70%的工作任务是与创新相关的，如果上司试图改变或挑战这个比率，高层领导者将进行干预。他们每年举办一次创新博览会，让创新者有机会展示他们的创意，同时可与国防工业部的成员及一些军事部门进行互动，而这些军事部门或将在实际工作中用到他们的创意。

海岸警卫队创新委员会向我们展示了如何寻找创新土壤。以下九个元素让它在过去几年里保持着影响力。

1. 高层的承诺与支持
2. 目标明确的资源配置
3. 正式的组织结构和业务流程，以推动创意落地
4. 招募"叛逆"的成员
5. 高知名度
6. 创新奖项与激励
7. 高层掩护以避免受到干预
8. 以创新为第一要务
9. 理事会成员任期足够长，以保障创意得以最终实现

我认为创新委员会是一个典型的范例，并且将在本章的最后做具体的介绍，以便读者可以了解它如何维持组织内的创新。

无论是在公共部门还是私营部门，你都会在其中找到上文所提及的创新土壤的大部分特征。私营公司往往会利用快速晋升诱惑那些在创新土壤中工作的人，即便他们知道可能会遭遇失败，但仍然愿意承担风险，脱离正常的工作轨迹而进行创新。在海岸警卫队的模式中，它不是在寻找海军上将，而是在寻找那种喜欢为创新而努力的人，并且愿意跳脱海军上将的职业生涯轨迹，去做这一项工作。军人特别重视来自高层和周边同龄人的认可，所以他们设立了"年度创新者"奖。在克里斯·克拉克洪这一案例中，他留在海岸警卫队只是因为他在那里很开心。创新让他在个人事业上有了很好的开端，而海岸警卫队和其他军事部门也因此获得了巨大的利益。这毫无疑问是一种双赢。

在许多方面，寻找创新土壤往往是试图在另一个不那么创新友

好型的环境中创建一个"奥兹国",以此形成一种有效且可持续的制衡机制。克里斯的大部分工作是在军队和联邦政府的"丛林"中完成的,但他的主要营地却是在海岸警卫队创新委员会这一"奥兹国"之中。

海岸警卫队的模式是经过人们的深思熟虑的——它考虑到人们所需要的不仅是在餐桌上讨论后得出一个创意,更重要的是在"丛林"中开辟道路,真正推动落实这些创意的。创新委员会寻找的是那些"叛逆"的中级军官——他们不畏惧上司,并且在创新柔道方面也有一定的悟性。

许多组织花很多的时间和精力来思考如何创新,却并未采取相应的行动。我目前正在与两个团队合作,它们刚刚开始开辟自己的创新土壤,忙于建立相应的奖励与评价机制。但它们却没有花足够的时间来思考如何将这些创意转化为现实。一个好的创新土壤需要为新的创意同时创造入口和出口,即能推动创意的产生与落实。例如,和英特尔一样,宝洁与金佰利也找到了自己的创新土壤——采纳创意并将其培养成熟,之后获得其中潜藏的价值。因此,这些公司不仅建立了进入创新土壤的入口,鼓励人们提出创意,还建造了创新土壤的出口,将这些创意带到具体部门,由它们负责具体实施。如果你不认为创新土壤是公司内部生态系统的一个组成部分,那么它就无法融入组织的结构中,更别提持续创新了。

臭鼬工厂是洛克希德·马丁公司高级研发项目的官方别称。臭鼬工厂以承担秘密研究计划为主,研制了洛克希德·马丁公司的许多著名飞行器产品。臭鼬工厂与我们所说的创新土壤相似,它有着高度自治的管理模式,避免组织内的创意由于官僚主义而被限制或扼杀。海军研究局是创新工作的重要参与者,特别是在科技领域,它建立了一个专门的"臭鼬工厂",来帮助创意快速成型并全面实施。海军内部组织和"丛林"型企业环境相似,但海军研究局创建了独特的臭鼬工厂,以制衡组织内的惯例和官僚作风。这些惯例和官僚作风常常阻碍创意的实施及落实。此外,该臭鼬工厂的首领是海军办公室的吉姆·布希(Jim Blesse)。创新柔道大师不仅要让领导者学会如何领导,还要让手下的员工行动起来。这样才能让他们知道,一个好点子不该在创新之路上停滞不前。

是否需要寻找或建立创新土壤取决于不同的公司。如果我们可以在角落里孵化创意,并交由别人来负责具体实施,同时又能与实施创意的人真诚合作,那就再好不过了。但在创新过程中,潜在的实施者常常不会过早地参与其中,或成为该创意的共同创造者,这使创意的实施变得更加困难。经过深思熟虑找到的创新土壤,需要有一个明确的流程来识别关键的利益相关者,并让他们参与其中,这一流程需要贯穿始终。如果你不帮助孵化创意,就很难对它抱有热情。

注入创新精神

公司将创新制度化的另一种策略是向公司内的主要管理人员注入创新精神,并将其与创业教育相结合。在我的上一本书《像企业家一样领导:保持企业内的创业精神》中,我提到一些组织试图通过训练它们的管理层,使他们能像企业家一样思考和行动,从而开展创新业务。几年来,我与西门子公司密切合作,开展了一项"创新精神计划"。西门子通过一个为期8个月的项目,让数千名极具潜力的中层管理人员参与到培训学习中来。参与者必须向执行委员会提交一份全面的商业计划才能结业。培训项目中产生的一个新创意，在提出后两年左右的时间里为公司创造了2.5亿美元的收入，而整个培训项目的投资不到250万美元。与传统做法不同，西门子更关注公司的中层管理人员，因为公司认为最好的创意常常来自他们。中层管理人员已经在公司工作了一段时间，他们知道什么是有效的，什么是不可行的。很多时候，这些中层管理人员可以提出切实有效的创意。注意，创新柔道大师一般都是中层管理人员，比如吉姆·雷普。但遗憾的是，即便中层管理人员不是创意的提出者，他们也可能是最抵制变革和创新的人。然而一旦他们加入并成为执行者，将能更好地帮助和实施这些奇思妙想。但是，许多美国公司在裁员时往往选择首先辞退中层管理人员。因为他们从未真正意识到，如果经由适当的引导，这一群体可以发挥巨大的创新潜力。

构建创新文化

构建创新文化是最具挑战性的制衡策略，因为你不是尝试在一个地方建造"奥兹国"，而是将其完整地转变为"奥兹国"。如果你已经身处"奥兹国"型企业环境中，在比如3M、迪士尼、谷歌、苹果、宝洁或捷步这样的企业里工作，你就没有必要拿起这本书。在这些企业里，创新文化深深融入其中，它们也将创新列为企业战略。这些企业的创始人或投资者认识到了持续创新的重要性，并据此开展经营活动。

系统性的方法

我已指出，创新不是目的而是工具。当我们问及"目的"时，需要具体说明我们想要用"创新"这个工具做什么。让我们假设一下，我们想要一个更具创新性的企业文化。那么我们不得不问"我们要做什么"。当一些CEO说，他们想要一种更具创新性的文化时，这常常意味着他们希望通过利用员工的创意和努力来实现更大的效益增长。这种增长能实现资本的增值，吸引更多的投资，并且让组织更具活力，推动组织发展并超越竞争对手。当海军官员说他们想要一种更具创新性的文化时，其目的是获得好的创意，从而使海军在财政资金受限的环境中运行得更好、更快、更省。"以更低的成本做好防务准备"现在已成为他们的口头禅。

但是，仅仅获得好的创意并不意味着你拥有创新文化。构建创新文化远比这要复杂得多，并且需要一个长期、系统的创新观念。组织的"7S模型"[1]解释了为什么一些组织能够产生巨大的变化，而另一些组织却屡遭失败。我通过对比研究，并运用7S模型提出了一个描述性模型，称之为"组织解剖学"。该模型最初的目的是帮助管理者理解组织变革的系统性。我发现它是一个非常有用的工具，并对其做了几个关键的修改，来帮助管理人员在组织内部更好地培育创新文化。我现在把它称为"9S模型"。因为我在原有的基础上，增加了两个元素。

图11.1展示了我在麦肯锡7S模型的基础上，发展而来的9S模型。因为7S模型遗漏了两个重要的元素：资产和战略沟通（一个令人信服的故事）。我的一些同事建议我在S框架内使用"现金"（stuff）而不是"资产"（assets）这个词，但我更喜欢使用"a$$ets"一词。我用美元符号来表示我们在谈论物质资源和人力资源方面的资金。每个组织都有各自的财务记录，体现了其经营活动。麦肯锡

---

[1] Robert, Waterman, Thomas, J. Peters, and Julian, R. Phillips, "Structures Is Not Organization", *Business Horizons*, 1980.

在最初的模式中没有提到这一点，这显然是一种疏忽。例如，如果一个公司只有买啤酒的预算却想要买香槟，这无疑会出现问题。它要么调整其战略以适应有限的预算，要么为了实现战略而寻求更多的资金。当然，还有一种选择，那就是通过创新的手段，用买啤酒的预算获得香槟。我如今在海军的大部分工作都是为了帮助海军以更低的预算完成防务准备，而创新是实现这一看似自相矛盾的目标的关键工具。

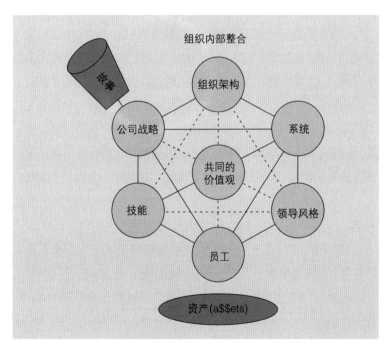

图 11.1　9S 模型

我所提及的战略沟通需要具有说服力。如果只有公司 CEO、我和执行团队知道公司的前进方向，而公司内外的其他人等对此一无所知，那么我们在战略沟通方面无疑是失败的。战略沟通缺乏说服力,我们就很难饱含激情地、清晰地将这个战略传达给其他人。我倾向于用"快速演讲"的方法让人们了解一个创意的价值主张,组织战略也是如此。如若无法简洁明了地将你的创意告诉他人,则说明你对这一创意仍未了解透彻。在创新层面,故事的说服力则主要体现在创新的目的上。作为一名创新顾问,我面临的最大挑战是,如何帮助高层领导者清晰明了地传达他们创新的"目的"。如果不了解创新的目的,也就是麦肯锡所称的创新战略,我们就很难在组织内进行创新。

让我们看看这个模式是如何构建创新文化的。值得注意的是,"共同的价值观"或文化处于中心地位。但是如果不适当地调整其他元素,让它们能够支持创新文化的建立,我们就无法建立创新文化。如果我在你们公司待足够长的时间,通过了解每一个元素及其共同运作的方式,我就可以准确地向其他人介绍你们的公司文化。我们应该把每一个元素看作组织结构的一部分。就像人一样,如果拆解了人体中的一部分,我们就不可能在解剖学上成为一个完整的人。而当组织中的一个元素出问题时,它也会影响到其他所有的元素。

大约两年前,由于右臂二头肌肌腱三次手术失败,我不得不连着几个月都佩戴吊臂。这不是医生的问题,而应该怪我这个病人太缺乏耐心。现在,因为左臂使用过度,右臂的伤痛不仅影响到左臂,也影响了我的睡眠。同时,我的背部也出现了问题。这些系统性的影响在意料之中。遭受过类似病痛的人都知道,当你身体的一个部位出了问题时,通常会对其他部位产生系统性的影响。组织也是如此。下面我将对每一个元素做简要解释。如果你希望在公司内建立更具创新性的文化,则可以将 9S 模型看作一份清单,对照着这份清单,尽你所能将创新文化引入公司,并努力保持创新文化。

因为如果没有从制度层面引入创新文化,创新将很容易遭到扼杀。

- **公司战略(strategy)**:实现竞争优势的途径。无论明文规定与否,它都规划了公司前进的方向。
- **组织架构(structure)**:工作任务和人员划分的方式,活动和报告(上下级)关系的基本分组,同时也是专业分工和整合的重要基础。通过查看组织结构图,观察其组织形式,我们可以清楚地了解公司架构。
- **系统(systems)**:正式的系统和业务流程,包括管理控制系统、业绩考核和奖励系统、预算系统、信息系统、计划系统和资本预算系统。这些系统通常有具体的文件规定,并且拥有业绩考核指标体系。
- **共同的价值观(文化)(shared values / culture)**:公司建立和运作所依据的指导思想、基本理念和原则。它有助于人们集中精力,为公司提供目标和动力。真实存在且共同遵循的价值观将会是公司文化最显著的内容。
- **员工(staff)**:员工的背景和能力。人员组成的方式,包括员工招聘、选拔与交流、管理层的晋升渠道、新员工的培训、管理与融合、职业生涯管理。它也包括公司的岗位设置。如果想要成为这个行业的技术领导者,公司会希望有一批工程师为公司工作,并逐渐晋升到更高的管理岗位。
- **技能(skills)**:组织中的基本技能,包括人力、管理实践、技术等方面所独有的竞争力。如果是一个技术驱动型公司,公司会希望能从最好的工程学校招聘工程师。如果是一个业务驱动型公司,公司会期望能有更多沃顿商学院的毕业生加入。
- **领导风格(style)**:高层管理者的领导风格和组织的运行方

式。如果领导层作风专制、注重等级，那么高层领导者将会更倾向于利用等级制度来管理公司。如果领导层注重民主、鼓励参与，那么就会形成不同的基调。我们常说，领导风格是由高层领导者确立的。也有研究表明，组织内诸多部门都会效仿高层领导者风格。

- **资产**（a$$ets）：所拥有的资源，包括人力和物力，可以为战略实施提供支持。资产也可能是公司外部的资金。宝洁公司通过吸引供应商等外部公司的共同投资，进行新产品的研发，从而实现风险分担和收益共享，因而在创新领域取得了巨大成功。
- **故事**（story）：我们如何清晰明了、更具说服力地告诉他人组织的前进方向。它不是简单地列举账目数据、公司的经济增长目标，而是对公司上下员工的引导。故事需要简洁明了，具有说服力，从而可以更有效地传播。

领导者的工作是协调整合所有元素，以便实施公司战略。如果一个组织想要建立一种更具创新性的文化，那么组织（或子部门）的负责人必须管理和调整这些元素，使得这些元素相互支持、推动公司战略的实施，而非仅仅停留在理论层面。

9S模型对管理者来说有两个关键的意义。首先，它证明了调整这些元素的重要性，以此让公司战略得以真正实施。如果以上组成部分互不相容，那么所有的工作都将是一场空，组织内部无法实现真正的改变。其次，它也是一个很好的诊断工具，可以帮助高管们思考如何改变他们的组织，从而使变革成为现实。

有一个很好的例子——西门子实施的新战略"单一联系人机制"。在这一新战略实施之前，多个部门拜访同一客户的情况并不少见。但是这些销售人员内部没有进行交流和相互协调，因此客户

抱怨就在所难免。一些员工认为，由于西门子有许多交叉部门，他们无法向一些更大的客户提供整体解决方案。如果你的公司有发电厂建设及建筑控制技术的业务和产品，难道要让负责这两个业务的部门分别向同一个客户展开游说吗？这听起来有点滑稽。

单一联系人机制

西门子公司为应对以上挑战而设计出一种新的销售策略，并建立了一种新的组织架构，在此架构中设立了一种新的角色——全球客户经理，专门负责制订公司内跨部门合作的联合销售方案。但因为没有调整其他的元素以适应公司战略及组织架构上的变化，在我与西门子合作的四年时间里，这一方案从未得以成功推行。例如，公司没有改变相关的销售奖励制度，原本的制度只奖励销售本部门产品的销售人员，因此无法激励销售人员帮助销售其他部门的产品或服务。同时，销售人员也没有受过其他部门的产品销售培训，交叉销售变得更加困难。这种分裂的公司组织架构无法在销售人员间形成友好合作的企业文化。

你能看到 9S 模型是如何帮助一家企业实现可持续的变革的。例如，你想要一种创新文化，那么你必须系统地思考组织中哪些元素需要整合，以推动创新的可持续实施。海岸警卫队或 3M 公司的模式告诉我们，如何在企业内建立创新所需的组织架构。这样的创新虽不是一蹴而就的，但它有机会真正融入企业文化。当企业让我就创新问题征求内部意见时，我首先问的是："你目前正在进行创新吗？"这可以很快就告诉我，它们是否在系统地思考。因为需要找到这些元素（9S）来引入和保持创新，所以企业建立创新文化需要一段时间。显然，如果没有高层领导者的支持，这是不可能做到的。

最初的 7S 模型，以战略为出发点，系统合理地构建或修改其他的元素以支持该策略。但是实施者很快就意识到，如果继续调整，将可以对 7S 模型中的任一元素进行所需的修改和调整。例如，改变奖励制度以激励创新者，创新者可能提出一些新的创意，这些创意可能带领企业朝新的方向发展，从而改变当前的企业战略。苹果从未想过进军音乐行业，但数字化音乐的出现让它通过 iTunes 走上了一个全新的轨道，包括向众多艺术家和音乐制作公司购买音乐版权。

我也可以尝试从企业文化变革开始，但这个过程漫长且困难重重。在这个过程中，变革者可以选择保留原有的企业文化。我十分支持创新带来的企业文化变革。如果你奖励创新者，并招募一些具有创业精神的人担任关键职位，设置一定的流程以鼓励好的创意出现，你可能会更有效和高效地进行企业文化变革。这胜过一开始就以企业文化变革为目标。

仅仅告诉员工你希望他们充分利用各自的才能提出好的创意，无法建立我们所需的创新文化。像 3M、宝洁、苹果这些公司已经开发出了一种系统性的方法来建立创新文化。然而，麦克纳尼（McNerny）在 3M 任职的经历也告诉我们，创新是一种微妙的平衡。他在 3M 公司应用精益六西格玛来管理研究人员，就扼杀了创新。

开拓创新渠道

开拓创新渠道是一种较新的方法，已经应用于一些公司中。《创新者的剧本》(The Innovator's Playbook)（Deloitte，2009）较好地概述了这种方法，你也可以在网络上找到更多的相关信息。事实上,这种方法也催生了一些新的组织,其主要工作职能就是创新。位于加利福尼亚州帕罗奥图市(Palo Alto)的 IDEO 公司就是一个例子,它存在的唯一目的就是创新。每年有成千上万的公司来找 IDEO,希望它能为自己公司的业务"构思"新的创意。IDEO 在创新过程中利用其专长帮助宝洁(软毛牙刷的设计者)或苹果(第一个电脑鼠标的设计者)等公司,创造和设计新产品。

但也出现了其他一些公司,旨在帮助其他公司"借用你的才华"(参见戴维·默里(David Murray)《借用你的才华》(*Borrowing Bridiarce*)一书)。例如,YourEncore 是宝洁公司的分支,专门招募宝洁等公司的退休人员,利用他们的经验帮助客户解决极具挑战性的问题。Yet2.com 帮助其客户通过投资知识产权获得回报。如今知识产权和技术的发展给客户带来了较多的市场机会,特别是在产品服务与第三方的合作关系上,Yet2.com 擅长挖掘未投入使用的知识产权(如专利、许可等)的价值潜力。Yet2.com 也在全球范围内寻找知识产权和技术,使客户能够快速、高效地增加自己的知识产权资源,弥补其知识产权投资组合中的不足。值得注意的是,这些公司的规模通常比雇用它们的公司要小。但规模小、灵活性强也使它们能够提高工作效率,减少官僚主义。

互联网让公司和个人都能接触到世界各地的创意,以提高他们的 IQ(创新商)。宝洁坚持其 80% 的新产品创意来自公司之外。如今,宝洁以"这个创意虽非己出,但我们以它为荣!"为座右铭,这与其十年前的运营理念截然相反。宝洁公司正是通过建立"奥兹国",且"奥兹国"不一定处于公司内部来实现创新的。美国中央情报局和美国宇航局(NASA)都利用了开放创新的优势,将部分开发的软件免费赠送给其他公司,要求它们如若能对其进行改进,则要发回改进的版本。二者都从这种开放式创新中获得了价值数百万美元的免费软件。在某些方面，开拓创新渠道不仅可以让你得到自己可能永远想不出的创意，也可以在组织内部缺乏创新友好型的环境时，更有效且高效地推动创意的形成。但是你无法将创意的实施也外包给他人来完成，所以你仍然需要在"丛林""迷宫"或"庇佑所"型企业中探索出一条不同的道路。

融会贯通

这些方法相互关联。事实上，你可以同时采用多种方法来进行制衡。在本书的最后一部分，我想向你介绍克里斯·克拉克洪少校和海岸警卫队的创新委员会。我把这一部分留到最后，是为了说明，无论创新前景多么艰难，你仍然有希望在组织内部培育、引入并保持创新。克里斯的工作多在"丛林"中完成，但因为他具有与生俱来的创新柔道技巧，海岸警卫队选择他来进行创新，并为他提供建立"奥兹国"的基地和必要的高层支持，以确保"丛林"无法将他吞噬。

海岸警卫队运用了多种方法来进行创新，这使得它能够长期引入和保持创新。就像所有"丛林"型企业一样，如果创新委员会不加强防御守护边界，它就有可能被攻陷。在军队或其他引入创新的组织里，随着领导者的更替，它可能不再支持创新，或者希望改变过去的做法。正如你在本节开始时所看到的，新的高层领导者应用精益六西格玛，几乎扼杀了3M公司的创新文化。

海岸警卫队的故事是一个典型的案例，展示了创新柔道大师在帮助一个组织在"奥兹国"与其他三种企业环境的边界地带运作时发挥的重要作用。这是克里斯和海岸警卫队的故事。我最后才阐述它，这样你就可以看到，如若你希望通过创新长期创造价值，就不能把创新架构和创新者区分开来。虽然这个例子主要与军事组织有关,但它告诉我们创新柔道是如何应对公共组织或私人企业中纷繁复杂的结构,并扭转混乱局面的。

制衡策略的实施

海军少校克里斯·克拉克洪与美国海岸警卫队创新委员会

"9·11"事件是克里斯·克拉克洪人生中最刻骨铭心的一段经历。有些人认为,创新能力是天生的,无法后天养成。但"9·11"那天却意外点燃了克里斯内心的创新之火,让他从此走上了创新之路,并最终赢得了"海岸警卫队年度创新奖"。"9·11"当天,在听闻纽约双子塔受袭的消息后,克里斯和一名同事便立即驾驶海岸警卫队的直升机飞往纽约,为当地提供力所能及的救援。受害者被困在双子塔的顶楼,克里斯和同事迫切地想把他们救上飞机。但不幸的是,他们在纽约被命令停飞,并亲眼目睹了第二栋大楼的倒塌。他们眼睁睁地看着那些受害者跳楼坠亡,一种强烈的无助感充满全身。由于态势感知能力不足,加上技术受限,搜救不力,这使得克里斯一行人无法协助国家和地方部门的现场救援工作。克里斯意识到,必须要有更好的解决方案。

> 我最初的创意和那股冲劲就来源于"9·11"事件。事发那天,我坐在美国海岸警卫队科德角空军基地的一架直升机里。我们没有飞行任务,也没有其他安排,只简单检查了一下飞机的转子运动和其他机件。就在那时我们得知"9·11"的第一次袭击。但我没戴手套,也没有做好执行飞行任务的任何准备。当时另一架飞机正要起飞,飞行员准备飞往纽约参与救

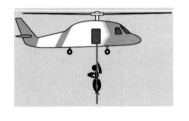

接训练。但当时他们飞机上的燃油并未装满,而我们的却是满的。我们便说我们已准备就绪,然后立即朝纽约飞去。H-60直升机的持续功率最大能够达到106%,在功率达到120%时仍能短暂维持10秒。只有在快速起飞时,我们才会让功率达到这么高。因为当时情况危急,我们便将功率提高到120%,数到10以后,在一秒内将其降低到105%,然后再次拉高到120%,以尽快到达目的地。我们就这样一路从科德角飞到了纽约。这是在挑战飞行的极限。我们飞过蒙托克,打开纽约市警察局的频道时,听到了世贸大厦南塔倒塌的消息。我们又往前飞了一会儿,在距离纽约只剩15分钟的行程时,却接到了着陆的命令。飞机降落后,我们在地上坐了一会儿,装卸了一些设备,然后亲眼看着世贸大厦北塔倒塌。

我们最终获得了再次起飞的许可,但对于那些被困楼顶的受害者来说,为时已晚。当天,我们的飞机在纽约上空盘旋,救下了一些人。接下来的两天,我们虽然一直在等待进行医疗转运,但最后也没接到具体命令,因此什么也没做。

直至今日,克里斯还是会想起那些跳楼而亡的受害者们。如果当初克里斯和他的副驾驶被允许直接飞往双子塔救援,或许还能挽救他们的生命。对此,他始终心神不宁。他们本有时间在世贸大厦北楼倒塌之前就飞到那里展开救援。

我们当时在事发地现场。我们疯狂地拿自己出气,怪自己当初为什么要先着陆,为什么不快点起飞。我们苦苦等待的装备，其实根本就派不上用场，一开始我们就该直接出发。事发第二天，我们来到南安普敦的加布雷斯基机场。许多受害者的家属都在附近，我们在街上看到了他们。报纸上展示着人们纵身跃下双子塔的图片，这是最刺痛人心的一幕。纽约警察局称，事发时由于上升气流过高，只能放弃屋顶救援。但时至今日，我还是无法相信这一说法。如果可以，我还是想亲自尝试一下。

"9·11"的经历改变了我的一生。作为一名创新者必须要承担风险。而我敢肯定，如果没有那次悲剧，我并不会愿意主动承担创新过程中的巨大风险。

"9·11"事件的救援不力使克里斯感到了深深的挫败感，因此他迫切渴望提升战场态势感知能力，因为这正是他们在救援过程中所缺乏的。对于克里斯和海岸警卫队来说，认识到这一点是件好事。也许当时的上升气流并不像人们想得那么强烈，但也无从查证。克里斯刚刚燃起的热情，加上愿意承担风险的经历，让他成了海岸警卫队创新委员会博士生导师的理想人选。

肩负使命

我五岁时父母离异。我的继父是北卡罗来纳州伊丽莎白市的海岸警卫队高级救生员。那是我们最大的空军基地之一。我就在那长大，附近就是继父工作的海岸警卫队。后来，我和生父一起搬回马里兰州上高中，他就住在海军学院旁边。在我十岁的时候，《壮志凌云》这部电影上映了，我那时曾说："我想成为一名海军战斗机飞行员。我想去安纳波利斯。"后来，我的确去到了那里。我的继父和母亲让我参观了海岸警卫队学院,我在那里待了一个星期后说道:"我想成为海岸警卫队的飞行员。我想那么做。"

我于1996年5月22日毕业。我的第一份工作是作为一名讲师,教授学员领导技能。后来我在弗吉尼亚州朴次茅斯的Bear号海岸警卫队快艇上工作。我是快艇上的第一个中尉、甲板值班官和海关联络员。工作两年后,我去了海军飞行学校。直到最近,海岸警卫队学院才新颁布了规定,要求每一位毕业生必须先有两年船上工作经验,经过选拔后才能争取到进入飞行学校的资格。我之前已下定决心要驾驶在《壮志凌云》里出现过的同款战斗机。但后来我接触到了直升机,知道海岸警卫队在紧急情况下更青睐这种机型,感觉驾驶直升机会比驾驶喷气式飞机有更多的机会参与作战和救援行动。

除了参与"9·11"救援行动,克里斯还多次执行任务。

海岸警卫队在寻找不惧承担风险的创新委员会成员,克里斯完全是不二之选。克里斯过去是海岸警卫队学院的摔跤手,曾摔伤过脖子。尽管伤痛反复发作,但他始终一声不吭独自承受,并勉强通过了飞行学校的入学体检。

鉴于我的病情,我知道飞行会带来一些身体上的风险。飞行五年时间之后,我的颈部病情加剧,被医院禁止飞行。飞行过程中的大气压力、空气振动、沉重的夜视镜,都是让我的病情进一步恶化的因素。我曾做过椎间盘切除手术,期盼能再次飞行,但结果却事与愿违。

克里斯也曾表示,如果是为了做正确的事情,他愿意变通甚至违反一些规则。

第十一章 寻"龙"——制衡策略

在新英格兰，一场暴风雪正渐渐散去。在离岸 150 英里处，有一艘船被困海上。通常情况下，如果我们飞往离海岸 100 英里之外的地方救援，就会派出固定翼飞机作为支援。但由于下雪，固定翼飞机无法起飞。所以在没有任何支援的情况下，我们就自己飞了过去。由于飞行距离太长，必须打开短波无线电来保持联络。我们曾试图通过建立短波无线电通信与外界联系，但没有得到任何回应。于是我们只好选择继续飞行，并通过无线电甚高频来判断我们与失事船舶的距离。出发后我们说："我们知道被困者的确切位置。等我们到了那里，就把泵抛下，然后返程。"我们没有直接与海岸警卫队联系，这确实有些违背流程和规则，但当时被困船舶还在进水，我们不得不这么做。

我最危险的一次救援任务是在玛莎葡萄园救援一名被困者。当时天空阴云满布，风速达到 40—50 海里/小时，路面已结冰。我们从科德角飞到那里时，被困者已经快被冻成冰块了。在这种恶劣的天气下，要不是他已经奄奄一息，我们根本不会去往那里。他最终被送进了医院。但在医院里他心脏病发作，医务人员让我们再次驾飞机把他送到波士顿进行治疗，他说："你们要是不把他送到波士顿，他就会死。"我们回答道："好的，我们会送他的。"我们将他带上了飞机，说道："我们不去波士顿，而要把他带回科德角，让救护车接他到波士顿。"我们艰难地将他带回科德角，但他的情况已非常糟糕，救护车也无法将他带到波士顿。最后他们把他带到海恩尼斯，他成了我妻子的病人。妻子说："如果你们没去救他，他可能就活不下来了。"

克里斯和组织绩效顾问

在本书第四篇,我谈到了"寻找创新土壤"这种制衡策略。该策略可应对创新困境。海岸警卫队的创新委员会就是成功运用此种策略的典范。海岸警卫队一直将创新作为核心价值,但实施创新却并非易事。创新在军队中进行也要遵循明确的等级观念。军队中许多有关创新的规则、指导方针和政策,既能够推动创新的发展,但同时也会阻碍创新。如今,海岸警卫队隶属于国土安全部,成为联邦政府管辖下的独立官僚机构。因此,海岸警卫队需要确立并保持自己的创新价值,这一点至关重要。

一些有远见的领导者深知,仅仅对创新抱有幻想是不够的,他们还要为创新保驾护航。不仅要产生新的创意,而且要让它不断完善并付诸实施。在你阅读本书时,请确定你是否也需要在企业中营造对创新有利的环境,并且还要注意 9S 模型的应用。要建立"奥兹国",需要一个战略和一套维护创新的体系。你还必须拥有可以帮你生成和评估好创意的系统,帮助你实现这些创意。幸运的是,这些海岸警卫队都能够做到,包括任用精通创新柔道技巧的大师来为创新之路指点迷津。

海岸警卫队的创新理念与组织结构

一直以来,海岸警卫队始终以创新作为核心价值观。由约翰逊(Johnson)船长建议,2000 年 11 月指挥官创新委员会正式成立。这是一个专门致力于海岸警卫队内部创新的组织。2003 年,在《海岸警卫队创新流程》(*The Coast Guard Innovation Process*)手册中,正式确立了海岸警卫队的创新理念和组织架构。这份手册详细阐明了委员会的宗旨,为创新推动者提供了指导方向,并描述了海岸警卫队的创新流程。手册制定的准则包括以下几方面。

创新理念：当组织面临复杂多样的挑战时，可以集中运用现有的资源来解决这些挑战。海岸警卫队认可个人身上的潜力，相信他们能够通过巧妙地利用资源，来应对组织所面临的关键挑战。创新团队成立的宗旨是为了支持指挥官创新委员会的工作，通过挖掘有前景的创新项目，评估其在组织中的实用性，并在组织范围内促进这些创新项目的实施，以此支持创新人员。创新委员会的工作促使海岸警卫队改善了自身的运营和支持业务，并得到了创新团队的全力支持。作为创新行动和卓越绩效的参与者及助力者，员工应当：

- 推广创新文化，吸收一切创意以应对组织面临的挑战；
- 将创新和基于风险的决策融合为企业文化；
- 推广使技术能大幅提高生产力和生产效率；
- 为项目经理提供创新解决方案，在企业内推广实施；
- （后来创建的）两个海岸警卫队区域创新委员会和指挥部建立并维系长久的合作关系，以此来推动创新。

指挥官创新委员会将在LANTAREA（大西洋地区）和PACAREA（太平洋地区）的区域创新委员会以及总部创新团队的支持下，支持创新计划。

指挥官创新委员会的目标：委员会旨在通过让各组织调整纲领，对海岸警卫队战略规划下的业务流程进行创造性的流程再造，以提高生产力。质量和管理效率办公室主任接任了指挥官创新委员会主席一职。指挥官创新委员会的工作是在海岸警卫队的创新竞争项目之间分清主次，并提供支持，以及与区域创新委员会保持联络，以确保整个组织内部的合作。

区域创新委员会：LANTAREA委员会和PACAREA委员会优

先考虑并倡导自身管辖、推广的创新项目。两个委员会都与指挥官创新委员会、各自对应的区域创新委员会和主管办公室保持联络，以确保整个组织内部的合作。区域创新委员会还作为沟通和协作渠道，协助各单位分享各自的创新生产率和流程优化经验。

创新人员：尽管人数不多，但创新与行动团队的人员专门负责管理指挥官创新委员会的工作流程。创新人员的职责还包括：与指挥官创新委员会和其他机构合作，推广创新方案、创新科技、创新设备，以及海岸警卫队全体成员的实践，以便在组织范围内贯彻实施，创造团队的辉煌。

创新的落实：指挥官创新委员会响应战略和商业规划，并通过以下方式来推进创新的落实：

- **创新基金**：指挥官创新委员会基金由委员会管理的年度预算构成，用于资助那些能有效应对海岸警卫队挑战的创新方案，并为年度创新博览会提供经济保障。创新基金只适用于初始启动阶段，并不会为创意提供长期资助。长期资助由总部项目经理负责，但需与海岸警卫队中的其他项目竞争以获得投资。

- **创新博览会**：海岸警卫队创新博览会于2000年启动，每年举办一次。博览会旨在将海岸警卫队和产业界聚集在一起，在技术用户、创新者、学术界、研发中心和海岸警卫队支持组织之间建立公开对话，以促进创新。该博览会重点关注海岸警卫队所面临的重大挑战，例如向新国土安全部过渡。议程包含与国土安全有关的各种问题。

- **创新奖**：尼尔斯·汤姆森（Niels Thomsen）"船长创新奖计划"旨在表彰已投入实施的最佳创意。该奖项由指挥官创新委员会和创新与行动团队负责管理，旨在表彰个人或团队所提出并成功实施的创新方案。海岸警卫队全体队员都有资格参与该计划。其详尽指南和提名要求都已在计划说明书中列出。个人和/或团队奖励划分为以下类型：科学或技术类、操作或前期准备类、后勤类、管理类及培训类。

如果你想找到一个有说服力的案例，你会发现他们花费了大量的时间和精力，不仅要创造一种创新文化，还需要致力于传播这一创新文化。

高空掩护与支援

海军上将萨德·艾伦（Thad Allen）是美国海岸警卫队第23任司令官。他曾坚定不移地支持海岸警卫队的创新事业。在服役的38年中，艾伦上将曾在海上和岸上担任过作战司令官，维护国家的海上安全、安定和环境管理权益。作为一名海军将领，他曾是卡特里娜飓风与丽塔飓风应急响应和救援行动的主要的联邦级官员，同时还担任海岸警卫队参谋长。在他的领导下，海岸警卫队致力于现代化建设，通过更好地组织、训练、装备和部署，来应对恐怖主义等21世纪的主要挑战。在任参谋长期间，艾伦是创新委员会的忠实支持者。在他看来，征求和倾听不同的创意，并承担创意中的风险，对于提高海岸警卫队的能力至关重要。

自2000年创新行动启动以来，指挥官创新委员会给予海岸警卫队的创新投资共计超过1 050万美元，所投资的创新项目预计为海岸警卫队节省了3亿美元。但在资源日益减少、其他优先事项层出不穷的时代，人们越来越担忧创新基金究竟还能维持多久。2003年，创新资金高达400万美元。而在过去三年里，每年的创新资金预算均减少到了100万美元。其中50万美元用于创新博览会预算，另外50万美元用于年度创新奖。在海岸警卫队内部，创新项目的融资过程并不复杂。在讨论预算过程时，对于能明显提高效率、增加效益的创新项目，其资金来自成本减少所产生的盈余。例如，IP语音可以利用现有的以太网骨干网，通过免除传统的电话公司费用节省成本。只有当创新项目有新的资源要求时，才需要投入额外的资金。克里斯发现，在这一管理领域，自己变得越来越忙。

创新博览会

自21世纪初开办以来，每年一度的创新博览会迅速成为海岸警卫队创新项目的展示窗口。与会者包括海岸警卫队的创新者和高层领导者、学术界人士和私营企业。海岸警卫队利用创新博览会向海岸警卫队以及公共部门和私营企业的供应商宣传及推广其创新工作。在海岸警卫队所有创新预算中，创新博览会的预算刚过50%。作为参谋长，艾伦上将将每半年举办一次"海岸警卫队Flag和SES会议"，并与创新博览会相结合，让所有高层领导者都有机会亲眼目睹这些创意。

艾伦上将在采访中说："海军将领所见到的一些创意展品，已经走出创新博览会，在六个月后得以制度化。这种博览会可以让高层领导者与创新者面对面交流，而后者在五分钟的谈话中便可展示其创意的价值主张。"他接着谈及了在近期的一次创新博览会期间副司令官发生的故事。无线电紧急定位信标（EPIRBS）的操作设计在新的406版本中发生了变化。结果，传统的海岸警卫队飞机失去了一些测向能力。换句话说，巡逻机无法注意到406的求救信号，而不得不依靠岸基部队提供的位置，飞到该地点并在该地区进行目视搜索。而在此之前，程序元素始终无法快速跟踪必要设备的执行情况。由于副海军上将和参加此次活动的航空维护人员之间在创新博览会上进行了即兴交流，因此该项目已经快速启动并恢复了之前的测向能力。这次在博览会上的偶然会面以及之后的设备安装对任务效率的影响不容小觑——它挽救了宝贵的生命、节约了稀缺的资源。

另一个例子强调了创新博览会带来的网络优势。大约五年前，海岸警卫队一级军士长开始赞助"入伍创新者"行动。各地区的士官长们选出了各自单位中最优秀、最聪明的海岸警卫队入伍创新人员，并赞助他们参加创新博览会。为了奖励他们的辛勤工作，他们可以与司令官、一级军士长和其他高层领导一起享用早餐。在出席期间，他们能看到海岸警卫队在创新领域中的作为，并有机会看到各展位展出的各类创意和创新项目。

最后，创新博览会还为许多海岸警卫队入伍者提供了在国家级场馆展示其创新理念的机会。例如，USCGC Seneca 的一位中士阿图罗·穆尼奥斯（Arturo Munoz）曾在 2008 年的博览会上带去了自己的创新产品。在船上，工程日志主要由人工维护。在四小时的监视过程中，机组人员在纸质日志上标注各种阀门和仪表的读数。在监视结束时，他们将所记录的读数上交，之后这些数据将被"归档"在抽屉里。管理部门对读数几乎不做分析，即便有尝试，所记录的条目也会因为油、咖啡的污渍或草率的笔迹而难以阅读。穆尼奥斯创建了一个 Excel 表格来记录所需的读数并将其上传到掌上电脑（PDA）中，在每个读取站点放置条形码并在掌上电脑上添加条形码阅读器，以便机组成员能在监视期间输入读数。监视结束时，输入的读数被下载到主电子表格中，用来分析数据并发现变化趋势。阿图罗·穆尼奥斯创建了更好的业务流程，而数据分析可以重新分配这些数据以实现更充分的利用。

能够有机会参与这次会议，看到他人的创意并分享自己的创意，穆尼奥斯对此心怀感激。他说，人们经常会对来自"海岸地区"老兵的创意产生抵制。在指挥官创新委员会和创新博览会出现之前，他实在不知道如何在组织内传播或到何处推广他的创意。这一问题也是整个博览会内部共同探讨过的两大主题之一，无论是在个人展位上还是在午餐对话时，抑或是在一些会议发言人发表讲话时，都讨论过这个问题。人们有很多卓越的创意，但永远仅限于部门内部知晓，感谢创新博览会可以让这些创意传播出去。

创新奖学金

海岸警卫队过去曾与国家研究生院合作，为队员们提供在全职现役期间攻读质量系统管理理学硕士学位的机会。2003—2005年，通过指挥官创新委员会资助的奖学金计划，再加上国家研究生院提供的学费减免优惠和海岸警卫队学费援助计划，队员们有机会以最低的个人成本获得高级学位。作为奖学金计划的一项要求，受惠学生需参与一项围绕海岸警卫队展开的流程改进项目，且必须通过这一项目来证明奖学金资助产生了积极的成效。项目的各个团队都选择在学术监管下，应用质量管理概念工具。虽然该奖学金计划已结束，但高级学位课程仍然取得了巨大的成功。2002年至2008年年初，共计450名学生顺利毕业，有107个流程改进团队成立。通过流程改进、成本规避、成本节约和生产力提升等途径，这些团队共计创造了超过3亿美元的经济效益。

创新——正式与非正式流程

海岸警卫队在管理创新项目上有正式的流程。海岸警卫队内部人员均可通过访问海岸警卫队创新数据库来提交创新项目申请。数据输入流程包含资金申请，过程很简单。输入之后，指挥官创新委员会将审查创意并向总部创新委员会提出建议。如果获得批准，将由指挥官创新委员会提供资金资助。

此外，海岸警卫队还为各区安排了两个组织绩效顾问（OPC）岗位。这些绩效和流程专家旨在帮助指挥官/单位/个人提升质量、促进创新。所设岗位包括文职人员和现役海岸警卫队队员，他们从操作岗位调至组织绩效顾问岗位，四年后又重新回到操作岗位。大多数新组织绩效顾问都具有较高的学历，并且都接受过质量咨询和质量提升的培训。组织绩效顾问是"具备组织评估和开发专业知识的内部顾问，帮助指挥官和员工实施海岸警卫队管理计划"[1]。同时，他们也是区域创新委员会的成员，对于提交至海岸警卫队创新数据库的项目，他们也会担任评审员。

作为海岸警卫队的参谋长和创新计划的支持者，海军上将艾伦和质量管理负责人阿尔伯特（Abbott）上尉都清楚，有必要让组织绩效顾问从各区议程中"抽身出来"，以推进海岸警卫队的创新议程。因此，组织绩效顾问与总部之间保持着虚线汇报关系，其津贴仍由各区发放。各区直接领导组织绩效顾问（包括准备他们的绩效报告）。各区人员很少与总部创新人员就创新或质量问题进行直接沟通。组织绩效顾问必须在满足当地期望的同时，考虑总部的需求，担任质量计划的沟通协调人。

战略性和系统性

海岸警卫队认识到了组织的系统性，制定了周全的战略，堪称典范，在此我便详尽阐述其创新方法体系。请注意在9S模型中这一方法是如何得到运用，从而培育创新文化并让其保持延续的。海

---

[1] U. S., *Coast Guard Leadership Development Center*, *Performance Improvement Guide*, 5th ed. Boston: U. S. Government Printing Office, 2008, p.163.

岸警卫队有其自身的策略、组织架构及流程,让创意能够摆到台面上讨论并融入体系中。此外,海岸警卫队还任用技能和个性兼具的组织绩效顾问来推动创新,而领导者对创新的重视态度更为重要。

指挥官创新委员会举了一个很好的例子:将不多不少的"奥兹国"植入到组织中,让创意有机会得以生存。我也喜欢这个例子,因为海岸警卫队的案例遵循了我在本书前面提到的7I模型中的步骤:明确目标、搭建基础架构、调查研究、创意构思、评估确认、创新推广、实施与整合。在创新数据库和区域委员会的支持下,海岸警卫队可以用最好的创意来感染他人。而一旦在"奥兹国"之外,创新者就会遇到更加棘手的难题。这就是为什么海岸警卫队会选用克里斯·克拉克洪作为其中一名创新者。克里斯在穿越"丛林"方面非常娴熟。而在"丛林"型的创新环境中,创新柔道技巧的正确应用将会影响成败。

从"9·11"到卡特里娜飓风

"9·11"事件中,战场态势感知能力的不足,激发克里斯走上了创新之路。他要尽一切力量帮助海岸警卫队和其他政府组织提高这方面的能力。作为直升机飞行员,他执行的第一个飞行任务是寻找轮船。现在比以往任何时候都更重要的是(尤其考虑到国际恐怖分子造成的巨大威胁),对于进入美国沿海地区和航道或在周围移动的船舶,美国必须加强警戒并掌握准确信息。

但在2001年"9·11"事件发生不久后,克里斯立刻认识到,美国运用最新信息实时跟踪船舶的能力严重不足。飞行员在一整天的任务中,能够获取十次准确的定位,已经算是幸运的了。瞭望船舶仅仅依靠视觉完成,即便飞行员根据前一天的瞭望数据和船舶记录列举出了可疑船舶,他们往往要在×××英尺之下的高度飞行才能看到船体的标记,即便这样他们还是认不出它是哪艘船。

海岸警卫队航空队要求我们在飞行中瞭望船舶。我们要记录船舶在海上的具体位置,以便登船官员和其他人知道是谁在船上以及谁要上哪艘船。在瞭望时,我们要核对一些清单,看看这些清单上是否记载了我们瞭望到的船舶。然而实际上这是不可能的,因为在我们查看上一艘船是否在清单上之前,我们就已经开始瞭望下一艘了。飞机降落后,我们手动将瞭望记录输入系统,让其他人可以使用这些信息。从开始瞭望到降落后输入信息的这一过程通常需要四到八个小时。因为这些信息没能及时传递出去,所以我们基本上算是在做无用功。当我们次日出发时,可以打印一份电子表格,记录那些将会出现的船舶信息,并查找关于这些船舶的资料,但我们仍然找不到它们的具体位置。这些信息不是像地图那样一眼便能定位,所以我们每次都是盲目地出发,希望能发现一些有潜在登陆行为的船舶。这使我想起了"9·11"事件,那时我们极度缺乏态势感知数据。我相信肯定还会有更好的方法。

以谋略制胜

即使在拥有创新土壤之地,你仍会遇到与计划对抗的阻碍势力。这可能仅仅是一位上司所致,他要么不理解,要么不接受创新者这一角色,从而阻碍创新。幸运的是,克里斯天生就掌握了一些创新柔道技巧,这使他能够跨越或克服这些阻碍。正如我所提到的,克里斯作为一名组织绩效顾问,就注定了他70%的时间都需用于创新。此外,既然一项创新在展现实际价值之前,很难衡量创新工作量,那么上司就必须要对创新者抱有信任,相信他们的确在创新并且最终会带来回报。有一位微观管理型的上司，认为把 70% 的时间花在创新之类的事情上不仅是在浪费时间，还会遇到各种阻碍。克里斯曾经在飞行生涯中遇到过这样的上司，而这时他的创新柔道技巧就派上了用场。

作为一名组织绩效顾问，最有趣的是在基层一线工作。我调到了新的岗位，在我到达当地不久，作为我直属上司的船长就被调走了。因此在他离开之前，我们交流甚少。在三到四个月的时间里，我没有上司。这真是太好了。我在适应新工作并试图弄清我接下来要干些什么，要关注哪些创新领域。后来我的新上司来了，他是一位司令官，因为无法接受将传统质量与创新等同起来，因此并不认可组织绩效顾问的工作模式。他第一次来时我们就冲突不断。他不理解我的所作所为。他想一直盯着我，确认我真的在做实事、在完成任务。但微观管理的模式是不可能产生创新的，于是我开始模仿他的方式，从早上 4 点一直到晚上 11 点或 12 点，不停地给他发送电子邮件，直到他再也无法忍受。我这样做就是想让他安心，让他知道我一直在工作，同时我也知道让他阅读这些邮件也会占用他的时间。这样一来，他自始至终对我的监视就是在浪费他自己的时间。

我也在适当地维护他。他的第一个问题是："该创新称得上高品质吗？"我说："这就是高品质的，长官。"他说："这是好东西，但我不明白它为何是高品质的。"我接着说："长官，你已达到两全其美的效果。因为如果我做错了什么，你都能把它归罪于我。而我做的任何正确的事，你都可以把它归功于自己。"他笑了笑说："我喜欢你说话的方式。"

此后，只要他认为我在努力工作并做得很好时，就不再干

第十一章 寻"龙"——制衡策略

涉我了。他被调走后,又来了一个新队长,新队长知道我在做什么,也支持我的工作。幸运的是,由于我70%的工作时间都用来创新,这给了我护身之地,让我与外人隔绝开来,很多情况下也让我顺利躲过了一位上司。这位上司想让我把所有时间都花在他给我的任务上。在必要时,我也完全可以越级不听他的指令,但我只是让他把关注的重点转向对居功似是而非的否认上,就已经解决了问题,从而可以继续我的创新工作。

克里斯担任了四年的组织绩效顾问,一直致力于提高态势感知能力。关于"9·11"的回忆始终在他脑海中挥之不去。他记得,由于当局几乎没有任何双子塔内部及周围情况的实际数据,无法判定屋顶救援的举措是否足够安全,他和副驾驶员不得不迫降。那么,急救队员如何才能飞进灾区救援,就如同此前飞入卡特里娜飓风灾区救援那样呢?他们如何判断屋顶倒塌之后电线是否会落入水中?医院顶部的直升机停机坪是否已被毁坏?或者,如果救援人员只知道地址,他们如何把被困者从肆虐的洪水中救上飞机?要找到街道地址,只有往地面上看,这对于在洪水区域上空的直升机飞行员来说不太有利。同时,救援还需要获取当地的全球定位系统(GPS)坐标和实时更新数据的动态地图,这些数据来源于救援人员、卫星数据、谷歌地图以及其他能为急救队员提供实时态势感知的信息。

克里斯的创新思维,海岸警卫队所提供的种子资金,来自行业和政府的新兴技术,以及克里斯对人员和资源的统筹能力,让我们现在已具备了以上能力。克里斯如今是一名海岸警卫队预备役军人,之前作为指挥官创新委员会成员时,他所学到的知识、培养的能力为他开辟了一番繁荣的事业。在最近发生的墨西哥湾原油泄漏事故中，克里斯被聘请去运用他的态势感知知识和技术专长，帮助跟踪和管理原油及船舶的运行轨迹。

正如之前所述的微观管理型上司那个例子，尽管海岸警卫队支持创新，但创新者在创新之路上仍然面临重重阻碍与人为阻挠。在克里斯所有运用创新柔道技巧的案例中，我最喜欢的是，他用相对简单但非常聪明的解决方案克服了两个特别难对付的人为阻挠。

在"丛林"中格斗

我们知道，一旦遇到任何被称为"委员会"或"流程"的小组时，便可能会遇到阻碍。在克里斯的案例中，有一组被称为航空控制配置委员会（ACCB），另一组被称为本地控制配置委员会（CCB）。我不是说它们不重要，事实上，这些委员会在指挥和控制环境中发挥着至关重要的作用。但在某些情况下，它们把流程看得比解决问题更重要。因此克里斯必须利用他的聪明才智和一些创新柔道技巧，让这两大委员会无法阻碍其创新。

作为海岸警卫队的创新人员，克里斯最突出的特点之一是他能够发现和利用可以真正提高态势感知能力的新兴技术。例如，他在海岸警卫队的年度创新博览会上遇到过一位同事。当时，这位同事正在展示如何使用掌上电脑来实现更快、更便宜、更安全有效的登船方式。在掌上电脑出现之前，登船属于劳动密集型工作，缺乏实时数据来帮助确定登船人员以及安检物品。在传统方法中，海岸警卫队会亲自登上船舶，对船上人员进行盘问，检查货物，并手动记录所有这些数据。随着掌上电脑的发明，一切发生了巨大转变。通过使用掌上电脑和相应的软件，所有信息都能够实时输入，包括指纹、身份信息、护照照片等。现在无须花上几小时，只需几秒钟或几分钟便可以处理并即时传输这些数据。

第十一章 寻"龙"——制衡策略

克里斯立刻认识到,可以改进这种技术,将其运用于船舶瞭望任务中,同时这种技术也可能为各种场景提供更强大的态势感知能力。他将这种方法应用到松下 Toughbook 系列笔记本电脑上,以便存储和处理更多数据。现在,飞行员可以从之前的报告中知晓该地区有哪些船舶,跟踪船舶的路线,并将有关货物、起航港、目的地、计划外的移动轨迹和船舶的已知的历史数据合并起来,使他们的瞭望任务更加有效。当然,他借助技术进步整合数据的经验,使他对面临灾害和紧急情况时所需的动态地图和态势感知能力有了深刻的认识。

但是,在将计算机或智能系统连接到飞机上之前,该系统必须经过 ACCB 委员会和 CCB 委员会的评估与批准,并且很可能要花上一年的时间来仔细讨论连线的航电设备的安全性和有效性。

我们想让 GPS 自动操作,输入尽可能多的位置和时间信息。那是在 2002 年,掌上电脑还无法处理这类工作,于是我们转而使用松下 Toughbook 系列电脑。我们创建了一个图形用户界面,基本上是一个网页,从海岸警卫队的网络信息系统 MISLE(海事信息及执法)中提取所有数据,然后将其下载到笔记本电脑中。我们将它与一个名为 Falcon View 的动态地图系统结合起来。过去需要花十分钟才能将瞭望数据记录在纸上,而现在时间大大缩短了。此前,在登录后必须返回再输入,要十分钟才能将信息输入网页系统。现在我们只需十秒钟就能把信息输入平板电脑中。登录时,只需将插件插入平板电脑,点击"导出"即可完成。

我们想出的解决方案实在是太好了。我们说:"嘿,只要告诉我们你瞭望到的船舶,我们的动态地图就可以把它显示出来。"我们把这个最终被称为 MISLE Lite 的系统和 Falcon View 结合了起来。在飞行之前,我们将一台计算机接入网络,点击"绘制常见的操作画面",系统就会绘制出一张海岸警卫队所有船舶的未分类静态图。这些船舶在三个小时内并不会航行很远的距离。我们还可以按下按钮,系统会根据船舶的航线和速度推测出它的移动路径。系统还是彩色编码的,这样我们就可以看清哪些船上有瞭望员,而哪些还没有,以及他们正在进行什么类型的渔业项目。我们可以点击并提取信息,例如上一次瞭望到它的时间,以及最后一次登船的时间。这些都被称为解决问题的正确方式。但是,让这些功能得到认可并顺利应用前,我们仍需接受一系列的挑战。

克里斯如果想让他的创意被官僚机构之外的人了解,就不得不绕过两只拦路虎,即 ACCB 委员会和 CCB 委员会。

我们有两个主要的官僚机构需要应对。一个是有关 IT 的计算机官僚机构 ACCB 委员会,另一个则是 CCB 委员会。同时应对这两者会是一个不小的挑战。要想对飞机进行永久改造,大致需要一年时间才能获得批准。但是你可以利用一些漏洞来避开这些委员会。在航空业中,这一漏洞就是便携式电子设备政策。为了验证在飞机内使用的电子设备不会对飞机造成任何干扰,必须做一些简单的测试和几小时的测验。根据我的级别,我可以执行此操作并签名,然后将签名发送出去并获得批准。该政策规定,任何电子设备都不得与飞机相连。因为没有飞机的 GPS 数据,也无法获得飞机的动力,所以我买了很多电池。

我们把一个 GPS 放在窗口,它是一个完全独立的设备。

我们把它放在袋子里,人们再把它放在大腿上或其他位置。但总部试图操控并制止我们的行为。其实,我不确定它是否要制止我们,但肯定在暗中操控。他们一直要求我们完成ACCB委员会的批准流程。这是一个漫长的过程,通常需要六个月到一年才能最终获得批准。

当时我和我的上司都认为,如果进入了委员会的批准流程,我们的心血就会付之一炬。因此,我们不断试图摆脱便携式电子设备的规定,并拒绝走CCB委员会的批准流程。我们一直在回击它,说我们的所作所为符合相关规定。我们还在飞机的前部和后部之间增加了Wi-Fi设备,因此,最前排的人也可以在不使用任何硬件通信设备的情况下与飞机后部人员协调合作。这是一个灵活的解决方案。我从未表明它是Wi-Fi。我做了所有测试,但只使用了缩写词。松下称其为MDWD或移动数据无线设备,我就把它称作MDWD。它获得了批准,海岸警卫队航空网站上显示它是获批设备。这款设备是无线的,经过了100小时以上的应用测试。大约一年后,CCB委员会发现它只是无线Wi-Fi,就把它的那部分功能关闭了。但到那时,解决方案已经证明了它的价值,并在此过程中挽救了生命。我还有一份1 000页的NASA研究,表明飞机内部的Wi-Fi比屏幕本身产生的干扰更少。

克里斯绕过了ACCB委员会的阻碍,但接着还必须找出对付本地CCB委员会的方法。问题在于,动态地图的方案需要用到的笔记本电脑并不是常规型号,该笔记本电脑必须坚固耐用,能适应恶劣天气下的飞行环境,并且可以在飞机上随意取放而不会损坏。当时只有松下Toughbook这款笔记本符合要求,它类似于美军在阿富汗和伊拉克战场上所使用的电脑。如今，这些款式的笔记本电脑都是部队的标准配置，但当时这种类型的电脑并未被海岸警卫队批准购买。它被认为是"非标准品"，因此需要得到本地 CCB 委员会的批准。当然，这需要漫长的时间。

委员会成员并不了解我们的工作。本地 CCB 委员会流程可以批准购买申请的非标准品，就像我们之前的申请那样。我花了用于创新项目的钱。我之前收到了这笔钱，但我知道必须经过 CCB 委员会的批准流程，而且很难说服那些决策者我们为什么需要用这笔钱。坦白说，当时我没有精力去打那场官僚主义的战斗，所以我直接去找了采购人员——那些初级士官，把价格低于 2 500 美元采购上限的非加固设备拿给他们看。买那个加固设备时，我们用信用卡付的款，是自己出的钱。说白了，我并不认为官僚机构在诸事缠身的情况下会注意到我们买了那台设备。这种情况一直都在发生。买那个加固设置只是一次小额的低调购买，而这次采购 Toughbook 的总价则高达 50 000 美元。因此我不得不让采购专家也参与进来。

我手拿 Toughbook，向采购专家展示了它给我们带来的好处，包括它如何在尼亚加拉拯救了海岸警卫队队员的生命。我们在谢尔特科夫的洪堡湾损失了一架直升机。6541 次航班飞入海湾，然后转向自以为安全的航线。但机组人员忘了自己是在海湾中飞行，飞机一头撞上了悬崖。所以我向委员会展示了这种新的态势感知系统可以如何防止类似事故。他们说："你知道我们必须按手册办事。"但后来他们发现，如果我们是从创新基金中获得这些资金，就不在海岸警卫队常规政策约束的范围内，因而无须经过批准就可以购买。所以他们支持了我们的采购计划。他们有60天的时间进行采购,但在一周内就完成了所有的文书工作。

在"丛林"环境中进行创新尤其棘手且耗时,通常会让创新者筋疲力尽,但克里斯却在这种逆境中幸存下来并茁壮成长。通过他的经历,你已经对他的成功有所了解。但在采访结束时,我还问了他对处于艰难创新环境中的创新人员有没有其他建议。以下是他的一些观点。

1. 长时间保持低调,直到你的创意产生实际效果。到那时,之前所有的阻碍都会反过来支持你。

2. 寻找并创造机会,将你的创意传递给合适的受众。2002年的创新博览会让我大致领略到了它的好处。博览会是少数几个场所之一,可以将所有海军上将聚集在一起,并为他们和初级海岸队队员提供接触的机会。

3. 明确kairos时间和chronos时间的区别。chronos时间认为每一秒都与其他任何一秒相同。而kairos时间则相信某些时间比其他时间更有价值,以及知道时间在何时是重要的。当我飞往卡特里娜飓风受灾现场协助救援时,发现一名海军上将也要去那儿,所以我提议让他搭乘我的飞机,一同前往现场。这让我有大量时间与他交谈,并向他展示我的创新系统,从而争取到了一个新的创新支持者。我还是在那次创新博览会上与他进行的接触,那时我才知道他正准备前往卡特里娜飓风受灾现场。

4. 不要公开争论。仔细聆听关于创意的负面意见,并尝试积极地面对批评,拿出能满足他人需求或让其无话可说的创新产品。

5. 获取足够的资源以保证你的创意不被扼杀。我从政府那学到的创新柔道技巧的另一大关键就是资源的力量。不仅在政府中是这样，在任何其他地方也是如此，重要的是要拥有足够的资源来保证生存。我一直很擅长率先获取资源。我曾用创新基金获得第一批Toughbooks笔记本电脑和其他设备。此外，不要害怕花别人的钱。我不仅从海岸警卫队那里获得了一些适度的资源来推动我的创新，还从业界、其他政府机构和空军那里获得了一些资源。但我需要说明创新产品的可行性，他们才愿意提供帮助。因此，你也需要形成自己的工作模式。

简化复杂性

在复杂的组织机构中，由于组织结构、业务流程以及人际关系上的种种原因，员工在此难以施展自己的才华。正如上文提到的格雷纳所介绍的案例，他在其关于发展与改革的书中显示，大多数综合机构有复杂化的趋势。即使决策者的出发点是好的，也会在不经意间增加组织的复杂性。例如，精益六西格玛是一个好用的管理方法，但是许多组织都会在此基础上增设一系列烦琐的体系，使其复杂化。这就有点讽刺意味了，因为这个方法本意是让组织更加"精益"、更加高效。

一个高层管理者最应该做的事情，就是明确企业内创新的方法。如果管理者还没有做到这一点，甚至还没有表达出明确的意向，那就大不应该了。这个建议似乎理所当然，但是在复杂的企业中，人们往往忽略了这个关键点。我测试了一些员工，考察他们对于企业的前景、发展战略、价值观、财务健康状况和创新方法的了解情况。令人惊讶的是，很多人对这些方面都所知甚少。他们能够告诉你很多他们所处部门的情况，但是对企业整体的认知却十分匮乏。这个问题在结构复杂的企业中并不少见。

我在一家大型国际公司培训管理人员。我不仅是讲师,还是课程的主要设计者和主管。这门课有不同层次的学员,包括公司外部的学者和内部的主管。由于课程主题是企业创新与合作,因此我邀请了公司负责创新的领导者发言。他讲述了公司为了听到大家的创意而做出的努力。38位学员都是公司中层管理人员,但只有2名学员听说过他,其他人更不知道他们付出的努力。

应对和处理烦琐的程序很困难,但是我们可以学习通用电气公司的做法。该公司通过咨询外部顾问和内部员工的意见,不断减少不必要的工作与流程。一个调查小组发现,很多员工常常把同一份文件存档三份,尘封在各自的档案柜里。董事们需要像关注股价一样关注如何减少公司内烦琐的流程,因为这对于创新来说尤为重要。假如人们有好的创意,却不知道该去哪个部门或是找哪位负责人,这就造成了创新无门的问题。但是只要有畅通的沟通渠道,这个问题就能得以解决。如果程序十分烦琐,步骤又不明晰,官僚主义严重,那么谁还愿意花时间努力陈述他们的创意呢?以下列举了一些简化程序的细则。

1. 详细说明公司的创新路径,并将其制作成电子手册发给所有员工。

2. 建立一个相关负责人的联络网,详细说明创新的流程,并标明各节点负责人的名字、邮箱以及电话号码。

3. 宣传一些成功的创新案例,并附上这些创新者的联系方式,以方便员工与创新者交流。

4. 创建公司内的专项调查分析小组,要求其找出不必要的繁文缛节,简化公司办事程序。

5. 除非同时去除旧的流程和控制点,否则在增添新的流程和控制点前,请三思而行。

6. 旨在建立精简高效的流程，考虑其出现意外结果和增加官僚性的可能性。

7. 创建一个 SUC（简化不必要的复杂性）奖，鼓励简化工作流程的员工。

8. 不要阅读最新的商业指导书（除了我的），也不要听完他们的报告后就马上按照他们的建议行动。

9. 如果你没有创新方法，那么选出公司里最好的五个创新者，了解他们的创新方法，寻找其中的相似点，宣传他们的故事及其创新方法。

化解非理性

复杂性主要是组织结构上出现的问题，因此我们需要一些对应的解决办法。简化复杂性并不容易，但是在某些地方适当简化复杂性可以带来意想不到的收获。非理性问题则主要出现在执行层面，但有时也受组织结构的影响。在"金字塔"型的组织结构里，升职的机会越来越少。个人可能会通过中伤他人或其他手段增强自身的竞争优势。我们的行为在某种程度上受到组织结构的影响，其余是由我们自身的性格与价值观所决定的。很多时候我们讨厌玩弄权术，但有时却不得不遵守游戏规则。例如，当你没做好一件事情时，有人发邮件讽刺你，并将这封邮件转发给所有人。如果你要让他在公司的好朋友保持中立的态度，就需要一定的权术。但如果真正发生这种事情，这并不应该是你下意识的反应。

然而，在充斥着非理性问题的公司里，玩弄权术似乎是生存的唯一法则。但过于关注权术或投机取巧会让我们无法集中精力创新。高层领导者对公司内部非理性问题的严重程度有着极大的影响。领导者的才能决定了公司整体的环境。

我曾经为一名 CEO 提供咨询服务，他总是喜欢让他的副经理们相互竞争。他私下告诉每一位副经理，称其是他心仪的接班人，但这个消息需要等到时机成熟才能告诉其他人。你可以猜到这种行为带来的后果：这些副经理彼此都充满了敌意。然而在这个 CEO 上任之前，他们都非常团结、齐心协力。但在他上任之后，副经理团队充满了阴谋与公开的敌意。CEO 的本意是通过这种方式，使每一位副经理都竭尽全力为公司服务，有利于公司发展。但事与愿违，CEO 的行为引发了副经理们之间的不当竞争。在出现问题时，副经理之间相互推诿，将质量问题归咎于产品经理，将产品超标归咎于工程经理，市场经理谎报交货时间等。当这名 CEO 离任时，董事会从其他部门另调了一名 CEO，也许这是最好的安排。

那么，应如何避免和化解公司出现的非理性问题呢？

1. 尊重公司的价值观。即使是最有才华的员工，如果不遵循公司的价值观，也要被解雇，但前提是公司价值观对于公司的成功十分必要。

2. 拜访对公司产品或服务最不满意的客户，仔细倾听他们的意见。非理性的公司就像"庇佑所"一样，很容易对客户造成影响。客户对待公司的态度显示了管理人员对待员工的方式。最近我采访了两位飞机乘务人员，询问他们如何看待公司与另一家航空公司合并。他们都表示自己的待遇并没有变化，但高层领导者的收入却增加了。该航空公司声称合并是为了提升顾客体验，但其实只是让少数公司员工变得更加富有。公司有营利的目标很正常，但积累财富的同时不应牺牲基层员工的利益。

3. 为创新者提供最好的保护。找到创新者，并为他们提供保护，自己可以作为一名支持者或顾问，把一些创新项目收入麾下。

这样可以给予创新者安全感，其他人也知道你在密切关注着一切。

4. 新建创新规则或流程。IBM曾用项目指标而不是经济指标来保持创新活力。强制要求创新项目在一年内必须取得投资回报，否则就停止项目，这是很愚蠢的。这可以适用于成熟的商业模式，但却完全不适用于一个新项目。这种要求抹杀了创新的发展。对揭示公司非理性行为的员工要给予嘉奖。因为高层领导者通常会忽略创新之路上的人为阻挠，除非他们创建了交流渠道来解决这些问题。

5. 提携创新者。什么样的人能够得到提携在很大程度上反映了公司生态。如果提携谄媚者，那么公司就会出现很多谄媚者。有些创新者不怕失败、努力尝试，也不害怕你。如果提拔他们，那么意味着你已发现了创新的密钥。这也向员工透露出公司对待创新的态度。

6. 从失败中汲取经验。作为一名高层领导者，你所做的最糟糕的事情莫过于挑出尝试冒险的员工并惩罚第一个犯错误的人。创新要一步步实施，付出一些成本才能得到更多的收益。早期的失败可以帮助你掌控风险。当创意的某一方面行不通时，要敢于转变方向，寻求新的解决办法。

7. 明确公司的价值观，自己首先以身作则，并要求其他员工遵循。当价值观模糊不定或是领导者并不严格要求时，往往就会出现"庇佑所"型的企业环境。因此需要使创新成为公司的共同价值观，并且所有人都严格遵循。但也要注意，不是每个公司都需要或是想要各方面的创新，公司的创新发展方式应符合其发展战略。

第十二章
成为一位创新柔道大师

在第五章中我们说到了创新柔道的关键技巧之一——杠杆借力,以及KCI医疗器械公司副总经理基恩·纽伦的案例。基恩在美国强生制药公司(J&J)上班的第一天,老板就给了他一份六人名单,要求他去和这些人交朋友。不仅如此,老板还要求基恩每周都要向他汇报见面和交流的进展。毫无疑问,这六个人在公司里有着很强的影响力,将决定基恩的事业成败。

基恩十分幸运,遇到了这位指导他走向成功的老板。然而大多数人却没有这么幸运。有些人可能好点,能够得到上司的部分指导。但是很少有人能像基恩一样,遇到这样一位"老师",第一天就告诉他公司哪些人具有关键的影响力。本章中,我建议创新柔道大师也成为这样的老师,将自己的创新秘诀传授给信任的人。对于创新环境不够好的公司,我建议,管理层应该去寻找并支持这些老师。正如"傻瓜"系列书籍的创始人约翰·基尔卡伦所说,这些人是"公司内部不羁的力量"。

对于看过大卫·卡拉丁(David Carradine)主演的电视剧《功夫》(*Kung Fu*)的人来说,他们可能会想起影片中主人公向一位少林寺的盲僧(陆锡麒,Keye Luke 饰)学习功夫的故事。这位盲僧是一位顶级大师,也是一名优秀的老师。

本章中,我建议创新柔道大师成为这样一名老师,他像《功夫》

里的盲僧一样，严格遵循原则，只传授武功给他最信任的学生。正如我在书中所提到的，公司其实很难承认其需要创新柔道技巧的帮助，因为这就意味着它们承认自身在创新方面存在不足。有些公司甚至觉得自己完全不需要创新柔道。

日语中"老师"的意思是"有经验的人"，与英语中的"教练"有很大区别。我认识很多专业的商业顾问，其中75%—80%的人虽然没有当过经理，却能够指导别人如何成为一位好的经理。他们不是老师，因为他们没有任何的管理经验。或许"导师"一词更符合日语中"老师"这一概念。因为他们往往都是高级的管理人员，管理着本公司的普通员工。

我提及我所有的柔道黑带级的指导者时，不是称呼他们原本的名字，而是尊称他们为"老师"。这个词语代表荣耀，包含尊敬。许多黑带选手会告诉你，他们一直在学习柔道。即使他们练习到十级或十二级，也无法完全掌握柔道的全部技巧。但是黑带这个段位就说明他已经有资格成为老师并教授别人柔道技巧，因为他已经有丰富的经验了。

所以在本章中，为了公司着想，对于创新柔道大师如何帮助别人，我提出了 11 种方法。此外，我也提出了一些高层管理人员如何发现并支持创新柔道大师的方法。也许领导者给予支持的力度应该更大，但凡事都需要循序渐进。

向别人展示如何创新

公司不仅要承认其需要创新柔道大师，并且也应该尽力支持有潜力的员工。你可以和他们分享创新柔道的七大技巧，也可以向他们展示你创造或发现的创新方法，还可以向他们展示创新的秘密武器。正如我的上一本书《像企业家一样地领导：保持企业内的创业精神》中所说，我偶然发现了《商业风险杂志》(*Journal of Business Venturing*)中的一篇研究，这篇文章不太引人注意，却十分精彩，阐述了一些以创新为导向的领导行为将会带来什么实质性的影响。在该研究中，作者们描述了美国东南部的一家大型公共事业单位在私有化后，是如何促使其管理人员创新思考方式、提高管理能力的。众所周知，政府公共事业单位就是典型的效率低下的官僚机构，它们秉承的原则就是——如果我们需要增加收益，那就只能提高价格。

随着公司的私有化，他们的态度有了很大转变。在该研究中，管理人员学习如何为员工创造良好的创新环境。在该环境中，员工们能够努力思考出更好地解决问题的方法。在课上，管理人员学到如何促使员工学习新技能，如何简化流程上的繁琐环节。以下列举了管理人员所需的11种行为准则，以便在部门内建立一个更适合创新的文化。

公司创新行为准则

1. 使建议快速通过各种繁冗流程并及时转化为具体行动。
2. 展示出学习新技能的热情。
3. 未达到预期目标时，迅速改变行动策略。
4. 鼓励员工将创意转化为行动。
5. 鼓励员工用新颖的方式思考自己的工作。
6. 致力于帮助员工寻找提高产品与服务质量的方法。
7. 支持别人的好创意。
8. 当其他人还在观望时，大胆支持有潜力的新方法。

9. 清晰地描述预期成果，并思考如何才能达成。

10. 团结员工一起迎接挑战。

11. 创造一个鼓励进步的环境。

然而，该研究最引人注目的是其结论。研究人员采用360度全方位的研究方法，通过跟进企业管理人员，确认他们是否遵循这11项行为准则。研究发现，遵循准则行事的管理人员比没有遵循的管理人员有着更高的员工满意度、客户满意度，在经济上有更大的边际贡献。

让我们分别来看看这些行为准则中所包含的创新柔道技巧。

1. 使建议快速通过各种繁冗流程并及时转化为具体行动。这句话听起来简单，但是对于指导人员与老师来说十分重要。上文提到，基恩·纽伦在美国强生的老板教了他如何去做。作为新员工，第一件事就是主动与公司里的重要人物会面。他的老板给了他公司内掌握实权的人员名单，这对于提高办事效率有非常大的帮助。如果要基恩自己去寻找并发现这些人，可能要花上数月的时间。但是，他的老板直接给了他这些名单，并促成了他和这些重要人物的会面。

我刚到海军研究院时并没有遇到这样的导师。我花了一年多的时间才了解到谁会帮助别人，谁总是袖手旁观。如果作为一位老师，你能够帮助别人解决问题，使之在公司中如鱼得水，这对于创新活动，可是帮了大忙。

2. 展示出学习新技能的热情。这句话指的是，作为领导者的你应热衷于促使员工学习新技能。创新往往来自学习新事物时得到的灵感，创新灵感往往来源于接触到个人经验之外的事情。因此，去参与有教育意义的活动能够激发更多的灵感。例如，威尔士格林菲尔德山谷遗产公园无数次闭门，以修缮被恶意损坏的区域。虽然可以采取安装摄像头或安排保安等方式来预防遭到破坏，但这些做法都会增加成本。于是大家集思广益,从大自然中寻求帮助。由于这片区域有很多蜜蜂,因此管理人员把蜂窝放在翻越篱笆要经过的地方。但是他们也确保蜂窝很明显,并远离正常游客的路线,这样只有翻越篱笆的人才会碰到这些飞行的守卫者,于是损坏情况大量减少。

但如果你向一个安全顾问咨询这个问题,他会告诉你与此完全不同的解决方案。如果对这两件事都有所了解的话,人们就能够发现两件事情的联系。因此,当寻求创意时,领导者不应将工程师派去参加电路板设计的课程,而是应该让他们去艺术、音乐或其他工程师们并不熟悉的领域学习。

3. 未达到预期目标时,迅速改变行动策略。创新要求灵活性、适应性与快速学习的能力。当事情行不通时,你需要迅速转向,寻求另一种方法来完成。正如爱因斯坦的名言:"所谓发疯,就是反复做同一件事情,却期待不同的结果。"就像前文中所提到的那位在 ADP 公司的朋友所说:当他展示自己的各种创意时,总会四处撞壁,但却能够确保撞壁的理由各不相同。他的意思是,如果你被拒绝了,要了解是因为哪些不同的原因遭到拒绝,这是很重要的。如果你确信自己的创意将会是一个商机,那么就应该坚持下去。但是有时你也需要改变和完善你的创意,使之成为一个真正的商机。

帕洛阿尔托一家著名的设计公司 IDEO,向它的员工与客户灌输了这样一个理念:早期的失败能够使你更了解你的创意,降低后续过程中可能出现的风险,并帮助你相应调整和改变实施的方向。小的失败以及从失败中学习到的远比固守一个创意更有意义。创新柔道赞赏那些能够迅速做出改变的人,因为他们能应对对手提出的不同的挑战。

4. 鼓励员工将创意转化为行动。对于想要鼓励公司内部创新的老师来说，这听起来不错。但不仅是口头上说一句"很好，继续做下去"。根据杠杆借力技巧，我谈论了很多创意与商机之间的关系。附录 B 是一个商机分析模板，我建议大家用这个简短有效的文档来帮助员工认清他们的创意，评估它们有没有真正成为商机的潜质。当有人向你提出更好、更经济、更快或更有新意的想法时，给他们两页纸，让他们写出具体的方案，并于五天内在会议上报告。你应该与他们一起弄明白这只是一个创意，还是一个商机，以及是否需要通过进一步研究来确定。如果他们没有来参加会议，那说明它只是一个创意而已。如果两页纸的篇幅太长的话，你可以按照金佰利公司史蒂夫·帕吉格的建议，要求他们在一页纸上总结自己的想法，呈现优势。我更推崇商机分析模板，因为它可以帮助人们分清创意与商机之间的不同。但是一段或是一页的总结也是一个好的开始。这样你的员工就知道你关注创新，并且会和他们一起努力。

5. 鼓励员工用新颖的方式思考自己的工作。这一点尤其重要。因为这是一个信号，代表你希望员工把事情做得更好、更快、更经济并且更有新意。但这并不是通过发送邮件就能做到的，必须在现实中的私人或公众场合才能做到。创新不会出现在定时的会议中，而来源于员工被关注他们的人鼓励，从而想出提高工作绩效的办法。我的一个朋友是海军的一名上尉，他在这方面很擅长。所有在他手下工作的人，无论是他的直接下属还是在甲板上工作的人都知道，当他们遇到他时，他往往会问："你觉得我们哪些方面可以做得更好或是更有效？"大家也知道最好能有个回应。在海军中我们称这样反复出现的信息为"鼓点"，代表这个问题很重要，同时也传递出领导者对待这个问题的坚定意志。

6. 致力于帮助员工寻找提高产品与服务质量的方法。这听起来和其他方法类似，但实际上有着很大的不同，因为这一准则的重点是我们如何为客户创造价值。公司提供的是产品与服务，它们的质量决定了公司的兴衰。公司可以在细节之处改革，比如，在办公室实行无纸化办公，并使用创新高效的技术。但是这些都没有为现有或潜在的顾客在服务上做出创新重要。

这个特殊的方法主要是从客户的角度寻求创新。领导者不仅要按照鼓点的节奏来推进员工在公司内部更好地创新，更重要的是把创新运用到外部（客户）。公司内部所有的创新，都不如客户层面的创新，因为这能显示出我们不仅理解客户的需求，还能够想方设法为他们创造价值。

IDEO 为了寻求创新灵感，会寻求极端用户的建议。这对创新十分有好处，因为这部分用户比普通客户更超前使用公司的新产品或新服务。公司永远想不到这些客户使用公司产品的方式。金佰利公司寻求一些母亲的意见，因为她们的孩子使用过他们的产品。由此他们发现了其他公司从未涉及的领域，并填补了这些空白。他们公司的吸管杯就是这样一个例子。吸管杯借助液体表面的张力来防止溢出，这样即使把杯子倒扣过来里面的液体也不会溢出。经过吮吸之后，杯内形成一个真空的环境，从而保持了液体的表面张力。为了有效实行该准则，创新柔道大师必须确保大家了解这样做将有利于为客户创造价值，由此他们才会更加重视创新。

7. 支持别人的好创意。这就意味着，无论这个想法来自特定的团体还是其他个人，只要你相信他的创意是有优点的，就要明确支持他。创新存在风险，并且总会遭到不愿改变的人士的批评，因此创新需要勇气。有一次我看到一位经理的下属在向公司高层展示一个关于新产品发展的创意。公司高层很保守，没仔细听他的介绍就拒绝了他。而经理静静地坐在那里，尽管他本身支持这个想法，可是他还是不愿替下属说话。我们可以想象当时这位员工的感受。如果上司从不在会议上支持自己，还有谁愿意努力创新呢？

在一些内部各部门竞争较大的公司中，员工一看到其他部门创新的想法，第一反应是"这不是我们的创意"。这可能更难让他们去支持该创意，虽然他们同样应该支持。一个好的创意就是一个好的创意，无论是谁想出来的。会这样做的老师们往往是第一个支持别人的好创意的人，即使不是他所在的部门提出的。

8. 当其他人还在观望时，大胆支持有潜力的新方法。当我第一次看到这个准则时，回想起比利·米切尔的经历，思考着一个人能有多大胆。比利十分大胆，但缺乏组织才能，所以他需要别人的支持。如果你没有勇气去面对创新之路上的重重阻碍与人为阻挠，也不应掉头。上一句话中的"勇气"一词并不是指人天生的个性，而是相信自己的创意是可行的。你并不会为了随便一个创意就拿出勇气去面对困难和挑战，这种勇气应该来自相信创意是可行的，商机真的存在。当把创意转化为商机时，人们将更愿意承担风险。如果一个创意有商机的各项特征，就能够给创新者坚持自己想法的勇气，创新者们就有勇气去面对创新之路上的重重阻碍。我们可能不会为了一个创意而赌上自己的职业生涯，但是一个商机可能会让我们这么做。

9. 清晰地描述预期成果，并思考如何才能达成。除非你只参与基础研究，否则为了激发创新意识，设置一些挑战是很有必要的。具有创新意识的领导者的职责就是在限定因素下设置一些挑战。所有的事情都会，或者说都应接受挑战。但若是没有一些指导原则，也无法集聚创新的活力。当我听到别人说"让我们不要拘泥于原则"时，会觉得很好笑。如果大家都不遵循原则，那谁还按原则行事呢？创新需要指导原则，这样的挑战才能激发大家共同创造商机。

如何保证婴儿用杯子时不洒出杯内的液体？如果没有键盘怎么在电脑上打字？如果海军的船只减少20%，该如何运行？IDEO团队怎样才能把购物车带入现代世界？作为一位领导者，你需要给创新者设置一些挑战，让他们想出更实际的解决方案。

约翰·基尔卡伦对员工们传递的正确信息，成就了"傻瓜"系列书籍。他促使公司建立起了一个新的创新环境。在该环境中，大家不会觉得自己很笨，复杂的事情得以简化。对此我的理解是，不应纠结于这是一个怎样的挑战，而应专注于如何应对这种挑战。

10. 团结员工一起迎接挑战。这里再次出现了"挑战"一词，但这里的重点是"团结"。创新需要不止一个人的努力，当然一群乌合之众也不行。正如金佰利的史蒂夫·帕吉格所说："你只需要把你的团队团结起来。"史蒂夫·帕吉格不只是一个推销员，他经常能找到想法一致的人来增强自己的信心。只有你对自己的创意充满激情，认为其有转化为商机的潜质，能够对他人有益，才会得到他人的认同。其他员工相信约翰·基尔卡伦的创意，不只是因为他深深相信自己，还因为他的客户也同样信任他。

11. 创造一个鼓励进步的环境。最后一点是对以上的总结。如果你遵循第1到第10项准则，就可以建立起一种创新企业文化。在这种企业文化中，创新将是企业，至少是你掌管部门中不可或缺的一部分。

参考文献

1. Arie de Geuss, *The Living Company*, HBS Press, 2002.
2. D. Eggers & K.S. Singh, *The Innovator's Playbook: Nurturing Bold Ideas in Government*. http://www.Deloitte.com/InnovatorsPlaybook.
3. D.K. Murray, *Borrowing Brilliance*. Gotham Books, 2009.
4. D.M. Smick, *The World Is Curved: Hidden Dangers in the Global Economy*. Penguin Group, 2008.
5. Herbert T. Spiro, *Finance for the Nonfinancial Manager*, 4th ed. (Hoboken, NJ: Wiley & Sons, 1996).
6. http://www.mindtools.com/pages/article/newCDV_45.htm
7. http://www.36hourbooks.com/0071749551.php?c=book
8. IBM Global CEO Study-US, http://www.IBM/Services/Us/En/C-Suite/CEOStudy/2012
9. J. Pinto, *ABB Corporate Culture—Winners Shaped by History*. Automation.com 2009, p. 170.
10. J. Timmons, *The Timmons Model of the Entrepreneurial Process*. Innovation Ventures, 2008, pp. 326-328.
11. K. Lewin, *Field Theory in Social Science. Harper*, 1951, p. 170.
12. Les Livingstone, *Finance Made Easy* (Les Livingstone, 2009).
13. L. Greiner, *Evolution and Revolutions as Organizations Grow*. HBR Magazine, 1998, p. 51.

14. Lita Epstein, *Reading Financial Reports for Dummies* (Hoboken, NJ: Wiley & Sons, 2009).
15. M. Goldsmith & M. Reiter, *What Got You Here, Won't Get You There*. Hyperion, 2007.
16. Neal Thornberry, *Lead Like an Entrepreneur: Keeping the Entrepreneurial Spirit Alive Within the Corporation*. McGraw-Hill, 2006.
17. N.J. Webb & C. Thoen, *The Innovation Playbook: A Revolution in Business Excellence*. Wiley, 2011.
18. N.J. Webb & C. Thoen, *The Innovation Playbook*. Wiley & Sons, 2011.
19. R.H. Waterman, T. Peters, & J. Phillips, *Structure Is Not Organization. Business Horizons*, June 1980, p. 273.
20. T.L. Friedman, *The World Is Flat: A Brief History of the Twenty-First Century*. Farrar, Strauss, & Giroux, 2005.

附录 A
创新环境调查问卷

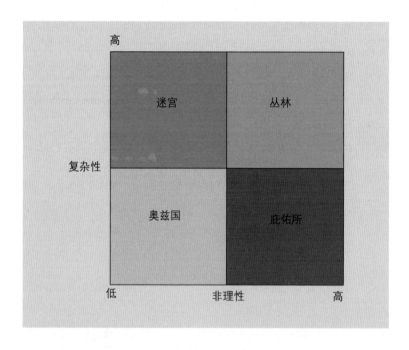

本问卷旨在帮助评估企业或组织所处的创新环境。通过本书所描述的由复杂性与非理性两个维度共同决定的四种不同企业创新环境，你可能已经对贵公司所处的创新环境略知一二。但如果你想加深理解或说服他人，请使用这张问卷。注意：问题末尾若有一个"R"的标志，为反向计分。

例如，如果有人觉得公司内非理性程度较低，则选择 5 级（强烈赞同)，并反向计1分。如果认为"很少有人会把别人的点子归功于自己"，则选择5级，最终汇总时计1分。因为这个问题说明公司非理性程度较低。这样设置的原因是，一个好的调查问卷需要人们仔细阅读。如果所有的问题都陈述公司的非理性行为，比如说"我们是相对封闭的公司"，有些人就会认为所有的题目都是这种模式，从而不仔细读题就直接打分。本问卷尽量避免这种情况的发生，因此评估者将能够从评估表中获得足够多的信息，而不只是最终的总分。

同时，你也需要确认一些事情来使最终的调查数据更加有效。当你参加创新环境测试时，确保你心里有一个参考框架。你可以给你所在的部门评分，也可以从公司整体出发评分。

但高层领导者更希望人们把公司作为一个整体来评估，这样他们可以按部门、级别或单位对评级进行细分，以便更好地了解创新环境对于哪些地方最有利。例如，研发部员工的任务是创造新产品，但你却发现他们处于"丛林"或"庇佑所"，这可不是好消息。广告部和市场部也一样。

请把下列问题按照1到5的程度评级，"1"代表"强烈不赞同"，"5"代表"强烈赞同"。在问卷的最后，你可以根据两个维度的总分，在创新环境地图中找到你所在公司或组织所处的创新环境。

非理性

1. 鼓励承担风险,但请你最好不要犯错误。

① ② ③ ④ ⑤
强烈不赞同　不赞同　　中立　　　赞同　　强烈赞同

2. 我们是相对封闭的公司。

① ② ③ ④ ⑤
强烈不赞同　不赞同　　中立　　　赞同　　强烈赞同

3. 对于员工来说,通过邮件联系上司或其他人来获取外力的支持是很常见的。

① ② ③ ④ ⑤
强烈不赞同　不赞同　　中立　　　赞同　　强烈赞同

4. 很少有人会把别人的点子归功于自己。(R)

① ② ③ ④ ⑤
强烈不赞同　不赞同　　中立　　　赞同　　强烈赞同

5. 推销自己创意最好的办法就是有一个合理的理由,而不是玩弄权术。(R)

① ② ③ ④ ⑤
强烈不赞同　不赞同　　中立　　　赞同　　强烈赞同

6. 即使有更好的方法和创意,我们的公司也不鼓励挑战现状。

① ② ③ ④ ⑤
强烈不赞同　不赞同　　中立　　　赞同　　强烈赞同

7. 公司鼓励与倾听有新意的想法。(R)

① ② ③ ④ ⑤

强烈不赞同　　不赞同　　中立　　赞同　　强烈赞同

8. 我们始终相信并持之以恒地贯彻：创新是公司的核心价值观。(R)

① ② ③ ④ ⑤

强烈不赞同　　不赞同　　中立　　赞同　　强烈赞同

9. 我们公司持续推出的新产品、新服务往往能获得成功。(R)

① ② ③ ④ ⑤

强烈不赞同　　不赞同　　中立　　赞同　　强烈赞同

10. 公司里的创新者在公司很有名，并受人尊敬。(R)

① ② ③ ④ ⑤

强烈不赞同　　不赞同　　中立　　赞同　　强烈赞同

11. 客户认为我们的创新性不够。

① ② ③ ④ ⑤

强烈不赞同　　不赞同　　中立　　赞同　　强烈赞同

12. 公司鼓励我们在工作时间内构思新颖的想法。(R)

① ② ③ ④ ⑤

强烈不赞同　　不赞同　　中立　　赞同　　强烈赞同

13. 员工因为其贡献而升职，而不是靠关系。(R)

① ② ③ ④ ⑤

强烈不赞同　　不赞同　　中立　　赞同　　强烈赞同

14. 公司不容许背后中伤他人和传播谣言。(R)

① ② ③ ④ ⑤

强烈不赞同　不赞同　中立　赞同　强烈赞同

15. 公司十分重视员工在公司地位的体现，比如办公室面积、停车场地等。

① ② ③ ④ ⑤

强烈不赞同　不赞同　中立　赞同　强烈赞同

16. 执行秘书为了节约上司的时间，经常阻挡员工与上司见面。

① ② ③ ④ ⑤

强烈不赞同　不赞同　中立　赞同　强烈赞同

17. 公司政治决定了职位升迁。

① ② ③ ④ ⑤

强烈不赞同　不赞同　中立　赞同　强烈赞同

18. 在公司中，信息就是力量，人们可以通过信息来获益。

① ② ③ ④ ⑤

强烈不赞同　不赞同　中立　赞同　强烈赞同

19. 公司领导者在员工面前公开表示彼此之间不和。

① ② ③ ④ ⑤

强烈不赞同　不赞同　中立　赞同　强烈赞同

20. 因为企业文化中的政治因素，我们流失了优秀人才。

① ② ③ ④ ⑤

强烈不赞同　不赞同　中立　赞同　强烈赞同

21. 公司里，结果是唯一重要的。

① ② ③ ④ ⑤

强烈不赞同　不赞同　中立　赞同　强烈赞同

22. 溜须拍马的员工才能升职。

① ② ③ ④ ⑤

强烈不赞同　不赞同　中立　赞同　强烈赞同

23. 公司内部存在真正的合作精神。(R)

① ② ③ ④ ⑤

强烈不赞同　不赞同　中立　赞同　强烈赞同

24. 我们并没有遵照我们所说的价值观行事。

① ② ③ ④ ⑤

强烈不赞同　不赞同　中立　赞同　强烈赞同

25. 如果一个人不会团队合作，那么不管他取得多大的成就，依然会被解雇。(R)

① ② ③ ④ ⑤

强烈不赞同　不赞同　中立　赞同　强烈赞同

平均分：

注：把各项细分相加，除以25得到平均值；

如果问题后有（R）的标志，则反向计分，即如果程度为⑤得1分，程度为④得2分。

复杂性

1. 公司内有很明确的创新路径。(R)

① ② ③ ④ ⑤

强烈不赞同　不赞同　中立　赞同　强烈赞同

2. 我们用了很多缩略词,外人不理解我们的意思。

① ② ③ ④ ⑤

强烈不赞同　不赞同　中立　赞同　强烈赞同

3. 若你有了一个创意,可以很容易就找到推进该创意的人。(R)

① ② ③ ④ ⑤

强烈不赞同　不赞同　中立　赞同　强烈赞同

4. 如果我们不需要经过复杂的流程来推进创意,人们会更有创意。

① ② ③ ④ ⑤

强烈不赞同　不赞同　中立　赞同　强烈赞同

5. 新员工很难完全了解公司。

① ② ③ ④ ⑤

强烈不赞同　不赞同　中立　赞同　强烈赞同

6. 公司组织结构十分明晰,我们知道各个部门的负责人。(R)

① ② ③ ④ ⑤

强烈不赞同　不赞同　中立　赞同　强烈赞同

7. 我们有明晰的创新路径。(R)

① ② ③ ④ ⑤
强烈不赞同　不赞同　中立　赞同　强烈赞同

8. 创新是我们的核心价值观之一，我们为之共同努力。(R)

① ② ③ ④ ⑤
强烈不赞同　不赞同　中立　赞同　强烈赞同

9. 权威与责任的分界并不明晰。

① ② ③ ④ ⑤
强烈不赞同　不赞同　中立　赞同　强烈赞同

10. 我们经常争论谁才有资格做出决定。

① ② ③ ④ ⑤
强烈不赞同　不赞同　中立　赞同　强烈赞同

11. 我们很清楚自己的角色与责任，但不确定别人在公司中的角色。

① ② ③ ④ ⑤
强烈不赞同　不赞同　中立　赞同　强烈赞同

12. 找出公司真正做决定的人需要一段时间。

① ② ③ ④ ⑤
强烈不赞同　不赞同　中立　赞同　强烈赞同

13. 我们公司的非正式组织往往比正式组织做得更好。

① ② ③ ④ ⑤
强烈不赞同　不赞同　中立　赞同　强烈赞同

14. 很难用简单的语言向别人解释我们公司的运行模式。

① ② ③ ④ ⑤
强烈不赞同　不赞同　中立　赞同　强烈赞同

15. 工作中我们会成立工作小组/委员会和临时项目小组。

① ② ③ ④ ⑤
强烈不赞同　不赞同　中立　赞同　强烈赞同

16. 工作方式的转化需要很长时间。

① ② ③ ④ ⑤
强烈不赞同　不赞同　中立　赞同　强烈赞同

17. 我们不必应付公司众多的规章制度。(R)

① ② ③ ④ ⑤
强烈不赞同　不赞同　中立　赞同　强烈赞同

18. 我们的管理层级较少。(R)

① ② ③ ④ ⑤
强烈不赞同　不赞同　中立　赞同　强烈赞同

19. 公司往往能够及时做出决策。(R)

① ② ③ ④ ⑤
强烈不赞同　不赞同　中立　赞同　强烈赞同

20. 员工需要广泛的专项培训以理解公司的运营方式。

① ② ③ ④ ⑤
强烈不赞同　不赞同　中立　赞同　强烈赞同

21. 我们公司能够迅速反馈和解决客户提出的问题。(R)

① ② ③ ④ ⑤
强烈不赞同　不赞同　中立　赞同　强烈赞同

22. 很难找到对的人，并得到正确的信息。

① ② ③ ④ ⑤

强烈不赞同　不赞同　中立　赞同　强烈赞同

23. 我们公司很多部门办公室分散在不同区域。

① ② ③ ④ ⑤

强烈不赞同　不赞同　中立　赞同　强烈赞同

24. 外人很难在我们公司游刃有余。

① ② ③ ④ ⑤

强烈不赞同　不赞同　中立　赞同　强烈赞同

25. 如果你有一个新颖的创意，很容易找到与你志趣相投的人。(R)

① ② ③ ④ ⑤

强烈不赞同　不赞同　中立　赞同　强烈赞同

平均分：

注：把各细分相加，除以25得到平均值；

如果问题后有（R）的标志，则反向计分，即如果程度为⑤得1分，程度为④得2分。

接下来请遵循以下指示，找到自己企业所处的位置。在下图中分别标出非理性与复杂性的得分位置，并在二者交点处标记X。正如前文所说，你可能已经有一个直观的想法，但此调查问卷可以帮助你认清自己企业所处的创新环境，并展示出你需要多少创新柔道技巧来克服创新之路上的重重阻碍。

创新柔道：战胜创新之路上的重重阻碍与人为阻挠
Innovation Judo

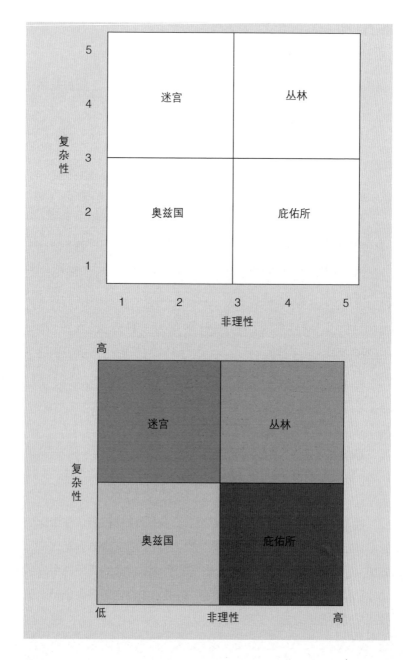

附录 B
商机分析模板

在开始学习这门课程之前，请尽可能多地填写这个分析模板。

我们知道你可能没有足够的信息回答所有的问题，但请尽力而为。这门课程的目的是帮助你，并使你的创意更加接近成功。因此，此模板还可以帮助你以一种更加系统性的方式思考如何将创意向前推进。

陈述商机：写一段简短的说明，描述你所追寻的商机。你的想法有何创新之处，它与你的日常目标有何不同？此外，请描述你的创意将如何为公司带来持久的竞争优势。

客户价值主张：简要描述你的客户（内部或外部）是谁，以及如果你的创意得以实现，他们将从你的创意中获得什么独特的价值。记住，价值的定义是 $V=$ 收益 / 成本。

经济价值主张：如果你的创意实现了，你认为它将给公司带来什么价值？风险大小是（高、中、低）？请谨记，随着风险的上升，公司将期望更高的经济回报。

研究并回答以下问题：除了个人观点，你有什么数据来支持你的创意，说明该创意值得你去追求和实现？你和潜在客户聊过你的创意吗？如有，大概多少位？你做过市场调查、竞争对手分析或其他外部数据的收集工作吗？如果你的创意关注的是内部创新，你和谁讨论过？他们的反应和建议是什么？

资源：请描述你认为你需要的资源，这些资源可以是财务、人力、时间等。请谨记，对你的创意真正感兴趣的客户也可以是获取以上资源的重要途径之一。

现金流和投资回报：许多商机是需要资金支持才能实现的，你创意的投资回收期是多久？你预测的现金流情况是？你预计什么时候可以收回这笔投资（考虑资金的时间成本）？

团队：在创意实现的过程中，你需要哪些人的支持和帮助？请列出主要的利益相关者。他们可以是公司外部的，也可以是公司内部的。

风险控制：简要描述为确保你的创意不会失败，你必须管理的关键风险因素。你有或将要制订什么方案来降低和管理这些风险？

附录 C
创新柔道技巧应用计划七大工具

你现在已经非常熟悉创新柔道的七种基本技巧及其相关的应用方法了。现在是时候做一些战略思考了。在你工作的特定环境下，应采用哪些基本技巧。

A. 请用一句话阐述你的创意的根本意图。为什么说它是正确的？如果你还做不到这一点，说明你还不清楚自己的创意。

B. 找出你创新之路上（可能遇到）的重重阻碍与人为阻挠。请按战胜它们的困难程度排序。

1.
2.
3.
4.
5.

C. 快速浏览创新柔道的七种基本技巧，将你认为最有效的技巧名称写在刚才所列的重重阻碍与人为阻挠旁边。在完成以上步骤的过程中，你需要回答以下问题：

- 我需要应用杠杆借力技巧吗？用它来获得怎样的助力或克服哪些人为阻挠？如果需要，哪些进一步的技巧和策略需要应用？
- 为使我能够快速避开自相矛盾的繁文缛节，我能够识别并创建一片"创新土壤"吗?
- 我能确信自己所追求的是一个真正的商机,而非简单的创意吗?
- 如果我的创意遭到不合逻辑的攻击,我能否找到一小群支持者来战胜这些攻击?
- 我能否找到客户或供应商来帮助我证实创意的价值,从而获得他们的有力支持?

创新柔道七大技巧一览

自律	杠杆借力	转向
□做好准备	□借力企业价值观	□佯攻
□保持激情	□借力客户	□推拉
□创造商机	□借力竞争对手	
□耐心	□借力高层领导者	
□自控	□借力公司战略	
	□借力非正式组织	
	□借力老板权威	

周旋	寻找突破口
□在反对者身边周旋	□寻找"软肋"
□全方位审视创意	□削减成本
□依靠团队作战	□提升效率
□提升品牌价值	□用数字说话
□测试/原型产品	□利用"缝隙"

快速出击	推拉制衡
□将创意转化为商机	□突袭
□不害怕失败	□少许诺，多践诺
□迅速行动	□全面审视创意
□快速找到突破口	□出其不意
□宁可后悔，好过遗憾	□力量转换
□让创新扎根	
□宁可后悔，好过遗憾	□力量转换
□让创新扎根	

附录 D
最重要的忠告

最最重要的是,不要空谈方法,抓紧应用和实施吧!!